Etsuo Miyoshi

Meine Kinderlähmung öffnete die Tür
zu anhaltendem Frieden

Erfindungen,
Gesundheit,
sprachliche Gleichberechtigung

AF150097

Nicht aufgeben, weitermachen!

Empfehlungen für ein aktives Leben, das Verzweiflung in Hoffnung verwandelt

K urz nach seiner Geburt 1939 in der Präfektur Kagawa, Japan, machte eine Kinderlähmung das rechte Bein des Autors Etsuo Miyoshi unbrauchbar. Er ließ sich nicht entmutigen, übernahm später die Handschuhproduktion seines Vaters und baute das Unternehmen aus. 1964 begann er, ins Ausland zu reisen, um Märkte für Ski- und Winterhandschuhe zu erschließen.

Etsuo Miyoshi erfand die *Swany Bag*, eine handgepäckgroße Tasche, die auf einem Rollkoffer basiert und das Gewicht des Benutzers trägt. Er entwickelte auch den *Swany Mini*, den kleinsten Faltrollstuhl der Welt. Beides wurden Erfolgsprodukte.

Für seine Reisen und den Ausbau des Unternehmens lernte Miyoshi u. a. Koreanisch und Englisch. Später lernte er Esperanto und stellte fest, dass er dafür nur ein Viertel der Zeit für Englisch brauchte und dass er es deutlich besser beherrschte. Seither setzt er sich für Esperanto als internationale Sprache ein.

In diesem Buch erzählt Etsuo Miyoshi sein Leben als japanischer Unternehmer und Erfinder.

Swany Corporation
981 Matsubara, Stadt Higashikagawa, Präfektur Kagawa,
Japan 769-2795
http://www.swany.co.jp
E-Mail: wb@swany.co.jp

Etsuo Miyoshi

Meine Kinderlähmung öffnete die Tür zu anhaltendem Frieden

Erfindungen, Gesundheit, sprachliche Gleichberechtigung

*Empfehlungen
für ein aktives Leben,
das Verzweiflung
in Hoffnung verwandelt*

Übersetzt ins Deutsche
von Emma Breuninger

Bibliografische Information der Deutschen Nationalbibliothek:
Die Deutsche Nationalbibliothek verzeichnet diese Publikation in
der Deutschen Nationalbibliografie; detaillierte bibliografische Daten sind im Internet über dnb.dnb.de abrufbar.

© 2022 Etsuo Miyoshi
Herstellung und Verlag: BoD – Books on Demand, Norderstedt

Titel: Meine Kinderlähmung öffnete die Tür zu
anhaltendem Frieden
Autor: Etsuo Miyoshi
Übersetzung: Emma Breuninger
Verlag der japanischen Originalausgabe: ASA Publishing Co., Ltd.
(ASA Shuppan)
http://www.asa21.com
Cover-Design: Entwurf von Hiroki Nakamitsu

ISBN 978-3-7347-2225-7
Druck und Vertrieb: BoD

Vorwort

Ich wurde in einer kleinen Stadt im äußersten Nordosten der japanischen Insel Shikoku geboren, einer Stadt, die für ihre Handschuhindustrie berühmt ist, und ich habe das Handschuhgeschäft meines Vaters geerbt. In den letzten 50 Jahren hat ein harter Wettbewerb die Zahl der Handschuhhersteller von mehr als zweihundert auf ein Viertel dieser Zahl reduziert. Es ließ sich nicht vermeiden, dass eine arbeitsintensive Branche wie die unsere von steigenden Arbeitskosten betroffen wurde, aber wir hatten noch eine weitere Schwäche – die Tatsache, dass wir ein jahreszeitlich abhängiges Produkt herstellten, das sich nur im Winter verkaufen ließ.

Nachdem ich im Familienunternehmen erfolgreich war, arbeitete ich hart daran, die Produkte unserer kleinen Firma weltweit zu verkaufen, aber es war eine Herausforderung, uns von unserer Abhängigkeit von einem saisonalen Produkt zu lösen. Die einzige Möglichkeit, diese Herausforderung zu meistern, bestand darin, ein auffälliges neues Produkt zu entwickeln.

In mühevoller Arbeit haben wir den körperstützenden *„Swany Bag"* und den kleinsten Faltrollstuhl der Welt, den *„Swany Mini"*, entwickelt.

Der Anstoß für diese Produktentwicklung kam aufgrund meiner eigenen Behinderung, die durch die Kinderlähmung kurz nach meiner Geburt verursacht wurde. In diesem Buch möchte ich etwas von dem Drama erzählen, das sich auf dem Weg bis dorthin abspielte.

Später erlitt ich eine Nierenerkrankung, von der ich mich nach einer schwierigen Fastentherapie erholte. Ich werde auch über meine Erfahrungen mit dieser Art von Behandlung schreiben.

Als nächstes werde ich mein Engagement zur Frage einer internationalen Sprache erörtern.

Seit meiner Jugend bin ich ein aktiver Unterstützer der Bewegung für Esperanto. Ich werde die Gründe erläutern, warum die Frage der internationalen Kommunikation so wichtig ist, und überlegen, was mit der Welt passieren wird, wenn der englischen Sprache erlaubt wird, ihre globale Vormachtstellung weiter fortzusetzen.

Dies ist eine Geschichte der Wiedergeburt, erreicht durch meine Behinderung als Sprungbrett.

In früheren Jahren war ich der Meinung, dass mein Unglück hinter meinem Glück stand, aber mittlerweile, im Alter von 81 Jahren, erkenne ich die Verbindung zu meinem verbleibenden Leben und sehe es positiv.

Wenn Menschen über ihr eigenes Leben sprechen, neigen sie dazu, anzugeben. Selbst, wenn sie zurückhaltend sind und über ihre Fehler oder negativen Seiten sprechen, neigen die Menschen dazu, auf „bescheidene" Weise zu prahlen. Die Geschichte, die ich in diesem Buch erzähle, ist wahrscheinlich keine Ausnahme. Trotzdem hoffe ich, dass es etwas in meiner Lebenserfahrung gibt, das in irgendeiner Weise für andere von Nutzen sein könnte, die mit Behinderungen wie meiner leben oder die während der Covid-19-Pandemie mit Schwierigkeiten bei der Arbeit oder zu Hause konfrontiert sind. Ich werde den Sprung wagen und mein Bestes geben, um meine Erfahrungen ehrlich und direkt wiederzugeben.

März 2021   Etsuo Miyoshi

Der Autor mit einem Swany Bag an jeder Hand

Vor dem Hauptsitz von Swany   Selbstbildnis, Ölmalerei

Swany Bag, eine Tasche, die Nutzer im Alltag und auf Reisen unterstützt

Inhaltsverzeichnis

TEIL 1

Verstehen des Unterstützungsbedarfs

1. Karma

Mein Hintergrund

Das Zuhause meiner Familie liegt an der Küste des Seto-Binnenmeeres in Japan. Wenn man das hintere Tor öffnet, kann man das Meer und die Insel Shōdoshima direkt vor sich sehen.

Als ich in der Grundschule war, verbrachte ich meine Sommer damit, in Pools zu spielen, die am Rand des Wassers gegraben wurden, und im seichten Wasser zu schwimmen. Jeden Tag kamen meine Brüder und ich vom Strand nach Hause und gingen mit dem Sand, der noch an unseren Körpern klebte, ins Haus, um von meiner Mutter eine Abmahnung zu erhalten. Tsuneo Naruse, der nebenan wohnte und auf der Junior High School war, war immer bei uns. Er zog mich an den Beinen ins tiefe Wasser und sah mir zu, wie ich abwechselnd trieb und versank. Aber wenn es gefährlich wurde, schubste er mich zurück an seichtere Stellen. Ich schwamm wie verrückt und schluckte Meerwasser, aber weil ich wusste, dass er da war, wenn ich in Schwierigkeiten geriet, genoss ich den Nervenkitzel, mit der Gefahr zu flirten.

Bald stellte ich fest, dass ich ungefähr vier oder fünf Meter weit schwimmen konnte. Ich schwamm jeden Tag und machte solche Fortschritte, dass ich, als ich zur Junior High School kam, Hunderte von Metern aufs Meer hinausschwamm. Der klare blaue Himmel, die Quallen, die mich berührten, wenn ich nahe am Ufer schwamm, die kleinen Fische, die vor mir flohen, und das Unterwasserpanorama zu sehen, wo die Seesterne lebten, wenn ich untertauchte - ich fühlte mich mit Geist und Körper zu dieser Welt hingezogen.

Im Wasser machte mir mein rechtes Bein, das mir im Trockenen Probleme bereitete, überhaupt keine Schwierigkeiten. Ich konnte Hunderte von Metern über das glatte Wasser nach Norden in Richtung Shōdoshima schwimmen , entspannte dort meinen Körper und ruhte mich aus, während ich auf dem Rücken lag. Das Wasser stand mir fast bis zu Nase und Mund, aber ich trank kaum etwas. Die vier oder fünf Minuten, die ich dort lag und in einem Zustand glückseliger Schwerelosigkeit auf der Oberfläche schwebte, waren wie das Paradies auf Erden.

Ich wurde am 16. Dezember 1939 direkt westlich des Kyōrenji-Tempels in Shirotori in der Präfektur Kagawa auf der Insel Shikoku geboren (2003 fusionierte Shirotori mit den Nachbarstädten Ōchi und Hiketa zur neuen Stadt Higashikagawa). Als ich nur sechs Monate alt war, bekam ich hohes Fieber, und nachdem meine Mutter mich durch alle örtlichen Krankenhäuser geschleppt hatte, wurde bei mir eine „Kinderlähmung" diagnostiziert, und mein rechtes Bein blieb davon betroffen.

Als ich in der Grundschule war, gingen wir gewöhnlich auf das Gelände des Shirotori-Schreins, eines Shinto-Schreins neben der Schule, um körperliche Übungen zu machen. Es war eine breite Sandfläche am Meer mit vielen hohen Pinien. Weil ich die Übungen nicht gut machen konnte, ließen mich die Lehrer abseits stehen und mich auf die Kleidung der anderen Jungen aufpassen. Ich hasste diese Trainingseinheiten wirklich.

Aber obwohl mir die anderen in allem überlegen waren, gab es eine Sache, die ich besser konnte als sie: Handstände. Die Kraft in meinen Armen durch das Üben der Handstände und das Gehen auf den Händen sollte mir im späteren Leben sehr nützlich sein.

Der Autor, acht Jahre alt, 1947

Drei Monate vor meiner Geburt, am 1. September, fiel Nazideutschland in Polen ein und begann den Zweiten Weltkrieg. Zwei Jahre später, am 8. Dezember 1941, brach mit dem japanischen Angriff auf Pearl Harbor der Pazifikkrieg aus und stürzte die Welt in Aufruhr. Aber meine Kindheitserinnerungen sind die Qual um mein Bein, das weite offene Meer, der Sand und der blaue Himmel.

Knappes Entkommen
in einem sehr klapprigen Boot

Ungefähr 500 Meter westlich von meinem Haus gab es einen Strand, an dem man für fünfundzwanzig Yen die Stunde ein Ruderboot mieten konnte. Als ich noch in der Grundschule war, erzählte mir ein Freund, dass sie alte Boote loswerden wollten, und ich bat meinen Vater, eines zu kaufen. „Nein", sagte er bestimmend, „Boote sind gefährlich".

Ich drängte ihn: „An Land kann ich nichts gewinnen, aber im Meer schon!"

Mein Vater dachte eine Weile nach und sagte dann: „Wie viel wollen sie dafür?"

Mein Vater, der sein ganzes Leben lang gearbeitet hatte, konnte sich nicht vorstellen, wie es ist, ein Boot zu besitzen. „Du wirst Probleme haben, wenn es einen Taifun gibt. Komm dann deswegen besser nicht zu mir". Das Boot würde in meiner Verantwortung liegen. „Hurra!", rief ich.

Nachmittags und in den Ferien lud ich meine Klassenkameraden ein und genoss es, mit ihnen rudern zu gehen. Vier von uns besetzten den Sitz für zwei Ruderer, während einer hinten saß und Anweisungen gab. Wenn die Insel Hitogojima in Sicht kam, riefen wir alle zusammen: „Schaut, da ist Hitogojima!" und wir ruderten zu dieser kleinen Insel etwa drei Kilometer vor der Küste, zogen wie verrückt an unseren Rudern und ruderten um die Insel bevor es zurückging.

Auch, wenn die Hinfahrt einfach war, so war das Zurückkommen schwieriger, und wir mussten uns enorm anstrengen, bevor wir endlich das Ufer erreichten, wobei die Distanz, die wir zurücklegten, für Kinder wie uns lächerlich war.

Es gibt einen Südwind, der von den Sanuki-Bergen, die die Grenze zwischen den Präfekturen Kagawa und Tokushima bilden, hinunter und über das Meer nach Shōdoshima weht. Eines Tages ruderten meine Klassenkameraden mit mir hinaus, als dieser Südwind wehte. Mit diesem Rückenwind hinter uns erreichten wir praktisch im Nu die kleine Insel Hitogojima. Als wir dort ankamen, bildeten sich weiße Schaumkronen auf den Wellen rund um die Insel, und uns wurde klar, dass wir keine Zeit zu verlieren hatten – wir mussten sofort zurückfahren. Während das Boot nach Osten und Westen geschleudert wurde, bemühten wir uns, den Bug nach

Süden gerichtet zu halten, und ruderten um unser Leben. Dutzende Male wurden wir von starken Böen getroffen, aber wir schafften es, weiterzumachen. Wir hatten Angst, dass wir, sollte das Boot kentern, auf den Wellen nach Shōdoshima getragen würden.

Glücklicherweise hielt das Boot, und verzweifelt rudernd schafften wir es zurück. Dort, am Ufer, sahen wir meinen Großvater Senzō, der einen großen Bambusstock schwenkte und schrie:

„Wenn du versuchst, an Land zu kommen, bringe ich dich um!"

Der Anblick meines wütenden Großvaters erschreckte uns, aber er machte sich große Sorgen um uns, und auf diese Weise lehrte er uns, nie wieder bei Südwind hinauszufahren. Er wurde in der Schule sofort berühmt als „Etsuos unheimlicher Opa", und meine Freunde kamen danach für eine Weile nicht mehr zu mir, um mit mir zu spielen.

Als ich auf die Oberstufe kam, wurde am Ufer eine zwei Meter hohe Deichmauer gebaut, und jetzt gab es keinen Platz mehr für mein Boot. Das Bootfahren hatte mich die Härte der Natur und die Gefahren des Meeres gelehrt und meine Arme gestärkt. Aber meine Zeit des Ruderns war nun vorbei.

Mit Familienmitgliedern auf der Insel Hitogozhima, 2017 (von links: Der Autor, Ajako, die erste Tochter, die Enkelinnen Akari und Saori, Jasunobu Kawakita, geschäftsführender Direktor von Swany)

Mein Vater

Mein Vater Tomio wurde am 3. Oktober 1908 in Sanbonmatsu in der Stadt Ōchi als dritter Sohn von Genzō und Sumi Kyōwa geboren, die insgesamt fünf Söhne und vier Töchter hatten. Die Familie Kyōwa betrieb einen Gemischtwarenladen und verkaufte Eisenwaren und Haushaltswaren. Kurz nach der Geburt meines Vaters hörte die Milchproduktion seiner Mutter auf, und so wurde er zur Pflege bei der Familie Miyoshi ins benachbarte Shirotori gebracht. Seine Pflegemutter Yone war ihm zugetan, und er wuchs auf ohne jemals das Gefühl zu haben, als Pflegekind anders behandelt zu werden.

Nach etwa einem Jahr brachte Sumi, die richtige Mutter meines Vaters, einen weiteren Jungen zur Welt, und da sie nun mit dem neuen Kind beschäftigt war, blieb Tomio bei seiner neuen Familie in Shirotori. Als er vier Jahre alt war, starb seine Mutter Sumi, und da Yone keine eigenen Kinder hatte, wurde er offiziell von der Familie Miyoshi adoptiert.

Yasuji Miyoshi, Tomios Adoptivvater, trank gerne Sake und wechselte ständig den Job, die Familie lebte in Armut. Sie konnten sich keinen Reis leisten und aßen stattdessen jeden Tag gekochte Gerste. Während er als Verkäufer für das Pharmaunternehmen Teikoku Seiyaku arbeitete, konnte Yasuji seine Zahlungen an das Unternehmen nicht mehr leisten, der Besitz der Familie wurde von Gerichtsvollziehern beschlagnahmt. Dann kamen noch zwei Töchter, Akiko und Takako, und ein Sohn, Ryōtarō auf die Welt. Die jetzt sechsköpfige Familie hatte wirklich zu kämpfen. Später erlitt die Familie einen schweren Schlag durch den Verlust von Ryōtarō im Zweiten Chinesisch-Japanischen Krieg im Alter von 23 Jahren, der zu jenem Zeitpunkt der Ernährer war.

Es gibt eine Geschichte darüber, dass mein Vater nicht am Schulausflug seiner Klasse teilnahm, der darin bestand, mit dem Dampfschiff ein Stück die Küste hinunter nach Takamatsu, der nächsten größeren Stadt, zu fahren; er wollte nicht seine Adoptivmutter um das nötige Geld bitten, und er schlug die Zeit tot, indem er stattdessen beim Picknick der unteren Jahrgänge mitmachte.

Unter der Bedingung, dass sie ihn die letzten zwei Jahre der Grundschule besuchen ließen, die damals nicht obligatorisch waren, ging mein Vater als Lehrling in die Takeuchi-Sojasaucenbrauerei. Das Lehrlingswesen war damals sehr streng, und mein Vater wurde selbst von den kleinen Kindern seines Chefs wie ein Diener behandelt.

In einem weiteren Versuch, der Armut zu entkommen, kaufte er eine Henne und verkaufte die Eier, um ein wenig Geld zu verdienen.

Überwindung von Not und
Begegnung mit meiner Mutter

Als er 20 Jahre alt war, erreichte die Nachricht das Dorf, dass Tomios Adoptivvater Yasuji, von dem man seit seiner Abreise nach Hokkaido vor acht Jahren nichts mehr gehört hatte, gestorben war. Tomio reiste alleine nach Norden, da Yone nicht genug Geld hatte, um mit ihm zu gehen.

Der Leichnam war vorübergehend auf einem einsamen, schneebedeckten Friedhof außerhalb von Hakodate beerdigt worden. Am Abend angekommen, grub Tomio den Sarg aus und öffnete ihn, um die Identität der Leiche zu bestätigen. Er war überrascht, Blut aus Yasujis Nase fließen zu sehen, obwohl er schon seit zehn Tagen tot war.

Der Leichnam wurde sofort eingeäschert, aber als ihm die Asche zurückgegeben wurde, war es bereits zehn Uhr nachts. Es schneite stark, und da er wenig Geld hatte, verbrachte er die Nacht zitternd in einer eiskalten Hütte neben dem Krematorium und umklammerte Yasujis Asche.

Am nächsten Tag nahm mein Vater die Aomori-Hakodate-Fähre und dann den Zug zum Bahnhof Tokyo Ueno. Er war zum ersten Mal in der Hauptstadt und da er kein Geld mehr hatte, stapfte er einfach zu Fuß zum Hauptbahnhof von Tokio und hielt Yasujis Urne in den Armen. Zwei Tage und zwei Nächte später kam er endlich wieder zu Hause an.

Im Alter von 15 Jahren, nachdem er acht Jahre Grundschule abgeschlossen hatte, begann mein Vater bei der Handschuhfirma Kanzaki zu arbeiten, einem Unternehmen mit nur acht Mitarbeitern im Bezirk Fukushima in Osaka. Er arbeitete von acht Uhr morgens bis zehn Uhr abends und verdiente ein monatliches Gehalt von fünf Yen plus Verpflegung. Als neuer Mitarbeiter hatte er auch die Aufgabe, die Werkstatt zu reinigen. Der Lohn war damals nicht schlecht für einen Jugendlichen (man konnte eineinhalb Kilo Reis für zehn Sen oder ein Zehntel Yen kaufen), aber bis er am Ende des Tages ins Badehaus gehen konnte, war es bereits nach Mitternacht.

Nachdem er dort drei Jahre lang gearbeitet hatte, wurde er qualifizierter Handschuhmacher. Er kehrte nach Shirotori zurück, wo er in der Handschuhfabrik Yamamoto, einem Unternehmen mit einigen Dutzend Mitarbeitern, zu arbeiten begann und dort seine Lebensgefährtin traf, meine Mutter Shimeko.

Als er 17 Jahre alt war, hatte mein Vater einen Vortrag von Onisaburo Deguchi (1871-1948), Mitbegründer der Oomoto-Religion, besucht und war von Onisaburos Lehren so beeindruckt, dass er auf der Stelle Oomoto-Mitglied wurde.

Im Jahr 1935, als er 27 Jahre alt war, wurde mein Vater, der Leiter der Shirotori-Zweigstelle von Oomoto war, plötzlich zur örtlichen Polizeiwache gebracht und eingesperrt. Die staatliche Unterdrückung der Oomoto-Religion hatte zum zweiten Mal begonnen. Es wurde behauptet, dass

Onisaburo ein Verräter wäre, der versuche, den kaiserlichen Thron an sich zu reißen. Tomio versuchte zu protestieren und brachte alle Argumente zusammen, die er aufbringen konnte. Aber als ihm eine lange Haftstrafe angedroht wurde, beschloss er, dass es im Interesse seiner Familie am sichersten sei, die Ungerechtigkeit zu ertragen und äußerlich auf seinen Glauben zu verzichten. So konnte er der Verfolgung entkommen und nach Hause zurückkehren.

Meine Mutter

Meine Mutter Shimeko (1911-1998) wurde am 28. August 1911 im Dorf Matsubara als zweite Tochter von Senzō und Nobu Tani geboren. Ihre ältere Schwester war vor ihrer Geburt gestorben, sie war damit das einzige Kind. Obwohl es ihnen nicht gut ging, widmeten sich Senzō und Nobu ihrer Tochter sehr und erlaubten ihr, ungewöhnlich für eine Bauernfamilie zu dieser Zeit, noch die letzten zwei Jahre der Grundschule zu absolvieren, nachdem sie ihre sechsjährige Schulpflicht beendet hatte; sie gaben ihr auch Unterricht in traditionellem Tanz und Musik. Nachdem sie sich zum ersten Mal in der Handschuhfabrik von Yamamoto getroffen hatten, verliebten sich meine Mutter und mein Vater, aber Senzō, mein Großvater, hasste es, dass Tomio ein Oomoto-Gläubiger war. Er fand die Vorstellung entsetzlich, dass Tomio ein fanatischer Anhänger dieses „finsteren Kultes" war, wie Oomoto dargestellt wurde, obwohl er in späteren Jahren auf seinen Schwiegersohn stolz wurde.

Ein weiteres Hindernis war die Frage der Fortführung der Tani-Familienlinie. Obwohl Tomio adoptiert war, war er der Erbe der Familie Miyoshi und seit dem Tod von Ryōtarō der einzige Sohn. Shimeko hatte keine Brüder, wenn sie also in Tomios Familie einheiraten sollte, würde dies das Aussterben der Familie Tani bedeuten. Unter dem Druck ihrer Eltern, die die Familie nicht aussterben lassen wollten (und Oomoto gegenüber misstrauisch waren), gab Shimeko widerwillig ihre Hoffnung auf, Tomio zu heiraten, und heiratete einen Mann aus derselben Stadt, der ihren Namen annahm und somit Erbe der Tani-Familie wurde – eine übliche Regelung in Japan, wenn es keine Söhne in einer Familie gibt.

1931, im Jahr der japanischen Invasion in der Mandschurei, als Shimeko 20 Jahre alt war und ihren ersten Sohn Hajime zur Welt gebracht hatte, zerbrach die Ehe. Nach der Scheidung zog Shimekos erster Ehemann in den Krieg nach China und starb im Kampf. Als ich erwachsen war, erzählte mir meine Mutter, dass der Vater meines ältesten Bruders „auf dem höchsten Platz des Soldatenfriedhofs ruht".

Sobald er von der Scheidung hörte, machte Tomio, mein Vater, Shimeko einen Heiratsantrag. Bewegt darüber, dass sich seine Gefühle für sie nicht geändert hatten, nahm sie den Antrag an.

Yamamoto Handschuhfabrik
(1929, Mutter Shimeko, 6. von rechts)

Heirat und Ablehnung

Als die Ehe meiner Eltern begann, war mein Vater 24 Jahre alt und meine Mutter 21. Mein Vater verließ das Miyoshi-Haus mit all seinen Habseligkeiten in einem Koffer und zog mit meiner Mutter in einen Anbau des Hauses von Shimekos Vater Senzō. Obwohl mein Großvater ihre Heirat und den Einzug meines Vaters akzeptierte, missbilligte er Oomoto immer noch. Als mein Vater von der Polizei festgenommen wurde, drängte Senzō ihn, die Religion aufzugeben. Sogar hier draußen in der Provinz sprachen alle über den „Oomoto-Vorfall", und der Eindruck, den die Menschen von Oomoto als einem besonders bedrohlichen Kult hatten, war tief verwurzelt. Wenn er auf der Straße war, zeigten die Leute auf ihn und sagten: „Er ist einer von ihnen". Die Vorstellungen meines Großvaters von Oomoto waren nicht anders ihre.

Hinzu kommt, dass in dieser Zeit die meisten Ehen arrangiert wurden; Liebesheiraten waren eine Seltenheit, und das Paar war Gegenstand vieler unerwünschter Gerüchte.

Aus Angst, mit Oomoto in Verbindung gebracht zu werden, ließ mein Großvater die Registrierung der Ehe nicht zu, und so war ihr Status bis zur Aufhebung des Friedenserhaltungsgesetzes und der Verabschiedung des neuen Zivilgesetzbuchs nach dem Krieg der einer Lebensgemeinschaft nach Gewohnheitsrecht.

Letztendlich starb der Familienname Tani nicht aus, sondern wurde von meinem Halbbruder Hajime weitergeführt.

Nachdem die Unterdrückung von Oomoto begann, war mein Vater so verzweifelt über die staatliche Verfolgung seiner Glaubensbrüder und die Zerstörung von Oomotos heiligen Stätten, dass er seinen Appetit verlor und sein Gewicht eines Tages auf 39 Kilo sank. Seine Geschwister in Sanbonmatsu, die befürchteten, dass er nicht überleben würde, gaben ihm 80 Yen anstelle einer Beerdigungsgabe, weil sie dachten, dass das Geld ihm im Leben nützlicher sein würde als nach seinem Tod. Mein Vater benutzte das Geld, um sich an einer heißen Quelle in Kyushu zu erholen, aber er zeigte keine Anzeichen einer Genesung, und so beschloss er, einen Hellseher aus Kyoto namens Nakao zu besuchen, der sich zu dieser Zeit in Takamatsu aufhielt. Der Hellseher sagte ihm, dass die Ursache des Problems die Sorge um seinen religiösen Glauben sei, und wies ihn an, die Gottheit des örtlichen Shinto-Schreins zu besuchen, zu ihr zu beten und diese als den Gott von Oomoto zu betrachten. Da weder die Familie Miyoshi noch die Familie Tani über die Heirat wirklich glücklich gewesen waren, sollten sie eine neue Hochzeitszeremonie abhalten, dann würden sich die Dinge verbessern. Sobald er sich etabliert hätte, würde alles, was er tat, ein Erfolg werden.

Wie angewiesen, holte mein Vater einen Gegenstand der Anbetung aus dem Shirotori-Shinto-Schrein und begann, zu ihm zu beten. Er ging auch zurück zum Haus der Familie Miyoshi und verließ es wieder, gekleidet in seinen formellen Kimono, um eine richtige Hochzeit zu feiern. Wie der Hellseher gesagt hatte, verbesserte sich der Zustand meines Vaters stetig, und innerhalb von vier Monaten hatte er wieder seine alte Gesundheit zurückgefunden.

Verschiedene Geschwister

1935 im Jahr der Unterdrückung von Oomoto, wurde meine Schwester Kichiko geboren, gefolgt von einem zweiten Sohn, Yoriaki, im Jahr 1937. Dann, am 16. Dezember 1939, wurde ich als dritter Sohn geboren. Als nächstes kam 1942 ein vierter Sohn, Asao, und schließlich 1946 ein fünfter Sohn, Haruo.

Mein ältester (Halb-)Bruder, Hajime Tani, machte vorzeitig seinen Abschluss an der Ōkawa Middle School (heute Sanbonmatsu Senior High School) und trat in die Sixth Higher School in Okayama ein, die ihren Namen nach dem Krieg in Okayama University änderte. Nach seinem Abschluss trat Hajime in die nationale Steuerverwaltungsbehörde ein, wo er als Leiter des regionalen Steuerverwaltungsbüros von Kumamoto fungierte, und trat später der Verbraucherkreditgesellschaft Orient Corporation (Orico) bei, wo er zum Vizepräsidenten aufstieg. Er ist Träger des Ordens des Heiligen Schatzes dritter Klasse und lebt in Kawasaki.

Kichiko und Yoriaki lasen immer Bücher und schienen in einer anderen Welt zu leben als ihre jüngeren Brüder. Ich erinnere mich, dass in

Kichikos Bücherregal eine große siebenbändige Ausgabe des französischen Romans „Die Thibaults" stand. Leider starb sie im Alter von 36 Jahren und ihre beiden Kinder Chinami und Makoto wurden von meinen Eltern großgezogen. Yoriaki, der andere Bücherwurm, ging an die Waseda-Universität in Tokio und trat nach seinem Abschluss dem Tokyo Broadcasting System (TBS) bei, wo er im Nachrichtenbüro als Direktor, Produzent, Abteilungsleiter und Personalleiter arbeitete. Unzählige Male überprüfte er wichtige Dokumente und Artikel zur Veröffentlichung in den Medien für Swany (die von meinem Vater gegründete Handschuhfirma wurde 1972 in Swany umbenannt). Heute lebt er in Machida bei Tokio.

Seiner Erinnerung nach war ich als Kind der Boss und meine beiden jüngeren Brüder meine Handlanger!

Der vierte Sohn, Asao, ging ebenfalls zur Waseda University und kam nach seinem Abschluss zu Swany. Er arbeitete hart für das Unternehmen und übernahm die Leitung von Swany Ikeda, Swany Kōchi, Swany Tokyo Branch und Swany Korea. Er spielte auch eine Schlüsselrolle bei der Klärung der chaotischen Situation bei Swany China. Er zog sich im Alter von 50 Jahren zurück, um sich der Landwirtschaft zu widmen, sein lang gehegter Wunsch, und genießt jetzt ein Leben der Selbstversorgung in Susaki, Präfektur Kōchi.

Haruo, mein jüngster Bruder, kam nach seinem Abschluss an der Asia University in Tokio zu Swany und wurde nach seinem Erfolg beim Branding von Outdoor-Handschuhen unabhängig, indem er die Markenrechte anstelle von Rentenzahlungen übernahm. Seine „Grip Swany"-Produkte erfreuen sich nach wie vor großer Beliebtheit bei Outdoor-Enthusiasten. Leider starb er im Alter von nur 42 Jahren an Knochenmarkkrebs, aber sein Geschäft wird von einer neuen Generation weitergeführt.

Als ich im Alter von 20 Jahren nach Tokio ging und meine Brüder mich besuchten, hörte ich einen von ihnen erwähnen, dass mein ältester Bruder, Hajime, einen anderen Vater hatte, und so erfuhr ich zum ersten Mal die Wahrheit über meine eigene Familie.

2. Überwindung der Behinderung

Alte US-Militärzelte – die Basis für "Swany"

1937 stellte mein Vater, damals 29 Jahre alt, ein Schild mit der Aufschrift "Miyoshi Nähmaschinen" vor dem Nebengebäude des Senzō-Hauses auf und machte sich selbstständig, zunächst mit dem Verkauf von Nähmaschinen, ab dem folgenden Jahr auch mit der Herstellung von Stoffhandschuhen, nachdem er das Obergeschoss zu Wohnzwecken für das Personal umgebaut hatte. Während des Krieges gründeten mein Vater und fünf Partner die Firma Toa Leather, und mein Vater übernahm das Amt des Direktors. Etwa 150 Mitarbeiter waren mit der Herstellung von Kopfbedeckungen für Flugzeugbesatzungen und anderem Militärbedarf beschäftigt.

Nach dem Krieg sah mein Vater eine neue Geschäftsmöglichkeit. Er hörte, dass das US-Militär überschüssige Zelte verkaufte, und dachte, dass man aus dem strapazierfähigen Zeltmaterial alles Mögliche machen könnte. Er fuhr nach Osaka und feilschte um die Zelte. Er kam mit ihnen zurück, nachdem er den Schiffseigner erfolgreich angefleht hatte, sie mit an Bord nehmen zu dürfen. Aber die Näherinnen sagten ihm, dass das Material zu hart sei, um es zu nähen, und dass sie nichts damit anfangen könnten. Nach vielen Experimenten gelang es ihm, die wasserfeste Beschichtung zu entfernen, indem er sie mit einer Scheuerbürste mit Reiskleie einrieb.

Mein Vater erwarb von der Regierung die Kaufrechte für 900 Tonnen alter Zelte und nahm einen Bankkredit in Höhe von ¥10.000.000 (in heutigem Geld etwa drei- bis vierhundert Millionen Yen) auf. Diese Zelte wurden zu Hosen für Bergleute verarbeitet, und sie fanden reißenden Absatz. Die Nachfrage war riesig, denn zu dieser Zeit, kurz nach der Niederlage Japans im Krieg, herrschte ein extremer Mangel an allem.

Er stellte etwa ein Dutzend Leute ein, die die Zelte im Garten mit Reiskleie schrubbten. Ich weiß nicht, was sie mit den Abwässern gemacht haben. Wahrscheinlich ließen sie es auf die Straße abfließen. Später verlegten sie die Arbeit in einen flachen Teil des nahen Meeres. Einmal kam mein Vater von einer Geschäftsreise zurück und musste feststellen, dass drei der Näherinnen fehlten: Hisae Okada, Tomoko Hashimoto und Masae Ōnishi. Er suchte überall nach ihnen und fand sie schließlich im Meer schwimmend, ohne sich um die Welt zu kümmern. Er rief ihnen zu: "Beeilt euch und geht zurück an die Arbeit!", aber sie riefen zurück: "Wir können nicht aus dem Wasser kommen - wir haben nichts an! Es ist schwer, sich eine solche Szene heutzutage vorzustellen, aber in mancher Hinsicht war es eine entspanntere Zeit als heute.

Als ich in die Grundschule ging, waren die strapazierfähigen Bergarbeiterhosen für ¥100 pro Stück (etwa ¥4.000 in heutigem Geld) ein Renner, und unsere Kommoden waren vollgestopft mit Hundert-Yen-Scheinen. Als nach dem Krieg neue Banknoten ausgegeben wurden, war das Abheben von Banknoten auf 300 Yen pro Monat und Haushalt beschränkt, und wir bewahrten das Geld in bar auf, um zu vermeiden, Material und andere Ausgaben nicht bezahlen zu können

Einmal, als mein Vater in einem überfüllten Zug saß, verschwand seine Aktentasche, die mit neuen Banknoten gefüllt war, während er auf der Toilette war. Es muss für den Dieb eine Überraschung gewesen sein, als er sah, was sich darin befand. Mein Vater spendete auch Geld an Oomoto, um den Wiederaufbau der Zentren zu finanzieren, die alle während der staatlichen Unterdrückung zerstört worden waren. Mit den Einnahmen aus diesem Zeltmaterial wurde der Grundstein für die spätere Swany Corporation gelegt.

Die Worte des Hellsehers hatten sich bewahrheitet - es schien, als ob Tomio sich nun etabliert hatte und alles, was er tat, zu Erfolg führte.

1950 kehrte mein Vater unter dem neuen Namen "Miyoshi Textile Industries KK" und mit einem aufgestockten Kapital von ¥1.000.000 zu seinem Hauptgeschäft, der Handschuhherstellung, zurück. Er reiste nach Tokio, Nagoya und Osaka, um den Kundenstamm seines Unternehmens aufzubauen, arbeitete in der Fabrik zusammen mit meiner Mutter, um den Angestellten ein Vorbild zu sein, und festigte seine Position in der lokalen Handschuhindustrie.

Später, im Jahr 1969, wurde mein Vater Vorsitzender der Japan Gloves Industrial Association, einer Organisation mit 223 angeschlossenen Unternehmen, und 1972 übernahm er das Amt des Präsidenten der Handelskammer von Shirotori. Später erhielt er den Orden des Heiligen Schatzes, vierte Klasse.

Meine Schuld gegenüber meinem Vater

M ein Vater hat mir viel beigebracht.
Einmal, als ich in der Junior High School war, zog er die Nägel aus einer alten Holzkiste und sagte mir, ich solle sie geradebiegen. Ich nahm eine Handvoll verbogener Nägel, und anstatt sie zu begradigen, warf ich sie in den Graben und ging raus zum Spielen. Als ich zurückkam, fragte mich mein Vater nach den Nägeln. „Ich habe sie alle begradigt und in die Schachtel gelegt", schwindelte ich, aber dann hielt er mir eine Handvoll ungerader Nägel hin und fragte streng: „Was sind das denn für Nägel?" Mein Vater war sehr streng, wenn es darum ging, nichts zu verschwenden.

Meine Aufgabe war es, die Kisten mit Boxhandschuhen zu füllen, die Kisten zuzunageln und mit einem Seil zu binden. Obwohl ich klein war, hatte ich Vertrauen in meine Kraft und Geschicklichkeit, und auch heute noch kann ich ein Seil schnell und fest binden.

Als ich eines Tages von der Schule nach Hause kam, sagte mein Vater, ich solle helfen, die Handschuhe in Kartons zu verpacken.

Ich nahm den Deckel eines Kartons ab, legte die Handschuhe hinein und setzte den Deckel wieder auf. „So nicht, du Dummkopf", schimpfte er mich. „Leg den ersten Deckel beiseite und nimm den Deckel des nächsten Kartons". Mir wurde klar, dass ich auf diese Weise die Effizienz verdoppeln konnte. Egal, ob es sich um den Zuschnitt oder die Endbearbeitung oder was auch immer handelte, er trichterte uns ein, wie wichtig Effizienz ist.

Gelegentlich begleitete ich meinen Vater zu Kundenbesuchen. Er nahm mich an Orte wie Osaka, Nagoya und sogar Tokio mit. Er hatte die Angewohnheit zu sagen: "Der Umsatz steigt im Verhältnis zur Zeit, die wir mit Feilschen verbringen". Manchmal dauerten die Treffen mit den Kunden so lange, dass wir das Mittagessen ausfallen ließen, was ich als kleiner Junge als hart empfand.

Wir nahmen die Nachtfähre der Katō-Linie nach Osaka, und um sechs Uhr frühstückten wir an einem Stand am Fährterminal in Tenpōzan, und danach besuchten wir Lederhändler in Daikokuchō. Um sieben Uhr klopften wir an die Tür des Miyamae-Ladens, der Chef, der noch frühstückte, empfing uns und wir begannen unser Treffen. Um acht Uhr gingen wir dann nach nebenan zu Nakamura Leder, wo wir uns mit Leder eindeckten, und anschließend besuchten wir Kunden im Senba-Viertel. Am Ende des Tages nahmen wir die Nachtfähre nach Hause.

Mein Vater reiste nachts zu Orten wie Kōriyama, Niigata und Kanazawa und war manchmal eine ganze Woche lang unterwegs, ohne in einem Hotel zu übernachten, so als wolle er ins Guinness-Buch der Rekorde aufgenommen werden. Für ihn war es nichts Besonderes, zwei Nächte lang unterwegs zu sein.

Der Segen meiner Mutter

Mit dem Baby stimmte etwas nicht. Bei näherer Betrachtung war sein rechtes Bein schlaff, und es konnte nicht stehen. Das hohe Fieber wütete tagelang und schien nicht zu sinken. In ihrer Panik suchte die Mutter alle Ärzte in der Umgebung auf.

Die Diagnose lautete "Kinderlähmung". Und es gäbe dauerhafte Schädigungen.

Dieses Baby war ich im Alter von sechs Monaten.

Als Kleinkind habe ich mich immer an meine Mutter geklammert, und nach meiner Kinderlähmung klammerte ich mich noch mehr an sie. Meine Mutter besuchte Krankenhäuser in ganz Shikoku und sogar in Osaka, dabei hatte sie mich stets auf den Rücken geschnallt. Manchmal bot man mir Elektrotherapie an, manchmal wurde ich massiert.

In ihrer Verzweiflung um die Heilung des Beins ihres Jungen wandte sich meine Mutter ihrem Oomoto-Glauben zu. Bis dahin hatte sie nur aus Pflichtgefühl gegenüber meinem Vater mitgemacht, aber mit meiner Kinderlähmung als Wendepunkt widmete sie sich nun ihrer Religion.

Wenn ich überhaupt irgendwelche guten Eigenschaften habe, dann verdanke ich das ausschließlich meiner Mutter.

Sie hatte eine innere Stärke und eine Offenheit für andere und freundete sich mit jedem an. Sie war rücksichtsvoll bis zum Gehtnichtmehr, und das war sie auch bei all meinen Freunden. Und sie war großzügig. Wenn ein Freund oder Verwandter, der zu Besuch kam, sich für einen

Gegenstand im Regal interessierte, forderte sie ihn ohne zu zögern auf, diesen mit nach Hause zu nehmen.

Einmal gab sie ihr gesamtes Geld einer armen Person in Takamatsu und musste das Bahnhofspersonal überreden, sie ohne Fahrkarte mit dem Zug zurück nach Shirotori fahren zu lassen. Wegen ihrer Großzügigkeit wollte mein Vater nicht, dass sie seine Brieftasche trägt, und sie hat ihn auch nie darum gebeten.

Für ihre monatlichen Besuche im Oomoto-Zentrum in Kyoto nahm sie den Bummelzug von Uno aus, um Geld zu sparen, Sie sagte, sie habe so mehr Zeit, um im Zug die Schriften zu lesen, und spendete das gesparte Geld zur Finanzierung der Aktivitäten von Oomoto.

Meine grundlegende Lebensphilosophie - setze deine ganze Kraft ein, um dein Ziel zu erreichen, richte deinen Blick auf die Realität, setze dir ein Ziel, frage dich, ob es dir gelingen wird - hat ihren Ursprung im Einfluss meiner Mutter.

Meine Mutter, die bis spät in die Nacht hart arbeitete, um meinem Vater zu helfen, und trotzdem noch Zeit fand, Dinge wie Blumenbinden und die Teezeremonie zu praktizieren, um dem Leben Reichtum und Freude zu verleihen, war für mich ein Vorbild, wie man leben sollte.

Wenn man versuchte, sie zu täuschen, oder wenn man ihr Vertrauen missbrauchte, war sie unversöhnlich. Sie wartete geduldig, bis man sein Handeln reflektierte.

Wann immer ich gegen eine Wand gestoßen bin, war es die aufrechte Lebensweise meiner Mutter, die mich ermutigt hat.

Sie sagte immer, was sie dachte, und konnte mit ihren freimütigen Äußerungen scharfzüngig sein, was die Leute vielleicht manchmal verletzte, aber ihre Offenheit brachte ihr das Vertrauen der Menschen in ihrem Umfeld ein.

Mein Vater hat sich nie über das Verhalten meiner Mutter geäußert, sondern sie mit einem Lächeln im Gesicht beobachtet.

Meine Eltern waren in ihrem Alltag sparsam und benutzten im Sommer nie eine Klimaanlage und im Winter keine Zentralheizung.

Sie begnügten sich mit Einfachheit und spendeten ohne viel Aufhebens für gute Zwecke.

Oomoto

An dieser Stelle sollte ich eine einfache Einführung in die Lehren von Oomoto geben.

Hidemaru Deguchi (1897-1991), der Ehemann der dritten geistigen Führerin, fasste Oomotos Weltanschauung wie folgt zusammen:

„Alle Dinge des Himmels und der Erde sind miteinander verbunden und integriert. Und sie sind alle ständig in Bewegung. Wie sehr sie sich auch bewegen, wie sehr sie sich auch verändern, sie sind immer noch miteinander verbunden, harmonisiert und integriert. Diese komplizierte und delikate Einheit ist nicht etwas, das zufällig entstehen kann. Es muss ein großer vereinigender Wille am Werk sein, und diesen großen Willen nennen wir Gott". Wir können Gott nicht sehen, aber wir können ihn spüren. Betrachte die unsichtbare Welt, die unsichtbare Macht. Sei wach für das, was uns erschafft und uns Leben gibt.'

Im Jahr 1892 fiel Nao Deguchi (1837-1918), eine Frau aus Ayabe in der Präfektur Kyoto, plötzlich in einen tranceartigen Zustand und begann, eine Reihe von Offenbarungen zu äußern. Sie protestierte gegenüber dem Geist, der von ihr Besitz ergriff, und dieser befahl ihr, stattdessen zu schreiben. „Ich bin Analphabetin", protestierte sie, doch der Geist erwiderte: "Du wirst nicht schreiben, ich werde es tun". Daraufhin verfasste Nao 200.000 Seiten an Schriften. Diese Schriften, die als *Ofudesaki* bekannt sind, wurden zu den Schriften von Oomoto, und Nao wurde zur Gründerin der Religion.

Sieben Jahre später heiratete Kisaburō Ueda, ein junger Mann aus Kameoka, ebenfalls in der Präfektur Kyoto, Naos jüngste Tochter Sumiko, und änderte später seinen Namen in Onisaburo Deguchi. Von da an arbeiteten Nao und Onisaburo gemeinsam an der Verbreitung der Lehren des Geistes und legten den Grundstein für Oomoto.

Das *Ofudesaki* enthält die Lehren von Oomoto zu Themen, die von der Kosmologie über die Gesellschaft, Geschichte, Politik und Wirtschaft bis hin zum Leben selbst reichen. Onisaburo nahm diese Schriften auf und ordnete sie als Oomotos Schriften, damit sie leichter zu verstehen waren. Onisaburo hatte nach seiner eigenen religiösen Erfahrung spirituelle Studien betrieben, was Oomotos Theologie zu ihrer Form verhalf. Ayabe wurde zu Oomotos rituellem Zentrum, während Kameoka zum Hauptquartier für Lehre und Missionierung wurde.

Oomoto erwarb das Gelände der Burg Kameyama in Kameoka im Jahr 1919. Diese Burg hatte eine lange Geschichte und war von Akechi Mitsuhide erbaut worden, der im 16. Jahrhundert versuchte, Herrscher Japans zu werden. In der Zwischenkriegszeit erlebte die Religion einen rasanten Aufschwung und zog mit ihrer Doktrin des "Wiederaufbaus" sowohl Militärs als auch Intellektuelle an und hatte als Bewegung zur Umgestaltung der Gesellschaft erheblichen Einfluss.

Der Staat fürchtete Oomoto, da er darin eine Bedrohung für die kaiserliche Autorität und seine eigene religiöse Ideologie sah und weil Oomoto mit seiner pazifistischen Botschaft die kriegerische Stimmung der Zeit herausforderte. In den Jahren 1921 und 1935 unterdrückte der Staat Oomoto umfassend und berief sich dabei auf das Gesetz gegen Majestätsbeleidigung und das repressive Friedenserhaltungsgesetz. Die Heiligtümer an beiden Orten wurden mit Dynamit zerstört, und die führenden

Mitglieder wurden inhaftiert. Tausende von Gläubigen wurden verhaftet, sechzehn von ihnen verloren ihr Leben.

Nach der Niederlage Japans im Krieg wurden die Anführer vom Vorwurf der Majestätsbeleidigung und des Verstoßes gegen das Friedenserhaltungsgesetz freigesprochen, und Oomotos Unschuld wurde festgestellt. Anwälte drängten Onisaburo, vor Gericht eine Entschädigung von der Regierung zu fordern, aber Onisaburo verzichtete auf das Recht auf eine Entschädigung, mit der Begründung, dass eine solche Zahlung auf Kosten eines besiegten Volkes gehen würde, das schon genug gelitten habe. Dies bedeutete auch, dass viele Fakten dieser Angelegenheit nie ans Licht kamen.

Unter dem Motto "Ein Gott, eine Welt, eine internationale Sprache" setzt sich Oomoto für den interreligiösen Dialog ein, indem Partnerschaften mit Taoisten, Christen, Muslimen und anderen eingegangen werden, für die Weltföderationsbewegung, die auf die Einrichtung einer Weltregierung abzielt, und für die Bekanntmachung der internationalen Hilfssprache Esperanto als einfaches und neutrales Medium der internationalen Kommunikation.

Oomotos Ziel könnte man als Rettung der Menschheit durch eine Rekonstruktion der Welt zusammenfassen.

Meine Eltern schließen sich Oomoto an

Mein Vater besuchte die Oomoto-Zentrale, als er 17 Jahre alt war, und hörte den 54-jährigen Mitbegründer Onisaburo zum ersten Mal sprechen. Onisaburo hatte bereits einen ziemlichen Ruf als produktiver Dichter, der Hunderte von Versen produzierte, als jemand, der übersinnliche Kräfte hatte und als dynamischer Aktivist, und er wurde verschiedentlich als "großer Prophet", als "Monster" und als "Abenteurer" bezeichnet. Onisaburo hatte jedoch keine Spur von Wichtigtuerei, und mein Vater fühlte sich von seiner Anziehungskraft als einfacher Mann angezogen. Meinem Vater zufolge spürte er, als er Onisaburo über die geistige Welt und die Realität des ewigen Lebens sprechen hörte, die Gegenwart eines großen Lichts, das seine Zukunft erhellte, und er fühlte sich von einer geistigen Kraft erfüllt, wie er sie nie zuvor erlebt hatte.

Mein Vater, der Not und Demütigung erlebt hatte, wurde durch Onisaburos Lehre von der Umgestaltung einer von der Macht des Geldes beherrschten Welt in seiner Seele berührt. Auf der Stelle wurde er Mitglied und beschloss, bescheiden zu leben, ohne nach Reichtum und Status zu streben, und Oomotos Lehren zu verbreiten.

Im Jahr 1935 wurde mein Vater Leiter der Oomoto-Zweigstelle Shirotori, und 1958 übernahm er das Amt des Leiters des Regionalbüros Shirotori. Ab 1964 war er 12 Jahre lang Leiter der Zentrale der Präfektur Kagawa und 26 Jahre lang Mitglied des Abgeordnetenrats von Oomoto.

Meine Mutter folgte Oomotos Lehre, dass "Kunst die Mutter der Religion" ist, und übte sich in japanischer Poesie, Kalligraphie, Malerei, Teezeremonie und Blumenbinden und sie spielte die zweisaitige Zither, die Yakumogoto. Sie widmete sich all diesen Dingen und schien nie müde von der Arbeit zu sein. Außerdem führte sie fast ihr ganzes Leben lang ein Tagebuch.

Im Jahr 1952 wurde sie Vorsitzende der Oomoto Shirotori Frauenvereinigung, 1961 wurde sie Vorsitzende der Oomoto Kagawa Föderation und 1965 Vorsitzende des Oomoto Shikoku Verbindungsrates der Frauen. Außerhalb von Oomoto wurde sie 1971 Direktorin des Shirotori Zentrums für arbeitende Frauen. 1982 wurde sie die erste Vorsitzende der neu organisierten Oomoto Frauenvereinigung und reiste in dieser Funktion durch das ganze Land, um Vorträge zu halten. Von 1983 bis 1988 war sie Ratsmitglied im Generalrat von Oomoto, und ab 1986 war sie Vorsitzende der Oomoto Esperanto-Freunde.

Kampf mit der Behinderung

Trotz der verzweifelten Bemühungen meiner Mutter hinterließ meine Kinderlähmung eine Behinderung in meinem Bein.

Glücklicherweise konnte ich ohne fremde Hilfe gehen, aber mein rechtes Bein war schlecht entwickelt und schwach. Ein Kampf mit dieser Krankheit hatte begonnen, ein Kampf, der mein ganzes Leben andauern sollte. Und doch glaube ich, dass es weder die Person, die ich geworden bin, noch mein Unternehmen geben würde, wenn ich diese Krankheit nicht gehabt hätte.

Bis ich in die ersten Klassen der Grundschule kam, brachte mich meine Mutter Shimeko regelmäßig in die Universitätsklinik von Osaka. In den 1930er Jahren waren die Verkehrsverbindungen noch nicht so gut wie heute. Zuerst mussten wir mit der Fähre von Uno-Takamatsu auf das Festland übersetzen, und als wir in Uno ankamen, rannten die Passagiere auf den Zug nach Okayama zu, drängelten und schubsten sich gegenseitig und ließen uns hinter sich. In Okayama stiegen wir in die San'yō-Linie um, um die vierstündige Fahrt nach Osaka anzutreten, die ich kniend auf einer auf dem Boden ausgebreiteten Zeitung verbrachte.

Im Krankenhaus musste ich einen überfüllten Gang entlanglaufen, nur mit meinen Shorts bekleidet, all die anderen Patienten starrten mich an. Ich wollte mein verkrüppeltes rechtes Bein verstecken und es nicht allen zeigen! Im Stillen rief ich nach meiner Mutter, die kommen und mich retten sollte.

Als ich in die Grundschule kam, musste ich etwa 250 Meter von meinem Haus zur Schule laufen, und ich konnte nicht mit meinen Klassenkameraden mithalten. Manchmal ließ ich mich von meiner Mutter huckepack nehmen, obwohl ich auch laufen konnte, wenn ich mich anstrengte. Aber im Grunde meines Herzens wünschte ich mir nur, dass ich laufen und springen und spielen könnte mit meinen eigenen Beinen.

Es war ein Schock, als einige meiner Klassenkameraden auf mich zeigten und mich auslachten. Ich ging weinend ins Bett und konnte stundenlang nicht schlafen. Ich schämte mich so sehr für mein schlechtes Bein, dass ich allmählich aufhörte zu laufen, was zur Folge hatte, dass meine Bein- und Hüftentwicklung in der Wachstumsphase gehemmt wurde.

Das hat dazu geführt, dass all meine Geschwister über 170 Zentimeter groß wurden, ich aber nur 160 Zentimeter.

Aber ich rächte mich an meinen Mitschülern, indem ich ihre Schulbücher in Wasser eintauchte, wenn sie mich hänselten.

Kenzō Abe, mein Klassenlehrer in der fünften und sechsten Klasse der Grundschule, ermahnte meine Klassenkameraden, sie sollten mir helfen, und er selbst trug meine Tasche für mich, wenn wir auf Ausflüge gingen. Herr Abe setzte sich immer für mich ein, er war meine einzige Stütze.

All dies in meiner Kindheit zu ertragen, scheint mir eine innere Stärke verliehen zu haben, die es mir ermöglichte, im späteren Leben Widrigkeiten zu ertragen. Obwohl ich immer wieder Rückschläge erlebte, hatte ich nie das Gefühl zu leiden. Bis auf ein einziges Mal, als mir das Herz gebrochen wurde...

Zurückweisung und Verschwinden

In meiner Jugend erlebte ich die größte Prüfung meines Lebens. Mit 22 Jahren wurde ich von dem Mädchen, in das ich seit meiner Schulzeit verliebt war, abgewiesen und stürzte in tiefe Verzweiflung.

Überzeugt davon, dass der Grund dafür meine Behinderung war, verlor ich den Lebenswillen.

An einem frühen Morgen im März stieg ich auf meinen Motorroller, um mich im Meer zu ertränken, und fuhr los. In Naruto nahm ich die Fähre zur Insel Awaji. Ich fuhr in den Norden der Insel und setzte dann mit der Fähre nach Akashi auf dem Festland über. Ohne es zu merken, lenkten mich meine Hände in Richtung des Hauses meines älteren Bruders Yoriaki in Tokio. „Ja, ich werde meinem Bruder davon erzählen, dass ich aus dieser Welt fliehen will", dachte ich und fuhr weiter.

Damals war die Nationalstraße 1, die Hauptverkehrsader, gerade breit genug, dass zwei Fahrzeuge aneinander vorbeifahren konnten, für Zweiräder gab es kaum Platz. Als ich mit etwa 20 km/h dahinfuhr, dröhnten Hunderte, nein Tausende von schweren Lastwagen, die mich mit nur wenigen Zentimetern Abstand überholten. Ich fuhr weiter, vorbei an Kyoto, vorbei am Hamana-See und über den Tenryū-Fluss. Bei klirrender Kälte fuhr ich weiter, so als wäre ich besessen. Ich machte häufig Pausen am Straßenrand, aber die nächtliche Kälte brachte mich um. Ich hielt meinen Roller an und schüttelte mich, stampfte mit den Füßen und rieb mir die

Hände, um mich aufzuwärmen. Als ich mich dem Hakone-Pass näherte, schien es ewig bergauf zu gehen, und meine Lebensgeister sanken wieder. Ich hielt an einem Nudelstand. Der Lkw-Fahrer neben mir sah mich an und sagte: "Sie sehen nicht besonders gut aus. Wie weit fahren Sie noch?" "Tokio", antwortete ich. „Das ist zu gefährlich. Ich nehme Sie mit", sagte er, nahm meinen Roller und lud ihn auf die Ladefläche eines Lastwagens mit der seitlichen Aufschrift „Seino Transportation" Ich kletterte auf den warmen Beifahrersitz und döste bald ein.

Später ging mein ältester Bruder Hajime zum Hauptsitz von Seino Transportation, um den Mann zu finden und ihm zu danken, von dem er sicher war, dass er mein Leben gerettet hatte. Aber es meldete sich niemand, vermutlich weil es den Fahrern verboten war, Fahrgäste mitzunehmen.

Jedenfalls schaffte ich es dank des LKW-Fahrers bis nach Tokio, aber ich kannte die Adresse meines Bruders nicht und so fuhr ich einfach herum, ohne zu wissen, wo ich ihn suchen sollte. Zum ersten Mal wurde mir bewusst, wie groß Tokio war. Dann erinnerte ich mich daran, dass er irgendwo in der Nähe der Tokyo Metropolitan Universität in Meguro wohnte, und als ich mich in der Nähe der Universität umsah, stieß ich auf Kazuko, die Frau meines Bruders, die auf der Suche nach mir war. „Et-chan", rief sie mich bei meinem Spitznamen, „was machst du hier draußen in der Kälte?" Sie nahm mich mit zu ihrem Haus und in diesem Moment kam mein Bruder nach Hause, der ebenfalls auf der Suche nach mir gewesen war. „Wie kannst du nur den ganzen Weg von Shikoku hierher kommen?" sagte er mit entsetztem Gesichtsausdruck.

Mein Schmerz über die Zurückweisung durch das Mädchen, in das ich seit fünf Jahren verliebt war, explodierte plötzlich.

Ich weinte und jammerte etwa eine Stunde lang. Es war das erste Mal, dass ich jemandem meine Tränen gezeigt habe. Zu Hause herrschte große Aufregung durch mein Verschwinden, bis per Telefon die Nachricht kam, dass ich in Tokio war, und mein Vater kam sofort zu mir. Er tat sein Bestes, um mich zu trösten, brachte mich mit dem Flugzeug zurück nach Osaka (ich hatte noch nie zuvor in einem Flugzeug gesessen) und fuhr dann mit mir zu den heißen Quellen von Sakakibara in Ise, wo er ein Treffen mit meiner Mutter arrangiert hatte. Wir übernachteten dort, und ich sagte ihnen unter Tränen, dass ich in die geistige Welt gehen wollte, wo ich diesen jämmerlichen Körper nicht haben würde.

Noch heute erinnere ich mich an die Besorgnis meiner Eltern und an das verstörte Gesicht meiner Mutter.

Wenn ich darüber nachdenke, wird mir bewusst, wie glücklich ich mich schätzen kann, dass ich die liebevolle Unterstützung meiner Familie hatte, und dass ich jetzt meine eigene wertvolle Familie habe, mit meiner Frau, meinen drei Töchtern und vier Enkelkindern.

Der Autor auf seinem Roller

Meine eigene Mission

A n der heißen Quelle von Sakakibara schlugen mir meine Eltern vor, einen Kurs für spirituelles Training bei Oomoto zu besuchen. „Du hast nichts zu verlieren", sagten sie.

Mein Haus war ein Treffpunkt für Oomoto-Anhänger, und es schien, als gäbe es ständig Versammlungen, aber ich nahm nie an einer teil. Ich stand Religionen sehr skeptisch gegenüber, weil ich glaubte, dass sie einen negativen Einfluss auf das Leben der Menschen hatten, ihren Glauben für finanzielle Zwecke ausnutzten, ihre Freiheit durch strenge Gebote einschränkten und sogar Religionskriege anzettelten.

Aber zu diesem Zeitpunkt, als ich vor der größten Hürde meines bisherigen Lebens stand und sogar die Hoffnung auf das Leben verloren hatte, erwies sich ihr Vorschlag als Wendepunkt in meiner Einstellung zu Religion.

Ich besuchte das Oomoto-Zentrum in Kameoka, das an der Eisenbahnlinie westlich von Kyoto liegt. Vom Bahnhof aus konnte ich das üppige, bewaldete Gelände vor mir sehen. Als ich eintrat, machte ich mich auf den Weg zum Hauptheiligtum mit seinem geschwungenen Ziegeldach. Dieses Gebäude steht an der Stelle der Kameyama-Burg aus dem 16. Jahrhundert, die als Festung von Akechi Mitsuhide bekannt ist, der gegen den japanischen Herrscher Oda Nobunaga rebellierte und ihn besiegte.

In dieser grünen Umgebung mit üppigen, alten Bäumen, abgeschieden von der Außenwelt, verbrachte ich 43 Tage mit meiner Ausbildung. Jeden Morgen um fünf Uhr aufstehen, Toiletten putzen, beten, Vorträge hören ... Alles mit einem Gefühl der Hingabe tun: Das Putzen der Toiletten empfand ich nicht mehr als unangenehm. Während dieser Zeit hatte ich das Gefühl, mein wahres Ich einer unsichtbaren, aber anwesenden Macht zu offenbaren. Ich verließ meinen Unglauben und nahm alles mit demütiger Haltung an.

Abends las ich die Buchreihe *Hinweise zum Glauben* von Hidemaru Deguchi, dem Ehemann der dritten geistigen Führerin. Ich war beeindruckt von der Autorität seiner Worte und zutiefst bewegt.

„Jeder Mensch wird mit einer wichtigen Aufgabe in diese Welt geboren, die nur er oder sie erfüllen kann".

Als ich diese Worte hörte, kamen mir die Tränen, und ich spürte, wie ich zitterte.

Wie töricht war ich doch, an den Tod zu denken. Ich hatte mich geirrt.

„Ja, von nun an werde ich das Geschäft meines Vaters zu einem der besten der Welt ausbauen!", dachte ich.

Ich spürte, wie der Mut, mein Leben in vollen Zügen zu leben, in mir aufstieg. Hidemarus Worte, „Positivität ist der Himmel, Negativität ist die Hölle", wurden zu meinem Lebensmotto.

Es war Hidemaru, der Oomoto erstmals auf Esperanto aufmerksam machte. Während seines Studiums an der Universität Kyoto sah er eine Zeitungsanzeige über einen Esperanto-Kurs an der nahe gelegenen Doshisha-Universität und gab sie an Onisaburo weiter. Dies führte 1923 zur Gründung der „Oomoto-Esperanto-Studiengruppe" (heute die „Gesellschaft zur Bekanntmachung von Esperanto").

1966 wurde ein Buch mit Auszügen aus „Hinweise zum Glauben" unter dem Titel „Auf der Suche nach dem Sinn" veröffentlicht und wurde ein Bestseller. Ich habe mein Exemplar wohl Hunderte von Malen gelesen, bis es auseinanderfiel.

Zurückweisung und Schatz

Meine Eltern begannen, eine Partnerin für mich zu suchen. Sie arrangierten ein Treffen mit einer jungen Frau, die im Oomoto-Zentrum arbeitete. Sie war von mittlerer Statur und strahlte Anmut und Großzügigkeit aus. Das Treffen brachte jedoch keinen Erfolg.

Ich war nicht entmutigt. „Macht nichts", dachte ich, „es gibt noch viele Fische im Meer!" Etwa sechs Monate später begann ich, mich mit einem unkomplizierten Mädchen aus der Gegend zu treffen, das nicht allzu groß war. Auch das klappte nicht, und wir trennten uns allmählich.

Ein weiteres Treffen wurde arrangiert, dieses Mal mit der Tochter eines Oomoto-Anhängers aus Shizuoka. Ich reise mit langsamen, holprigen Zügen über Okayama und Nagoya, überquerte den Fluss Tenryū, den ich zuvor mit meinem Motorroller überquert hatte, stieg schließlich am Bahnhof von Shizuoka aus und machte mich auf den Weg zu ihrem Haus. Ich erinnere mich, dass sie eine schlanke, eher zierlich wirkende junge Frau war. Ich fühlte mich nicht sonderlich zu ihr hingezogen, und als ich wieder zu Hause ankam, hatte ich bereits ein Telegramm erhalten, in dem sie mir absagte.

Am meisten erinnere ich mich an den ehrfurchtgebietenden Anblick des Berges Fuji auf dem Rückweg und daran, was für ein Schatz der Welt dieser Berg ist, der Stolz Japans.

Auch meine Großeltern hatten sich Gedanken über meine Heiratsaussichten gemacht. Sie hatten ein Auge auf ein Mädchen namens Yoshiko Kamada geworfen, die die Enkelin der jüngeren Schwester meiner Großmutter war. Anscheinend hatten sie schon vor meinem Verschwinden einiges unternommen, mich zu verheiraten.

Nachdem mein Großvater Senzō sie viermal getroffen und festgestellt hatte, dass sie eine solide junge Frau war, holte er sie in die Firma meines Vaters, und wir beide wurden Kollegen bei Swany.

Yoshiko war die fünfte Tochter von Eikichi und Hideno Kamada, Bauern in Nyūnoyama im Dorf Fukue, nicht weit von unserem Haus entfernt. Sie war ein reizendes Mädchen, etwa 155 Zentimeter groß und schlank, drei Jahre jünger als ich, und hatte die Fukue Junior High School besucht. Offenbar wusste sie alles über mein Verschwinden.

Meine Großeltern ermutigten uns, Zeit miteinander zu verbringen, und luden uns zu einem besonderen Festtagsessen bei ihnen zu Hause oder unter einem anderen Vorwand ein.

Yoshiko lernte schnell, wie man näht, und begleitete mich bei meinen Besuchen bei den Subunternehmern. Sie war effizient beim Zählen der Teile, beim Verladen auf den Lastwagen und beim Umgang mit den Zulieferern. Ihr einziger Fehler war, dass sie manchmal etwas distanziert wirkte.

Eines Tages fragten mich meine Großeltern: „Was hältst du von Yoshiko?" „Sie ist ein nettes Mädchen", antwortete ich ehrlich. „Nun, dann sag es ihr selbst", sagte mein Großvater.

"Sag ihr, du wirst sie glücklich machen, auch wenn du ein krankes Bein hast. Na los, überzeuge sie."

Sein Drängen machte mir deutlich bewusst, wie sehr ich Angst vor dem Versagen hatte. Obwohl ich ein spirituelles Training absolviert hatte und glaubte, als neuer Mensch daraus hervorgegangen zu sein, hatte ich das Trauma meines ersten Liebeskummers noch immer nicht überwunden. Deshalb waren alle bisherigen Treffen ergebnislos verlaufen. Noch heute rührt es mich, wenn ich daran denke, wie meine Großeltern meine Verletzlichkeit erkannten und mich ermutigten.

Eines Abends lud ich Yoshiko an den Strand ein und legte mich neben sie. Ich habe vielleicht nicht die volle Punktzahl erreicht, aber da es dunkel war und wir die Gesichter des anderen nicht sehen konnten, war ich fähig zu sagen, was mein Großvater mir aufgetragen hatte.

Ich hielt ihre Hand und spürte keinen Widerstand. Ich war berauscht von unserem ersten, tapsigen Kuss.

Wir sind nun seit mehr als fünfzig Jahren zusammen. Alles, was ich meiner Frau sagen kann, ist „Danke!".

Im Alter von 23 Jahren heiratete ich Yoshiko Kamada, 1963

3. Erschließung neuer Märkte

Die Handschuhindustrie in Kagawa

Kagawa ist eine der vier Präfekturen der Insel Shikoku, nimmt aber nur ein Zehntel ihrer Fläche ein - weniger als 2.000 km². Auf dieser Fläche leben etwa eine Million Menschen, von denen viele mit der Herstellung verschiedener lokaler Produkte beschäftigt sind, darunter Baumwolle, Zucker, Salz, Reis, Handschuhe, Lackwaren, Sojasauce und Fächer. In den letzten Jahren sind neue Spezialitäten wie „Rindfleisch von mit Oliven gefütterten Tieren" und „mit Oliven gefütterter Gelbschwanzfisch" bekannt geworden.

Die Handschuhherstellung in Kagawa geht auf einen gewissen Futago Shunrei zurück, der Priester des buddhistischen Senkōji-Tempels im Dorf Fukue war. Er verließ seinen Tempel, kehrte um die Jahrhundertwende ins Laienleben zurück, und erlernte in Osaka die Herstellung von Handschuhen. Sein Lehrling und Nachfolger Tatsukichi Tanatsugu kehrte 1900 nach Kagawa zurück und gründete ein Unternehmen namens Sekizen Shōkai. Dies war die erste Handschuhfabrik in der Region.

Die lokale Industrie expandierte, als während des Ersten Weltkriegs große Aufträge aus Großbritannien eintrafen, und Shirotori entwickelte sich zu einer "Handschuhstadt". Die Industrie breitete sich auf die Nachbarorte Hiketa und Ōchi aus. Insbesondere zwei Unternehmen, Osaka Gloves und Tōyō Gloves, etablierten sich in der Region. Bei Kriegsende 1918 wurde die Zahl der produzierten Handschuhpaare mit „730.000 Dutzend" angegeben.

Der Aufstieg der Handschuhmacherei zur lokalen Spitzenindustrie wurde durch die Geschicklichkeit und das Können der Arbeiterinnen beim Schneiden, Verzieren, Nähen und Veredeln unterstützt.

1950 besuchte Kaiser Showa Shirotori während einer Reise durch Shikoku. Zum Gedenken an dieses Ereignis wurde ein jährliches "Handschuhfest" ins Leben gerufen. Die Exporte begannen wieder zu steigen, und die Stadt erlangte den Wohlstand der Vorkriegsjahre zurück. Nach dem so genannten "Nixon-Schock", den 1971 von US-Präsident Richard Nixon angekündigten Anti-Inflationsmaßnahmen und der anschließenden Abwertung des US-Dollars auf 200 Yen, verschlechterte sich die Lage, was die Wettbewerbsfähigkeit der Industrie beeinträchtigte und die Lohnkosten in die Höhe trieb.

Da die Herstellung von Handschuhen unvermeidlich arbeitsintensiv ist, reagierten viele Unternehmen darauf, indem sie ihre Produktion ins Ausland verlegten. Bis 2008 hatten 78 Unternehmen, die dem Japanischen Handschuh-Industrieverband angeschlossen sind, also etwa 80 %, ihre Produktion in Länder wie China, Vietnam und Indonesien verlagert. Inzwischen ist die Zahl der Unternehmen auf weniger als 70 gesunken, während ihr gemeinsamer Jahresumsatz von 66 Milliarden Yen im Jahr 1991 nur noch bei 35 Milliarden Yen zum Zeitpunkt der Erstellung dieses Textes liegt.

Die Handschuhindustrie ist nicht nur arbeitsintensiv, sondern leidet auch unter der Tatsache, dass es sich bei ihrem Kernprodukt um ein saisonales Produkt handelt, das nur in den Wintermonaten gekauft wird, selbst wenn man die breite Palette von Spezialprodukten wie Skihandschuhe, Sonnenschutzhandschuhe, Marinehandschuhe, Baseballhandschuhe, Hochzeitshandschuhe usw. berücksichtigt. Einige Unternehmen haben neue Möglichkeiten in Produkten wie Ledergeldbörsen und Luxustaschen gesucht und eine Markenpräsenz in diesen Bereichen aufgebaut.

Wie hat Swany, mein Unternehmen, auf diese Herausforderung reagiert?

Swany wird geboren

Nachdem wir mit dem Export begonnen hatten, stießen wir auf das Problem mit unserem Firmennamen. Wir konnten die Leute im Ausland nicht dazu bringen, den alten Namen "Miyoshi Textiles" richtig auszusprechen - es kam immer "My-yo-shee" / Mai-yo-shi heraus (es sollte "Mee-yo-shee" / Mi-jo-shi sein), und uns wurde klar, dass es unserer Marke an Wiedererkennbarkeit mangelte.

1968 riefen wir innerhalb des Unternehmens einen Wettbewerb mit einem Preis für den Gewinner aus, bei dem 150 Ideen für den neuen Namen eingereicht wurden. Der Siegerbeitrag kam von einem langjährigen Mitarbeiter des Unternehmens, Hatsuo Matsumura. Seine Idee für den neuen Namen "Swany" stammte von dem Namen der Stadt Shirotori (was wörtlich "weißer Vogel" oder "Schwan" bedeutet). Als er im New Yorker Telefonbuch nachschaute, fand er viele Swanees (wie in 'Swanee River'), aber keinen Swany. Wie 'Sony', 'Sunny' (das Nissan-Auto) und 'Suntory' (der Whisky) war der Name leicht auszusprechen und hatte einen schönen Klang.

Das Unternehmen hatte 1959 begonnen, auf Märkte in Übersee vorzudringen, indem es über eine Exportmaklerfirma in Kobe mit dem Export begann. Meine erste Auslandsreise als leitender Angestellter erfolgte fünf Jahre später, im Jahr 1964. Zur gleichen Zeit verlegte das Unternehmen seinen Sitz von unserem Haus am Meer auf ein Gelände an der Eisenbahnlinie Takamatsu-Tokushima und begann, schnell zu expandieren.

Auf diese Entwicklungen werde ich später im Detail zurückkommen, hier zunächst ein Überblick über den Verlauf der Geschichte von Swany:

1968-70: Swany Ikeda, Swany Tokushima und Swany Kōchi werden gegründet und beschäftigen 200 Mitarbeiter in der Produktion.

1972-78: Gründung von Swany Korea, Swany Orient und Swany Asia in Korea mit 1.200 Mitarbeitern, die Handschuhe aller Art herstellen.

1980: Swany America wird in New York gegründet und verkauft an Einzelhandelsgeschäfte.

1984-89: Swany China, Swany Great Wall, Swany Glove und Swany Taicang werden in drei Städten in der Region Shanghai mit 1.500 Produktionsmitarbeitern gegründet.

1989: Die Skihandschuhe der Marke Swany kommen in den USA auf den Markt und erreichen einen Jahresumsatz von ¥ 1 Milliarde. Ab 2012 ist sieben Jahre in Folge der Umsatz in den USA der höchste.

1997: Die körperstützende "Swany Tasche" kommt auf den Markt und wird mit 110.000 verkauften Exemplaren pro Jahr zum Renner.

2012: Swany Cambodia wird in Kambodscha gegründet und beschäftigt rund 300 Mitarbeiter, hat aber Schwierigkeiten, rentabel zu bleiben.
2014: Markteinführung des kleinsten Faltrollstuhls der Welt, des „Swany Mini", mit ca. 1.000 verkauften Exemplaren pro Jahr im Kaufmarkt. Im Jahr 2020 erscheint der Swany Mini auf dem viel größeren Verleihmarkt, der zehnmal so groß ist wie der Kaufmarkt. Japanische, chinesische und US-Patente erhalten.
2018: Swany-Skihandschuhe werden auf dem japanischen Markt eingeführt. Auf dem Markt für Bekleidungshandschuhe wird die Marke Elmer eingeführt.

Revolutionäre Strategie zur Kostensenkung

Die Erfahrung, bei gemeinsamen Terminen mit meinem Vater bei Kunden preislich unter Druck geraten zu sein, veranlasste mich, an einer Kostensenkung zu arbeiten. Beim Zuschnitt von Lederhandschuhen legten wir zunächst eine quadratische Glasplatte von 28 Zentimetern Breite auf eine Lederplatte und schnitten mit einem Messer um diese herum. Dann legten wir eine Matrize auf dieses Quadrat und schnitten die Handschuhform, den so genannten „Trank", mit einem Druckschneider aus. Indem ich den „Trank" direkt mit der Matrize ausschnitt und nicht erst die Glasplatte umschnitt, konnte ich den Verlust an Leder, der 60 % der Kosten ausmachte, um 2 % im Vergleich zwischen Matrize und Platte, reduzieren. Durch diese Rationalisierung des Schneidevorgangs konnte auch die Geschwindigkeit erhöht werden, und die gesamte Branche hat sich inzwischen für diese Methode entschieden.

Der Schlüssel zum Erfolg lag in der Technik des Zuschneidens der Fourchettes - der schmalen Streifen, die die Vorder- und Rückseiten der Finger verbinden - aus dem Leder, das nach dem Ausschneiden der Vorlage übrig blieb. Für ein Paar Handschuhe werden zwölf Fourchettes benötigt. Mit etwas Kreativität war es möglich, aus einem Stück Lederabfall, das vorher nur zwei ergeben hatte, drei Fourchettes zu gewinnen, oder aus einem anderen Stück, das nur für eine gereicht hatte, zwei zu gewinnen. Insgesamt ist es uns gelungen, 30-40 % mehr Fourchettes zu erhalten. Dies bedeutete einen erheblichen zusätzlichen Gewinn von etwa 3 % bei einem durchschnittlichen Nettogewinn der Branche von 4-5 %.

Als ich in die Handschuhherstellung einstieg, hatten wir neun große und kleine Schneidemaschinen. Diese waren auf dem Betonboden befestigt und über einen Riemen mit dem Motor verbunden. Da der rotierende Riemen gefährlich war, ließ ich den Motor oben auf der Schneidemaschine befestigen und direkt über einen Keilriemen anschließen. Isamu Nakagawa, der Leiter der Nakagawa Iron Works, der die Umrüstung für uns vornahm, fand meine Idee gut, da die Maschinen sicher betrieben werden konnten, sobald der Strom angeschlossen war, und so wurden alle Maschinen auf meine Methode umgestellt.

Wir haben auch das Endbearbeitungsverfahren verbessert. Wir spannten die Handschuhe über eine gasbeheizte handschuhförmige Kupferplatte und dehnten das Leder so, dass die Finger schön gerade wurden. Dann legten wir die Handschuhe, jeweils zwei Paare auf einmal, einige Dutzend Lagen dick auf Pappe aus und deckten sie mit einem Betonklotz ab. So ließen wir sie bis zum nächsten Morgen liegen. Das war allerdings gefährlich, weil der Stapel manchmal umkippte.

Ich schuf eine pedalbetriebene Werkbank mit einem 70 kg schweren Gewicht aus Gussmetall, das durch Niederdrücken des Pedals um etwa 3 cm angehoben wurde, so dass die ordentlich geglätteten Handschuhe in den Zwischenraum eingeführt werden konnten. Sie war etwa so groß wie ein Nähmaschinentisch, aus Stahl gefertigt und hatte vier Gewichte, die per Pedal betätigt wurden. Ich fand Gefallen an dieser Erfindung, die meinen Sinn für Ästhetik und meine Liebe zu Maschinen zum Ausdruck brachte.

Von diesem Zeitpunkt an übernahm mein Vater die Verantwortung für die Verhandlungen mit den Kunden, während ich für die Kostenkontrolle zuständig war. Mein Vater muss mit meiner Leistung zufrieden gewesen sein, denn er fing an, Dinge zu sagen wie: „Wenn es Etsuos Idee ist, muss es richtig sein."

Fünf Jahre nach meinem Einstieg in das Unternehmen wurde ich zum Geschäftsführenden Direktor befördert. Je mehr ich mich um die Lösung von Problemen bemühte, desto geringer wurden unsere Kosten, und desto mehr Handschuhe verkauften wir. Ich hatte Spaß an meiner Arbeit.

Die düstere Welt des Exports

Der Winter 1958, das Jahr, in dem ich in das Unternehmen eintrat, war ein milder Winter, und die Handschuhe verkauften sich nicht. Wir entließen im Januar unsere gesamte Belegschaft, und drei Monate lang lebte die gesamte Fabrik von der Arbeitslosenunterstützung, bis im April die gesamte Belegschaft zurückkehrte.

Um dieses Dilemma zu überwinden, begannen meine Eltern mit Straßenverkauf. Etwa einen Monat lang zogen sie durch Osaka, Kobe und Okayama und riefen, an windigen Straßenecken stehend, „Handschuhe! Handschuhe! Braucht jemand Handschuhe?"

Mein Vater fuhr jeden Tag nach Kobe, um zu versuchen, auf dem Überseemarkt Fuß zu fassen, und es gelang ihm, Zugang zu Strong, einer Exportmaklerfirma, zu erhalten, wo er widerstrebend die Bedingung eines Bonus von 2% an den zuständigen Abteilungsleiter akzeptieren musste. Unser erster Auftrag betraf Rindslederhandschuhe mit Kaninchenfellfutter und mit Strickfutter.

Da Strong nicht die Hersteller waren, konnten sie die Anfragen der ausländischen Käufer nicht beantworten, und so musste ich bei den Treffen dabei sein, obwohl ich noch unerfahren war.

Anhand des geschätzten Preises in Yen für ein Dutzend Paare berechnete ich den Preis mit einer Marge von 30% plus 5% als Strong-Provision und teilte dies durch ¥360, um den Versandpreis in Dollar zu erhalten. Ich lernte auch, „FOB Kobe" zu sagen, um klar zu machen, bis wo wir für die Ware verantwortlich waren (FOB - Free on Board).

Eines Tages fragte mich ein Einkäufer auf Englisch: „Was denkst Du?" Als ich zögerte, drängte er mich: „Was ist Deine Meinung?" Ich antwortete kühn: „Braun ist besser als schwarz." „Du bist ein kluger Junge", sagte der Käufer. Ich fühlte mich, als wäre ich in den Himmel aufgestiegen. Ich begann, mit den Händlern zu Mittag zu essen, und ging sogar mit ihnen in Bars und Kabaretts.

Bei den Besprechungen stellte ich fest, dass die Käufer ungeduldig darauf warteten, dass ich den Verkaufspreis ermittelte. Nach reiflicher Überlegung entwickelte ich einen Index, in den ich die Kosten für Obermaterial, Futter, Arbeit und Verpackung sowie unsere Gewinnspanne von 30 % und die 5 % von Strong mit einrechnete. Mit einem Abakus für die Addition und einem Rechenschieber für die Multiplikation konnte ich unsere Kosten im Handumdrehen in den Verkaufspreis in Dollar umrechnen.

Wenn unsere Gewinnspanne auf die Produktionskosten 30 % betragen würde, wäre der Index bei einer Umrechnung von $1 = ¥360 430 %, bei 31 % 435 % und bei 32 % 440 %. Während ich die Mimik der Käufer beobachtete, bewegte ich den Margensatz auf und ab und notierte ihre Reaktion. Genau zum richtigen Zeitpunkt drängte ich sie und sagte: „Jetzt ist ein guter Zeitpunkt zu kaufen". Auf diese Weise erhielt ich nacheinander Aufträge für 800 oder 1.000 Dutzend Paare.

Nachdem ich ein Ergebnis erzielt hatte, ging ich zum nächsten Modell über. Während die Witze umherflogen, fragte ich, wie viele Modelle sie zu kaufen gedachten, und versuchte so einen möglichst großen Vertrag zu erhalten.

Wenn die Einkäufer zu Besuch kamen, waren Leute von konkurrierenden Unternehmen in Strongs Büro und brachten Muster mit. Manchmal musste ich mit ihnen konkurrieren, und ich zitterte, weil ich befürchtete, dass der zuständige Abteilungsleiter mit *Bonbons*[1] bombardiert werden würde.

Am Tag eines Treffens mit Milton Schwartz, dem CEO der Avon Glove Corporation in New York, waren vier Unternehmen für die Gästebetreuung zuständig. Nach dem Abendessen gingen wir mit dem Geschäftsführer in ein Kabarett. Dort befand sich eine Frau, die gut Englisch sprach.

---

[1]Schmiergeld / Geschenk (Anm. der Übersetzerin)

Milton war von dieser Frau mit ihrem hellen Teint und schlanken Gesicht und ihrem fließenden Englisch bezaubert. Es war mir etwas unangenehm, dass sie von den vier Unternehmen für jeweils 1.000 Yen engagiert worden war. Ich kann mich nicht mehr daran erinnern, wie das *Bonbon* des Abteilungsleiters oder die nicht quittierten Ausgaben abgerechnet wurden. Schon oft wollte ich meinen Vater fragen, ob es nicht eine etwas seriösere Art gab, Geschäfte zu machen - aber er ist nicht mehr da, um ihn fragen zu können.

Herr Milton Schwartz von Avon Glove (links) mit
Herrn Brown, Beauftragter der Firma Strong, 1960

Geschäftliche Weltreise

Im Jahr 1964, dem Jahr der Olympischen Spiele in Tokio, wurden die Beschränkungen für Auslandsreisen aufgehoben, und ich reiste zum ersten Mal ins Ausland. Die maximal 500 Dollar in ausländischer Währung, die wir ins Ausland mitnehmen durften, reichten nicht aus, um die Kosten für das Dolmetschen zu decken, und ich musste täglich zur Takamatsu-Filiale der Bank of Japan gehen, um 2.000 Dollar (¥720.000) zu bekommen. Mit meinem Rund-um-die-Welt-Ticket, das etwa ¥700.000 kostete, hob ich vom Haneda-Flughafen in Tokio ab, ein Nervenbündel.

Am nächsten Morgen, nachdem ich in New York angekommen war, ging ich in ein Café neben dem Prince George Hotel, in dem ich wohnte, und bat um "heiße Milch, Toast und Zitronentee". Der Kellner schien kein Wort davon zu verstehen, also wiederholte ich es immer und immer wieder, wobei ich jedes Mal noch roter im Gesicht wurde. Währenddessen kam ein japanischer Student herein, der bemerkte, dass ich Schwierigkeiten hatte, und korrigierte mein japanisches Englisch für mich: „hot milk, tea with lemon"[2]. Zu diesem Zeitpunkt war ich bereits schweißgebadet. Ich ging mit meinem Dolmetscher, den ich über das Reisebüro für 25 Dollar pro Tag (etwa 9.000 Yen) angeheuert hatte, zu dem hoch aufragenden Gebäude der Handelskammer. Dort suchte ein großer Mann mittleren Alters mit rötlichem Teint für mich nach Handschuhfirmen und gab mir eine Liste mit etwa 30 Firmen und Telefonnummern. Ich war beeindruckt, wie zuvorkommend er mir, einem völlig Fremden aus Japan, half.

Zunächst rief ich die NY Merchandise Company von einem öffentlichen Telefon aus an. Zuerst hieß es, man sei nicht an einem Import interessiert, da man nur kleine Mengen verkaufe, aber mein Dolmetscher beharrte darauf: „Wir nehmen nur fünf Minuten Ihrer Zeit in Anspruch". Wir trafen den Chef, einen kleinen, sanftmütigen Mann, der sehr angenehm zu sein schien, aber er warf nur einen Blick auf meine Muster und zeigte kein Interesse. In nur zehn Minuten waren wir wieder draußen.

Bei der nächsten Firma, die wir besuchten, wurde ich wieder abgewiesen, und wir wandten uns an die dritte Firma auf unserer Liste, Gelmart, die gestrickte Handschuhe verkauft. Auch hier sagte man mir: „Wir sind nicht an Lederhandschuhen interessiert". Aber als ich ihnen meine Muster zeigte, sagten sie: „Warum nehmen Sie die nicht mit zu IBC?" und schrieben freundlicherweise die Adresse des Unternehmens und den Namen des Geschäftsführers auf. Leider war der Geschäftsführer auf Geschäftsreise, so notierte ich mir das Unternehmen für einen späteren Besuch.

Bei der vierten Firma hatte ich Mühe, einen Termin zu bekommen, und musste feststellen, dass sie nur Arbeitshandschuhe verkaufte. In neun Tagen wandte ich mich an 30 Unternehmen und kam mit weniger als einem Drittel von ihnen ins Gespräch. Viele waren Unternehmen, die mit Arbeitshandschuhen oder gestrickten Handschuhen handelten. Das waren die einzigen, die sie für mich im Jahrbuch der Unternehmen gefunden hatten, also konnte ich nichts tun. Von all den Unternehmen, die ich getroffen hatte, hat nur NY Merchandise schließlich einige Jahre später eine Geschäftsbeziehung mit uns begonnen.

Enttäuscht über das miserable Ergebnis meiner Bemühungen in New York reiste ich mit einem Pan Am-Flug nach Deutschland, nach Hamburg. Es waren keine anderen japanischen Passagiere an Bord. Ich machte mich auf den Weg zur Toilette und berührte, ohne zu wissen, dass das Schloss kaputt war, die Tür, so dass sie aufschwang. Zu meiner großen Verlegenheit schrie eine wütende Frauenstimme von drinnen: „Wie können Sie es wagen!"

Im Hotel Atlantik an der Alster, wo ich weder die deutschen noch die englischen Namen der Gerichte auf der Speisekarte lesen konnte, wies ich

---

[2] Heiße Milch, Tee mit Zitrone (Anm. der Übersetzerin)

auf den ersten Menüpunkt und bekam eine Gemüsesuppe serviert. Dann probierte ich den zweiten Menüpunkt, und diesmal wurde mir eine Consommé serviert. Da ich dachte, es sei Zeit für das Hauptgericht, deutete ich auf das unterste Gericht, und mir wurde gesagt: „Das ist der Name des Restaurants."

Als ich an diesem Abend ins Bett ging, machte ich mir sofort Gedanken darüber, ob ich am nächsten Tag einen Dolmetscher finden würde, und schließlich machte ich mir sogar Sorgen, ob ich jemals in der Lage sein würde, nach Japan zurückkehren zu können. Wegen des Jetlags konnte ich überhaupt nicht schlafen. Als der Morgen anbrach, war ich den Tränen nahe.

Während meines Aufenthalts in Hamburg besuchte ich die Handelskammer mit meinem Dolmetscher, der, wie man mir sagte, „ein früherer Angestellter einer Handelsgesellschaft" war. Mit einer Liste von etwa zehn Unternehmen, die im Handschuhgeschäft tätig zu sein schienen, verbrachte ich die nächsten zwei Tage damit, diese zu besuchen, aber niemand war an der Einfuhr von Handschuhen interessiert.

In der Nähe des Hotels entdeckte ich ein Schild mit dem Namen „Kogetsu" in japanischen Schriftzeichen. Es stellte sich heraus, dass es sich um ein japanisches Restaurant handelte, was zu dieser Zeit sehr selten war. Mit großer Begeisterung ging ich hinein und aß eine Portion Sashimi. Auf dem Regal standen eine Reihe japanischer Bücher wie der Samurai-Roman *Musashi* von Eiji Yoshikawa, und die anderen Gäste lasen sie mit Begeisterung.

An meinem nächsten Zielort, London, lief ich auf die gleiche Weise herum, konnte aber keine potenziellen Kunden finden. In tiefer Niedergeschlagenheit flog ich weiter zu meinem Endziel, Mailand in Italien. In meinem Badezimmer im Meridian Hotel, wo ich wohnte, setzte ich mich rittlings auf das Waschbecken neben der Toilette und drehte den Wasserhahn auf. Ein Strahl kochend heißen Wassers schoss nach oben und verbrühte mich unangenehm. Ich hätte den kalten Wasserhahn benutzen sollen, um die Temperatur des Wassers zu regulieren. Danach brannte es ein paar Tage lang, aber zum Glück gelang es mir, unbeschadet nach Japan zurückzukehren.

In dem einsamen Monat, in dem ich unterwegs war, hatte ich mit Sprachbarrieren, unterschiedlichem Essen, dem Jetlag und mit Kulturschocks zu kämpfen. Als ich wieder in Haneda ankam, hatte ich das Gefühl, meine Füße würden den Boden nicht berühren, es war mir, als würde ich schlafwandeln.

Abmühen mit der englischen Sprache

D ie Erfahrung meiner Auslandsaufenthalte hat mich davon überzeugt, dass ich ohne Englischkenntnisse nicht weiterkomme.

Zunächst verfolgte ich die NHK-Radiosendung English Conversation mit den Dozenten Katsuaki Tōgo und Helen Reynolds. Das Lehrbuch kostete nur ¥120 pro Monat. Ich ging die Lektionen mit Begeisterung durch und wiederholte alles zweimal. Wenn ich auf Geschäftsreise war, nahm meine Frau die Sendungen für mich auf.

Im Auto hörte ich mir, sobald ich den Motor anließ, die Reden von Präsident Kennedy auf einer Kassettenschleife an. Über einen Zeitraum von etwa drei Jahren habe ich sie wohl Tausende von Malen abgespielt und dabei laut mitgesprochen. Das Niveau war viel zu hoch für mich, aber es erwies sich als nützlich für zukünftige Treffen.

Während ich geschäftlich unterwegs war, hörte ich über Kopfhörer zu und murmelte vor mich hin, ohne mich darum zu kümmern, wo ich war; dabei übte ich meine Aussprache.

Einmal saß ich in einem Zug der Hankyu-Linie von Takarazuka zur Umeda Station in Osaka. Nach einer Weile nahm ich die Kopfhörer ab und hörte die Ansage „Takarazuka! Takarazuka!" Ich schaute mich um. Die Dame, die neben mir saß, sagte mir, dass ich in Umeda nicht aus dem Zug gestiegen sei. Ich war so in mein Englischstudium vertieft, dass ich den ganzen Weg bis zu meinem Ausgangspunkt zurückgelegt hatte, ohne es zu merken. Zu meiner großen Verlegenheit fing ein Student im Zug an, laut zu lachen. Ich wollte im Boden versinken.

Etwas Ähnliches passierte, als ich in einem Flugzeug nach Boston saß. Während ich dort saß und in mein Englisch vertieft war, kam eine Flugbegleiterin und begann, mich aufgeregt anzuschreien. Beeilen Sie sich und verlassen Sie das Flugzeug, sagte sie. Als ich mich fragte, was los sei, schaute ich mich um und stellte fest, dass wir schon gelandet und alle anderen Passagiere bereits gegangen waren. Nachdem ich mich vier Jahre lang so abgemüht hatte, bekam ich das Gefühl, Geschäfte machen zu können - allerdings nur fast...

1968, vier Jahre nach meinem ersten Besuch in den Vereinigten Staaten, meldete ich mich bei der Kobe-Filiale von Berlitz, der weltweit führenden Sprachschule, für einen einmonatigen Crashkurs, um mein Studium abzuschließen. Die Studiengebühren betrugen etwa 1.000.000 Yen. Die Schule in Kobe war eine neu eröffnete Filiale. Ich hatte vier ausländische Lehrkräfte. Zehn Stunden am Tag lernte ich mit 40-minütigen Unterrichtsstunden, gefolgt von einer fünfminütigen Pause. Nachts habe ich auf Englisch geträumt. Ich ging mit meinen Lehrern zum Mittagessen. Besonders gern aß ich mit Judy Smith zu Mittag, einer charmanten Lehrerin aus Australien.

Meine Entschlossenheit und Hartnäckigkeit, aber auch meine Geduld und mein Fleiß waren es, die mich in meinem Bestreben beharren ließen, diese Sprache zu beherrschen. Vier Jahre lang habe ich mich mit Leib und Seele dem Englischlernen gewidmet. Ich glaube, dass sich diese Investition gelohnt hat. Ich war überzeugt, wenn ich kein Englisch sprechen könnte, würde das die Expansionsbemühungen von Swany in Übersee stark bremsen.

Ich habe mich sehr um meine Sprechfähigkeit bemüht, aber eines Tages, als ich auf die 80 zuging, klingelte das Telefon.
„Sind Sie Herr Miyoshi?"
„Jes, jes, momenton, ĉu vi estas... (Ja, ja, Moment mal, sind Sie...)". Ich ertappte mich dabei, dass ich auf Esperanto antwortete, das ich erst vor kurzem erlernt hatte. Die englischen Worte wollten nicht kommen. So schlecht war mein Englisch, nachdem ich es zehn Jahre lang nicht gepflegt hatte.

Ich kann mich nicht verständlich machen

Ich hatte eifrig Englisch gelernt, aber es fiel mir immer noch schwer, meine japanischen Aussprachegewohnheiten abzulegen.
Auf meiner dritten Amerikareise war ich in Chicago und wollte etwas essen gehen. Ich bat die Bedienung um Spaghetti, aber sie sah mich nur mit einem verwirrten Blick an. Ich versuchte es immer und immer wieder, konnte mich aber nicht verständlich machen. Sie brachte den Koch an meinen Tisch, als ich es erneut versuchte, nickte der Koch: "Oh, Spaghetti!", und ich konnte mein Mittagessen bekommen. Anscheinend lag der Fehler bei mir, weil ich das „ghe" zu stark betont hatte.
In einem Flugzeug aus New York fragte mich einmal eine Frau: „Wohin fliegen Sie?" „Ich fliege nach Kanada", antwortete ich. „Wohin?" „Kanada". „Was haben Sie gesagt?" Ich sagte: „Kanada". „Wo ist Kanada?" „Kanada, Ka-na-da, wissen Sie?" „Ich weiß nicht. Sie meinen doch nicht etwa *Kenedä*, oder?"
Einmal war ich auf dem Weg zur Kathedrale von St. John the Divine, der größten Kirche in New York. Ich hielt ein Taxi an und fragte den Fahrer nach der „Amsterdam Avenue". Der Fahrer schaute verwirrt. Ich versuchte es wieder und wieder, aber ohne Erfolg. „Steigen Sie vorne ein", sagte der Fahrer schließlich und öffnete mir die Tür. In New Yorker Taxis war der Fahrersitz durch eine Trennwand aus Eisenstangen vom hinteren Teil des Taxis getrennt, um den Fahrer zu schützen. Ich setze mich auf den Vordersitz und zeige dem Fahrer meine Karte. Oh, Äm-ster-*däm*," sagte er. Ich merkte, dass ich das „Am" und das „dam" hätte stark betonen sollen.
Bei den Zahlen und dem Vokabular im Zusammenhang mit Handschuhen war ich zuversichtlich. Im Japanischen drücken wir große Zahlen statt mit „Millionen" (Tausend Tausend) und „Milliarden" (Tausend Millionen) in Einheiten von *man* (Zehntausend), *oku* (Zehntausend mal Zehntausend = 100.000.000) und so weiter aus. Um den Umgang mit großen Zahlen im Englischen zu erleichtern, habe ich mir eingeprägt, dass die Bevölkerung Japans (ein *oku*) „einhundert Millionen" und die Bevölkerung Chinas (zehn *oku*) „eine Milliarde" beträgt. Indem ich mir große Zahlen als Vielfache der Bevölkerung Japans oder Chinas vorstellte, konnte ich die englischen Zahlen leichter verstehen und verwenden.

Aber das Wort, das mir die meisten Schwierigkeiten bereitet hat, war *„glove"* (Handschuh).

Wie um alles in der Welt könnte ich dieses Wort so aussprechen, dass die Leute mich verstehen würden?

Ausschalten des Maklers –
und ein Traum wird wahr

Bei meinem dritten Besuch in Amerika habe ich endlich meinen Traum verwirklicht, direkt zu handeln, ohne über einen Makler zu gehen. Dies geschah durch einen Telefonanruf bei Milton Schwartz, dem CEO von Avon Glove Corporation, den ich während seines Aufenthalts in Japan kennen gelernt hatte. „Hey, ist das Etsuo? Ich bin nur ein paar Minuten von Ihrem Hotel entfernt. Kommen Sie gleich vorbei", sagte er. Das war zu der Zeit, als wir noch mit Strong, den Exportmaklern in Kobe, Geschäfte machten, bevor Swany den Direkthandel aufnahm.

Als wir uns trafen, sagte ich zu ihm: „Ich konnte kein Telex schicken, weil ich nicht wollte, dass Strong davon erfährt". „Warum nicht?", fragte er. „Meinst du diesen Abteilungsleiter? Er wurde gefeuert, weil er *Bonbons* angenommen hat. In gewisser Weise haben wir es dieser Firma zu verdanken, dass wir die ganze Zeit im Geschäft waren. Aber ihre Personalverwaltung ist furchtbar. Ich habe dank dieses Halunken ein Vermögen verloren. Wie viel hast du ihm gezahlt?"

Ich wusste nicht, was ich sagen sollte. Er fuhr fort: „Ich habe ihnen 5 % Provision gezahlt, und außerdem hat sich herausgestellt, dass er von Ihnen Geld angenommen hat. Was für ein Schurke." Wieder wusste ich nicht, was ich sagen sollte. „Da Sie zu mir gekommen sind, nehme ich an, dass Sie immer noch daran interessiert sind, Geschäfte zu machen. Wenn wir uns zusammentun, werden wir wettbewerbsfähiger. Meinen Sie nicht auch?"

Ich antwortete: „Oh, wir haben ihm nur ein Taschengeld gegeben." Ich habe nicht gesagt, dass es ganze 2 % waren. Wenn ich ihm die Wahrheit gesagt und er herausgefunden hätte, wie viel er beim Preis unserer Handschuhe hätte sparen können, wenn wir diese Zahlungen nicht geleistet hätten, wäre er ausgerastet.

Ich blieb stumm und sah ihm in die Augen. Nach einer Weile entspannte sich Milton und sagte: „Vergessen Sie es! Lassen Sie uns ins Geschäft kommen." Er muss von der Qualität von Swanys Produkten beeindruckt gewesen sein. Ich unterbreitete ihm einige Angebote, und er gab mir einige Aufträge.

Das war der Moment, in dem wir begannen, direkt zu handeln, ohne einen Makler einzuschalten.

Ich weiß nicht mehr, wie viel die Bestellungen betrugen. Milton sagte: „Ihr Englisch ist nicht perfekt, aber wenn wir die Ware sehen können, wird es schon gehen". Er nickte dem Dolmetscher zu und sagte: „Von nun an werden wir keinen Dolmetscher mehr brauchen". Ich tauschte einen Händedruck mit Miltons Bruder Bob und dem gesamten Büropersonal aus. Im Büro arbeiteten nur sechs Personen, aber man sagte mir, dass im Auslieferungslager noch ein paar Dutzend mehr beschäftigt waren. Ich erfuhr, dass dies das typische Muster für einen New Yorker Importeur war, mit einem Hauptsitz in Manhattan, von wo aus die Lieferungen vom Warenlager in den Vororten kontrolliert wurden.

"Das nächste Mal lade ich Sie zu mir nach Hause ein. Machen Sie weiter so mit dem Englisch", sagte er mit einem festen Händedruck, bevor wir uns trennten. Ich spürte, wie mir Tränen der Freude in die Augen stiegen.

Nachtleben

Während ich dieses Buch schrieb, telefonierte ich mit Tokuichi Shikatani, dem Präsidenten unseres Konkurrenten Fuji Industries, in der Hoffnung, mehr über die Umstände der Entlassung des Bereichsleiters bei Strong vor einem halben Jahrhundert zu erfahren. Er erzählte mir, dass der Bereichsleiter 5 % gefordert hatte, aber man hatte ihn auf 2 % heruntergehandelt. Anscheinend hatte er von vier Unternehmen jeweils 2 % kassiert. Mit dem ganzen Geld hätte er ein paar Dutzend Wohnungen kaufen können.

Offenbar trat der Direktor von Strong an Herrn Shikatani heran und fragte ihn: „Ich habe von Miyoshi Textiles gehört, dass Bereichsleiter M. *Bonbons* genommen hat. Haben Sie ihn auch bezahlt?" Als Herr Shikatani dies bejahte, beschloss der Direktor an Ort und Stelle, den Abteilungsleiter zu entlassen, und sagte: „Ich verstehe. Wir werden ihn heute Nachmittag entlassen." Mein Bauchgefühl sagte mir, dass mein Vater sich an den Direktor von Strong gewandt hatte, weil er befürchtete, ich könnte in diese "dubiosen" Aktivitäten hineingezogen werden.

Bei Strong arbeiteten drei Männer und eine Frau unter dem Leiter der Handschuhabteilung. Der Abteilungsleiter und die Frau gingen nach der Arbeit immer direkt nach Hause, während ich mit den anderen drei Männern zu Abend aß und danach Bars und Kabaretts besuchten.

Wir besuchten häufig ein Kabarett im Stadtteil Sannomiya in Kobe, das New Century (Neues Jahrhundert). Eines Abends, als gerade die Getränke zu fließen begannen, fing der Vorhang, der die Saaldecke bedeckte, Feuer. Panik brach aus, eine Stimme verkündete immer wieder: „Bringen Sie bitte die Gäste in Sicherheit." Ich folgte unseren Hostessen, aber sie führten uns zur Garderobe, wo es voller Menschen war, die chaotisch nach ihren Habseligkeiten suchten. Niemand führte uns aus dem Gebäude, also schloss ich mich schnell einer anderen Gruppe an, und wir konnten das Gebäude verlassen.

Wenn sie in meine Heimatstadt Kagawa kamen, zeigte ich ihnen die Leuchtreklame-lichter von Takamatsu und führte sie in ein großes Etablissement namens Rainbow Garden Cabaret (Regenbogen-Kabarett). Die berühmte Sängerin Izumi Yukimura war da und sang ihre Erfolgslieder *East of Eden* und *Love Is a Many-splendored Thing*. Frank Nagai, ein weiterer beliebter Sänger, trat ebenfalls auf und sang mit seiner angenehmen Baritonstimme seinen Hit Kimi koishi ("Ich sehne mich nach dir").

Erschließung neuer Märkte mit gebrochenem Englisch

Ich reiste jedes Jahr durch die Welt, um unsere Märkte zu erweitern, überall stellte ich Dolmetscher ein. Aufgrund der Behinderung meines rechten Beins war es eine Qual, mein Gepäck in einem Koffer ohne Räder zu tragen. Wie eine Schildkröte bewegte ich mich Schritt für Schritt vorwärts und ging von Termin zu Termin, den Kopf voll mit englischem Handschuh-Jargon.

Der Geschäftsführer Schwartz hielt sein Wort und lud mich in sein Haus ein. Nach den Drinks setzten wir uns an den Esstisch. Frau Schwartz, die eine Kasserolle in der Hand hielt, sagte etwas zu mir, das sich anhörte wie: „Auf den Kopf stellen, bitte!" Ich konnte nicht verstehen, was sie meinte, und wusste nicht, was ich tun sollte. Milton kam mir zu Hilfe und erklärte mir mit Gesten, sie wolle, dass ich meinen Teller umdrehe.

Nachdem er ein paar Drinks getrunken hatte, fragte mich Milton: „Verkaufen Sie an große Handschuhfirmen wie Grandoe und Fownes? Die haben ihren Sitz in einem kleinen Ort namens Gloversville, etwa hundert Meilen nördlich von New York City. Sie stehen nicht in Konkurrenz zu mir, warum also nicht dorthin gehen?"

Gloversville NY entstand im 16. und 17. Jahrhundert als Siedlung von eingewanderten Handschuhmachern aus Europa. Vor dem Krieg gab es in der Stadt 300 Handschuhfirmen, jetzt waren es nur noch etwa zehn. Auch die Einwohnerzahl der Stadt war um etwa ein Drittel auf 15.000 gesunken, vergleichbar mit meiner Heimatstadt Higashikagawa. Es gibt auch ein Tannersville und ein Huntersville.

Als ich die Grandoe Corporation zum ersten Mal besuchte, sagte man mir, dass man alle benötigten Handschuhe in den eigenen Fabriken in Puerto Rico und auf den Philippinen herstelle und nicht vorhabe, von anderen Unternehmen zu kaufen. Als ich sie jedoch zum vierten Mal besuchte, lud mich der Geschäftsführer Richard Zuckerwar zu einem Luxus-

Hamburger ein und sagte mir, dass ihm unser weiches Kunstleder Jelmin gefalle, dass aber unsere Handschuhe mit Strick-, Flor- und Kaninchenpelzfutter zu teuer seien. Das war ein kritischer Moment. Dies war das Jahr, in dem Swany Korea auf den Weg gebracht wurde, was es uns ermöglichte, die Preise um etwa 10 % zu senken. Es gelang uns, einen Auftrag über 35.000 Dutzend Paare zu einem Durchschnittspreis von 25 Dollar pro Dutzend zu erhalten. Damals war ein Dollar ¥250 wert. Dies war Swanys erster Großauftrag im Wert von mehr als ¥200.000.000.

Richard und seine Frau Susan kamen in ihren Flitterwochen nach Japan,. Wir brachten sie zu den berühmten Ritsurin-Gärten und nach Yashima mit seinem Panoramablick auf das Seto-Binnenmeer mit. Wir wurden Freunde der Familie, aber zwei Jahre später ließen sich Richard und Susan scheiden.

„Westliche" Größen

Zehn Jahre lang habe ich mich immer wieder an den großen Handschuhhersteller Fownes Brothers gewandt, und obwohl wir nicht den erhofften Durchbruch erzielten, erhielt ich die Gelegenheit, ihre Fabrik auf den Philippinen zu besuchen. Bei meinem Besuch gab es eine offene Fabrikhalle, in der 2.000 Menschen Lederhandschuhe herstellten. Der Produktions-bereich und das Büro waren durch eine Glaswand getrennt, der gesamte Bereich und alle Mitarbeiter konnten auch vom Zimmer des Direktors im Obergeschoss aus gesehen werden. In der Ecke gab es eine Dusche nur mit kaltem Wasser, weil, wie man mir sagte, das ganze Jahr über Sommer war und man kein warmes Wasser brauchte.

Der Direktor teilte mir mit, dass die Leitung der Fabrik eher einfach war. Vielleicht weil sie mich als Konkurrenten sahen, ließen sich mich nicht den Produktionsbereich näher anschauen. Das durchschnittliche Monatseinkommen dort war 20 Dollar (7.200 Yen), etwas geringer als bei Swany Korea, wo es 8.100 Yen betrug. Ich verstand, warum der Einzelhandelspreis viele Jahre lang stabil geblieben war.

Nachdem ich von ihm gehört hatte, dass die Gold Glove Company, ein kanadisches Unternehmen, in Manila Handschuhe herstellte, flog ich nach Montreal, wo sie ihren Sitz hatten. Danny Gold, der Geschäftsführer in dritter Generation, stellte fest, dass wir gleichen Alters waren. Als er von meiner Beziehung zu Grandoe erfuhr, zeigte er großes Interesse. Er sagte mir jedoch, dass bei den Handschuhen von Swany der Daumen zu nah an der Basis der vier Finger sei, was das Öffnen der Hände unbequem mache. Außerdem wollte er, dass die Junior- und Kindergrößen korrigiert werden. Die Lösung dieser beiden Probleme war ihre Bedingung für eine Zusammenarbeit.

Er sagte mir, die Herrengröße L solle 3% größer sein als die Größe M und die Größe XL 6 % größer. Größe S sollte 3% kleiner sein. Die Junior-größe L sollte 93 % der Größe der Herrengröße M entsprechen, die Junior-größe M sollte 90 % und die Juniorgröße S sollte 87 % betragen. Bei den Kindergrößen sollten die Größen L, M und S 83 %, 80 % bzw. 77 % betragen, während die Größen für Kleinkinder 73 %, 70 % und 67 % betragen sollten. Die Bündchen der Junior-Größen sollten 3 % breiter sein, die der Kindergrößen 6 % und die der Säuglingsgrößen 9 % breiter. Für den japanischen Markt hat es sich bewährt, die Größen eine Nummer kleiner zu nehmen.

Danny gab mir auch Papiermuster, die die Dehnbarkeit des Leders berücksichtigten. Nachdem wir seinen Rat befolgt hatten, stiegen unsere Umsätze merklich.

Auf dem Dach des Empire State Building, 1964

Europäische Importeure

K auko, eine Importagentur in Helsinki, der finnischen Hauptstadt, wirkte als Vermittler für Kaufhäuser. Nachdem ich meinen Ansprechpartner, Herrn Kajoste, davon überzeugt hatte, dass ich, ein Mensch mit einer Behinderung, ein leitender Angestellter sein konnte und dass wir ein Unternehmen von annehmbarer Größe waren, das Handschuhe in den für europäische Hände passenden Größen liefern konnte, bestand ich den Test.

In Finnland gibt es seit langem ein Direktvertriebssystem für die Belieferung der großen Kaufhäuser wie Stockmann, Sokos und Kesko. Wir erhielten Musterbestellungen und konnten uns Verträge hauptsächlich für gefütterte Rindsleder- und gefütterte Spaltlederhandschuhe sichern.

Durch ein von der Bank des Kunden ausgestelltes „Akkreditiv" konnten wir die Zahlung sofort nach dem Versand erhalten, und Kauko wurden 5 % des Transaktionswertes garantiert.

Auf dem Parkplatz war es so kalt, dass die Autotür einfror, während wir uns trafen, also musste ich den Motor laufen lassen. Im Winter sank die Temperatur auf unter -30°C. Es wurde erst um 9 Uhr hell, und um 15 Uhr wurde es wieder dunkel. Die Autos fuhren den ganzen Tag mit eingeschalteten Scheinwerfern, und die Kinder beleuchteten mit Taschenlampen den Weg zum Kindergarten.

In Finnland, das eine Geschichte der Unterdrückung durch das Russische Zarenreich hatte, wurde Japan für seinen Sieg im Russisch-Japanischen Krieg von 1904-1905 bewundert und der japanische Admiral Tōgō als Held gefeiert. Diese pro-japanische Sympathie und die Tatsache, dass ich vor unseren Konkurrenten in Nordeuropa ankam, könnten zu meinem Erfolg dort beigetragen haben.

Jedes Mal, wenn ich nach Europa reiste, besuchte ich Aug. Eklöw in der schwedischen Hauptstadt Stockholm.

Später hatte ich einen Termin für ein Geschäftstreffen mit dem Präsidenten von Eklöw im Royal Hotel in Osaka, aber ich hatte mich verhört und wartete im Royal Hotel in Kobe auf ihn. Der Präsident war wütend und sagte mir am Telefon, dass er nichts mehr mit uns zu tun haben wolle.

Einige Jahre später verließ ich eine Sitzung mit einem anderen schwedischen Unternehmen und befand mich unten in der Lobby des Gebäudes. Die Stockholmer Taxifahrer streikten. Während ich überlegte, wie ich zu meinem nächsten Termin kommen sollte, sah ich draußen einen Postwagen vorfahren. „Bitte helfen Sie mir! Bitte bringen Sie mich zum Schwedischen Genossenschaftsverband!" flehte ich. „Sie machen wohl Witze, das ist ein Postauto und kein Taxi", sagte der Fahrer und winkte mich weg. Der Fahrer hatte Recht. Der Wagen war tatsächlich kein Taxi. Aber ich flehte ihn an, indem ich meine Handflächen zusammenhielt wie eine betende Hand. Vielleicht bemerkte er meine Behinderung und hatte Mitgefühl mit mir, so dass er nachgab und mich einsteigen ließ. „Sagen Sie niemandem etwas davon!", befahl er mir. Diese glückliche Mitfahrgelegenheit im Postwagen führte dazu, dass wir eine Geschäftsbeziehung mit dem schwedischen Genossenschaftsverband eröffneten, die Kunden von Eklöw waren.

Der Präsident des italienischen Unternehmens AGAM war Herr Chiodi. Er kam jeden Frühling und Herbst nach Japan. Er ermutigte mich, als ich wegen eines Nierenproblems eine Fastenkur machte, und er selbst hielt sich an eine Diät mit braunem Reis und hielt ein hartes Arbeitsprogramm mit nur einer Abendmahlzeit pro Tag durch. Sein Geheimnis, so sagte er, war es, täglich 500 Meter zu schwimmen. Er forderte mich auf, zu schwimmen, um fit zu bleiben. Ich folgte seinem Rat und machte es mir zur täglichen Routine, 250 Meter zu schwimmen.

Die Erfahrungen, die ich in dieser Zeit gemacht habe, waren sehr wertvoll, denn sie ermöglichten es mir, mich mit dem europäischen Geschäftsumfeld vertraut zu machen und gleichzeitig neue Länder und deren Kulturen kennen zu lernen.

Sears, das weltweit führende Kaufhaus

Um 1975 begannen die führenden europäischen und amerikanischen Kaufhausketten, direkt aus asiatischen Ländern zu importieren. Ich erstellte eine Übersicht über die Kaufhäuser, ihre Verkaufsranglisten und ihre charakteristischen Merkmale und stellte eine Liste zusammen, indem ich die Empfangsmitarbeiter nach den Namen ihrer Einkäufer fragte.

Ich telefonierte mit Herrn Graf vom Bostoner Kaufhaus Zayre, das auf Platz 17 liegt. „Es geht uns schon ganz gut", sagte Herr Graf und beendete das Gespräch sofort. Ich versuchte erneut anzurufen, aber er sagte nur: „Hören Sie auf anzurufen!" Ich unternahm einen letzten verzweifelten Versuch, indem ich von der Rezeption aus anrief und ihn um nur fünf Minuten seiner Zeit bat. „Nein! Wie oft muss ich Ihnen das noch sagen?", schrie er zurück. Aber ich blieb hartnäckig: „Ich habe möglicherweise Informationen über Japan, die für Sie nützlich sein könnten.

"Nur fünf Minuten, und ich meine es ernst", sagte er, und ich ging hoch zu seinem Büro. Als ich ihn sah, war ich zugegebenermaßen überrascht, einen Afroamerikaner zu sehen, der so gar nicht dem Bild entsprach, das ich mir von ihm gemacht hatte, und ich zögerte, ihm gegenüberzutreten. Ich war unerfahren. Ich hätte wissen müssen, dass man sich bei der ersten Begegnung mit jemandem nicht überrascht zeigen darf!

Eine Stunde verging. Zu meiner Freude sagte er mir, dass ihm unsere Produkte und unsere Preise gefielen. Später besuchte er uns in Shikoku, und wir begannen, gemeinsam Geschäfte zu machen. Ich habe die Erfahrung gemacht, dass ich, wenn ich ohne Termin erschien, in etwa der Hälfte der Fälle ein Verkaufsgespräch bekam, und wenn dies der Fall war, erzielte ich oft ein gutes Ergebnis.

Nummer 15 auf meiner Liste war Korvettes in New York. Nach meinem 13. Versuch kamen wir endlich mit ihnen ins Geschäft. Es gelang uns, ein Konto bei ihnen zu eröffnen, als der dritte Käufer, ein weiterer Afroamerikaner, das Geschäft übernommen hatte. Er war ein großer Mann mit einer kräftigen Nase und hatte den (für mich) schwer auszusprechenden Namen Fitzpatrick. Meine schlechte Aussprache führte mehr als einmal dazu, dass die Telefonistin aufgab und mich abwimmelte.

Nach einer Weile lernte ich, die Silbe "pa" von Fitzpatrick mit zusätzlicher Betonung auszusprechen. Die Schreibweise habe ich gelernt, nachdem ich den Namen etwa fünfmal aufgeschrieben hatte.

Meine Bemühungen um den Verkauf an Sears, dem größten Kaufhaus der Welt mit einem Jahresumsatz von fünf Billionen Yen und 400.000 Mitarbeitern, dauerten sieben Jahre und mehr als 20 Besuche in Chicago. Viermal im Jahr reiste ich dorthin. Die Dinge erreichten einen Punkt, an dem ich von Träumen über das Dröhnen der Düsentriebwerke geplagt wurde und Yoshiko begann, sich Sorgen um mich zu machen. Der Hauptsitz von Sears war eine Reihe von Gebäuden, die über ein weites Gebiet verstreut lagen. Überwältigt von der Dominanz des größten Kaufhauses der Welt, spürte ich, wie mir die Knie weich wurden.

Ich legte meine Muster auf einem Schreibtisch im Zimmer der Verkäufer aus, einem kleinen Raum, der nur etwa drei Quadratmeter groß war. Herr Hanson, ein Mann von durchschnittlicher Größe, nahm einen Handschuh in die Hand und fragte: „Wie viel?" „25,40 $. „Was ist das Obermaterial?" „Jelmin. Hergestellt in Japan." „Schön und weich. Und das Futter?" „Acryl." Ich war etwa 15 Minuten dort, als er das Zeichen zum Gehen gab. „Tut mir leid! Der nächste Lieferant wartet schon!" Ich habe diesen Mann vier oder fünf Mal getroffen, aber er hat mir nie eine Chance gegeben.

Ich besuchte Sears weiterhin noch viermal im Jahr. Zwei Jahre später wurde Herr Hanson durch einen hochgewachsenen Mann mit schmalen, blauen Augen namens Herr Stewart ersetzt. Ich wusste nicht, was mit Herrn Hanson geschehen war, aber jedenfalls wurde mir keine Chance gegeben.

Im sechsten Jahr traf ich einen dritten Einkäufer, Herrn Bridges. Es stellte sich heraus, dass wir beide Funkamateure waren, und wir unterhielten uns angeregt über unser gemeinsames Hobby. Der kleine Mann hatte die Angewohnheit zu nuscheln, wenn er sprach, aber er war ein guter Zuhörer. Er hatte eine ernste, aufrichtige Haltung. Er schien beeindruckt von meiner Beharrlichkeit, sie sechs Jahre lang zu besuchen. Er besuchte uns später in Shikoku und auch in unserer Fabrik in Korea. Bei einem Treffen in Seoul, das im siebten Jahr nach meinem ersten Kontakt mit Sears stattfand, schlossen wir einen Vertrag im Wert von mehr als 200 Millionen Yen pro Jahr ab.

Als wir 1980 Swany America gründeten, wurde dieser Tom Bridges Vizepräsident, und er spielte dort eine entscheidende Rolle. Sein Beitrag zur Überwindung der kulturellen Barrieren war unermesslich.

Tom ging 2004 in den Ruhestand, aber wir haben unsere Freundschaft mit Tom und seiner reizenden Frau Judy und ihrem Vater aufrechterhalten. Wir wurden zur Hochzeit ihrer Tochter eingeladen.

Eine Einladung des CEO von Sears

1982 kamen der Vorstandsvorsitzende von Sears und seine Frau nach Japan. Etwa 500 Lieferanten wurden zu einem Empfang

im Grand Hotel Okura eingeladen. Es war eine glanzvolle Zusammen-
kunft der Reichen und Berühmten, darunter Seiji Tsutsumi, Vorsitzender
der Seibu-Gruppe.

Das gutmütig wirkende Ehepaar Swift stand am Eingang und
begrüßte alle Anwesenden mit einem Händedruck. Als ich eintrat, war
bereits eine halbe Stunde vergangen. „Und was liefern Sie uns?" fragte
Herr Swift. „Handschuhe," antwortete ich. „Pardon, was war das?"
„Handschuhe". „Es tut mir leid, ich verstehe nicht". „Winterhandschuhe",
sagte ich und machte eine Bewegung mit meinen Händen.
"Ah, Handschuhe!", sagte er und strahlte. Ich hatte Mühe, mit
meinem Englisch zu ihm durchzudringen, aber ich freute mich, dass ein
unbedeutender Lieferant wie ich als geladener Gast anwesend war. Ich
erinnerte mich an meine vielen Reisen nach Chicago bei Sonne, Regen,
Wind und Schnee und an das Dröhnen der Düsentriebwerke.

"Ich habe es geschafft", dachte ich in meinem Innersten. Ich spürte,
wie mir die Tränen in die Augen stiegen. Wäre niemand anderes da gewesen, hätte ich laut geweint, aber ich beherrschte mich, und nachdem ich
Frau Swift die Hand geschüttelt hatte, ging ich weiter.

4. Der heilige Gral –
ein ganzjähriges Produkt

Steiniger Weg

M it der weltweiten Expansion wuchs der Umsatz von Swany stetig.
Aber es war nicht leicht, sich von dem verhängnisvollen Fehler der
Handschuhbranche zu befreien, nämlich der Abhängigkeit von einem
saisonalen Produkt, das sich nur im Winter verkauft.

Häufig kam die Arbeit in unseren Fabriken zum Erliegen, weil es
nicht genug Aufträge gab, um uns in der ruhigen Zeit von Dezember bis
März zu beschäftigen. Seit den 1970er Jahren verbrachte ich den Monat
Juli in New York und besuchte fünf oder sechs andere Städte in der Hoffnung, Aufträge zu bekommen. So hatten wir genug Zeit für die Beschaffung von Materialien und die Prüfung von Mustern, bevor die Flaute begann.

Ich reiste jeden Tag zum Hauptsitz von Fownes in New York, deren
Fabrik ich in Manila gesehen hatte. Deren Vizepräsident, Herr Gluckman,
sah in mir einen Konkurrenten, aber ich hoffte, dass er sich von unserer

Qualität und unseren Preisen überzeugen lassen würde. Nach sieben oder acht Jahren, in denen ich keine Fortschritte gemacht hatte, stellte ich jedoch fest, dass ich ihnen nur nützliche Informationen über die Branche lieferte, und ich beschloss, aufzugeben.

Aris Gloves in der Fifth Avenue gab jedes Jahr Hunderte von Millionen Yen für Fernsehwerbung aus und war mit seinen „Isotoner Einheitsgröße-Stretchhandschuhen", die nicht am Lenkrad verrutschen, sehr erfolgreich. Die Marke Isotoner wurde zum Weltmarktführer mit der Behauptung, dass sie „die Amerikaner vom kalten Lenkrad befreit habe".

Ich besuchte meinen Kontaktmann, Herrn Harman, regelmäßig um sieben Uhr morgens, wenn er zur Arbeit kam, aber aus irgendeinem Grund kamen wir nicht voran. Ich blieb sechs oder sieben Jahre lang dabei und beschloss, dass die frühen Morgenstunden sinnvoll genutzt werden sollten ... Später bewarb er sich um die Stelle des Vizepräsidenten von Swany America, aber die Bedingungen waren nicht gut, und stattdessen stellten wir Tom Bridges ein, den ich im letzten Kapitel erwähnt habe.

Der amerikanische Hersteller Gates wurde von einem gutmütigen Herrn, Herrn Nessel, geleitet. Ich reiste mit dem Zug nach Gloversville, um ihn in der dortigen Zentrale zu besuchen. Herr Nessel kam oft auf Familie und Golfsport zu sprechen. Ich fragte mich, warum er sich so sehr für diese Themen interessierte, aber mir wurde klar, dass er nur normal freundlich war. Er bestellte bei Handschuhherstellern in Ostasien jährlich 3.000 Dutzend Paare von Skihandschuhen aus leichtem Polypropylenmaterial mit dickem Futter (im Wert von etwa 150 Millionen Yen).

Herr Nessel verlangte einen Preisnachlass von 10 % auf unsere 25-Dollar-Handschuhe und erwartete eine Entscheidung bis Ende Juli. Das war ein enormer Preisnachlass. Zwei Wochen, nachdem ich nach Japan zurückgekehrt war, bat er mich, nach Seattle zu kommen.

Auf dem Hinflug war die Economy Class ausgebucht, also flog ich zum ersten Mal in meinem Leben in der ersten Klasse, er holte mich am Flughafen ab. Die Hälfte seiner Bestellung sollte im März ausgeliefert werden, die andere Hälfte jedoch erst im September, was Lagergebühren erforderte. Aber wenigstens würden unsere Fabriken in Betrieb sein.

Unser Geschäftsmodell sah vor, einen durchschnittlichen Nettogewinn von 5-6 % anzustreben, indem wir die Verluste der schwachen Periode in der starken Periode wieder ausglichen.

Meine Strategie wurde mit der Zeit akzeptiert, aber meine Forderung nach einer Preiserhöhung von 10 % für zusätzliche Aufträge in der Hochsaison wurde abgelehnt. Ich sträubte mich gegen jede Preissenkung, da ich dadurch bei der Sicherung von Aufträgen für die nächste Flaute im Nachteil war, aber am Ende konnte ich nur mit Mühe einen Gewinn von 4-5 % erzielen.

Ich besuchte weiterhin jedes Jahr die Importeure New York Glove, Avon Glove, Grandoe und Monark in Montreal. Aber die Zahl der Kunden, die bereit waren, ein Risiko einzugehen und auf Vorrat zu kaufen, war begrenzt. In den zehn Jahren, in denen ich mich anstrengte, gelang es mir kaum, Bestellungen für zwei Monate zu erhalten, also nicht einmal die Hälfte meines Ziels.

Mit dem Generaldirektor von Dents Gloves
und dessen Ehefrau, 1977

Auf der Südhalbkugel

Es war unvermeidlich, dass Swany in der ruhigen Jahreszeit auf der Südhalbkugel, wo die Jahreszeiten denen der Nordhalbkugel entgegengesetzt sind, nach Aufträgen suchte.

1977 traf ich den CEO von Dents Gloves in Sydney, Australien.

Ich hatte ihnen im Voraus unsere Unternehmensbroschüre zugeschickt. Das schien etwas bewirkt zu haben, denn bei meiner Ankunft wurde ich zu meiner Überraschung zu einem Abendessen mit CEO Gasson und seiner Frau in einem japanischen Restaurant eingeladen. Das Treffen am nächsten Tag war jedoch eine große Enttäuschung. Sie wollten nur einige Dutzend Paare von jedem unserer Produkte bestellen.

Ich besuchte auch mehrere Unternehmen in Melbourne und stieß auf eine erste positive Reaktion, aber das Ergebnis war überall das gleiche.

Die Gründe dafür waren erstens die Tatsache, dass es nur in Tasmanien und anderen südlichen Teilen des Landes wirklich kalt genug ist, um Handschuhe zu tragen, und zweitens die geringe Bevölkerungszahl. Ich vermutete, dass die Situation in Südafrika ähnlich sein würde, aber ich beschloss, nicht aufzugeben, bis ich dort gewesen wäre und mich selbst davon überzeugt hätte.

Wir landeten in Perth im Südosten Australiens, um aufzutanken, überquerten den Indischen Ozean und flogen über Madagaskar, eine Insel, die 1,6 Mal so groß ist wie Japan. In Südafrika angekommen, besuchte ich Johannesburg und Kapstadt und traf Vertreter von Handschuhfirmen in beiden Städten, aber ich ging mit Aufträgen für nur ein paar Dutzend Paare von jedem Produkt nach Hause.

Da ich schon mal die Reise hierher gemacht hatte, beschloss ich, mir das Kap der Guten Hoffnung anzusehen. Die Aussicht von der Klippe war großartig, es waren keine anderen Menschen zu sehen. Während ich dort stand und mich an diesem einsamen Ort allein fühlte, tauchte ein deutsches Paar auf. Der Mann machte ein Foto von mir mit seiner Frau, um diese einmalige Begegnung festzuhalten.

Ich verließ Kapstadt und flog über Kinshasa im ehemaligen Zaire (heute DR Kongo) nach London. Wegen dichten Nebels am Flughafen Heathrow mussten wir spät in der Nacht in Madrid landen.

In dem Hotel, das mir das Reisebüro zur Verfügung gestellt hatte, nahm der Portier meinen Koffer und ließ mich in meinem Zimmer zurück. Als er die Tür zuschlug, fiel der Türknauf ab und rollte auf den Boden. Ich war in meinem Zimmer gefangen und konnte die Tür nicht öffnen. Von meinem Telefon aus rief ich in der Lobby an, aber ich konnte mich mit meinem Englisch nicht verständlich machen. In meiner Verzweiflung rief ich "SOS!", da kam jemand und reparierte meine Zimmertür.

Leider hatte meine Tour über die Südhalbkugel trotz aller Bemühungen nicht zu Aufträgen geführt, die uns in der Flautezeit beschäftigen würden.

Ein Schritt vor, ein Schritt zurück

In Amerika erreichte der Jahresumsatz mit Skihandschuhen der Marke Swany eine Milliarde Yen, und die Herstellung auf Lager wurde zumindest bis zu einem gewissen Grad rentabel. Dies hat uns in der Flautezeit etwa einen Monat Arbeit verschafft. Da diese aber in unserer chinesischen Fabrik hergestellt werden, befinden wir uns zum Zeitpunkt der Erstellung dieses Texts dank der von Präsident Trump erlassenen Strafzölle in einer schwierigen Situation.

Im Jahr 2018 haben wir Ichiro Kuwahara als Präsident zu Swany America geschickt. Von Anfang an war sein Ziel, sich von saisonalen Produkten zu lösen und sich auf Fahrradhandschuhe zu fokussieren.

Der größte Markt für Skihandschuhe befindet sich in den Rocky Mountains. Im Sommer gibt es einen Markt für Mountainbike-Ausrüstung, aber da der Schnee von 2018 nicht wegtaute, konnte das Radrennen im Sommer 2019 nicht stattfinden, so dass unsere Pläne für Fahrradhandschuhe auf Eis gelegt wurden.

Seit einem halben Jahrhundert folgen unsere Bemühungen, Arbeit für die Wintersaison zu sichern, dem Muster „ein Schritt vor, ein Schritt zurück". Derzeit arbeitet Swany an der Entwicklung von Handschuhen für den Frühjahrs- und Sommersport als eines seiner wichtigsten Projekte.

UV-Handschuhe
für die ganzjährige Produktion

Swany war der Pionier auf dem Gebiet der UV-Handschuhe in Japan und betrat diesen Markt vor fast 40 Jahren im Jahr 1982. Eine Bekannte erzählte mir, dass sie gerne Handschuhe hätte, die ihre Hände und Arme vor Sonnenbrand schützen würden. Als ich dies meiner Frau Yoshiko gegenüber erwähnte, erzählte sie mir, dass ihre Freundin, die als Versicherungsvertreterin arbeitet, ihr dasselbe gesagt hatte.

Wir bereiteten Muster aus dünnem UV-Schutzmaterial in kurzen, mittleren und langen Größen vor und brachten sie in das Büro der Versicherungsgesellschaft. Die Frauen zeigten großes Interesse, als wir ihnen erklärten, dass dunkle Farben die ultravioletten Strahlen besser abhalten als helle Farben. Alle sechs Frauen erklärten, dass diese Handschuhe genau das waren, was sie wollten.

Wir haben die Takamatsu-Niederlassung der Werbeagentur Dentsu beauftragt, uns bei der Vermarktung zu helfen, und wir haben die Verpackung mit akribischer Sorgfalt gestaltet.

Wir gaben dem Produkt den Namen "*My Care Lady*", in Anlehnung an den Titel des beliebten Musicals *My Fair Lady* mit Audrey Hepburn in der Hauptrolle.

Im Jahr 1984 traten Yasushi Okudai, Hidenobu Mitani, Kazumasa Isshiki und Taku Muromaki in das Unternehmen ein.

Diese vier starteten eine landesweite "My Care Lady"-Verkaufskampagne, aber enttäuschend viele Kunden wiesen darauf hin, dass sie zu klein waren. Wir hatten vier oder fünf Jahre lang Mühe, unsere Bestände loszuwerden.

Yasushi Okudai, der später Präsident von Swany Kambodscha wurde, schrieb 1999 in Swany News über diese Zeit:

Als ich nach Osaka geschickt wurde, ging ich jeden Tag los, um 'My Care Lady'-Handschuhe zu verkaufen. Mit meinen Mustern in der Hand stapfte ich schweißgebadet durch die brütende Sommerhitze und versuchte, die Damen der Kosmetikfirmen dafür zu interessieren. Ich fühlte mich wie einer der wandernden Medizinverkäufer vergangener Tage. Ich schämte mich nicht mehr - ich war verzweifelt. Aber, vielleicht aus Mitleid mit mir, nahmen viele Geschäfte die Handschuhe an.

Heute ist das nichts Ungewöhnliches mehr, aber damals hatten die Leute einfach noch nie etwas von Sonnenschutzhandschuhen gehört. Vorausschauend zu sein ist wichtig, aber seiner Zeit zu weit voraus zu sein, hilft nicht. Wir waren etwa zehn Jahre zu früh dran mit der Einführung. Am Ende zogen wir das Produkt trotz aller Bemühungen zurück und erlitten einen Verlust in Höhe von mehreren zehn Millionen Yen.

Fünfzehn Jahre später, etwa im Jahr 2000, brachten mehrere Unternehmen UV-Handschuhe auf den Markt, und das Produkt wurde immer beliebter. Auch Swany gehört dazu. Wir stellen inzwischen eine Million Paar pro Jahr her. Ein Markt, der etwa 20 % des Branchenumsatzes ausmacht, hat sich etabliert. Diese Handschuhe sind zu einem wichtigen Produkt geworden, bei dem ein harter Preiswettbewerb herrscht. Dennoch ist das Ungleichgewicht gegenüber Winterartikeln nicht verschwunden.

„Jenseits der Handschuhe"

D ie Suche ging weiter. In den 1980er Jahren unterlagen unsere „Big Swany"-Handschuhe für Kinder und Erwachsene in Einheitsgröße der Konkurrenz, und auch unsere gefütterten „Hot Swany"-Handschuhe mussten wegen schwindender Verkaufszahlen vom Markt genommen werden.

"Yes Swany", unsere gefütterten Strickhandschuhe in 32 Farben, verpackt in einem transparenten Etui, entwickelten sich zu einem wichtigen Produkt, das mehr als 10 Jahre lang verkauft wurde, aber es war kein ganzjähriges Produkt.

1985 entwickelte mein jüngster Bruder die Marke "Grip Swany" für Outdoor-Lederhandschuhe, die, wie ich bereits erwähnte, bei den Liebhabern einen hohen Stellenwert erlangte.

Ich begann zu begreifen, dass wir vielleicht nicht am richtigen Ort gesucht hatten. Wir hatten an Handschuhen festgehalten und Swany als Handschuhmacher und nichts anderes betrachtet, während wir in Wirklichkeit damit begonnen hatten, Zelte aus überzähligen US-Militärbeständen zu nehmen und das Material zur Herstellung von Hosen zu verwenden. Es gab keinen Grund, an Handschuhen festzuhalten und alles andere auszuschließen - wir mussten in unserem Denken flexibler werden.

Ein Hinweis kam aus nächster Nähe.

Da ich eine Behinderung am Bein habe, fand ich es stets anstrengend, auf meinen Überseereisen einen schweren Koffer schleppen zu müssen. Ich startete eine Revolution des Gepäcks, wobei ich zunächst nur an meinen persönlichen Gebrauch dachte. Daraus entstand der körperstützende Koffer „Swany Bag". Ich hatte einen Ausweg aus der Abhängigkeit von einem saisonalen Produkt gefunden.

Später erkrankte ich am Post-Polio-Syndrom (mehr dazu weiter unten) und war drei Jahre lang gezwungen, einen Rollstuhl zu benutzen. Herkömmliche Rollstühle waren schwer zu manövrieren und kollidierten mit Türen und Toiletten. Also beschloss ich, mein eigenes kompaktes Modell zu entwerfen, mit Antriebsrädern von 40 cm Durchmesser und so niedrig, dass der Benutzer Dinge auf dem Boden ergreifen kann. Ich fertigte Zeichnungen an und baute Prototypen. Nachdem ich etwa 10 Millionen Yen investiert hatte, war der „Etsuo Swany" geboren.

Ich nahm damit an der Internationalen Ausstellung für häusliche Pflege und Rehabilitation im Tokioter Big Sight Exhibition Centre teil, aber obwohl er einige Aufmerksamkeit erregte, wurde kein einziger der 70 Prototypen verkauft. Wir verschrotteten alle bis auf einen, den wir für das Firmenmuseum aufbewahrten. Ich zitterte am ganzen Körper, so sehr ärgerte ich mich. Damals war mir noch nicht klar, dass dieser Misserfolg letztendlich zum Erfolg führen würde.

Mir war vollkommen klar, dass unser Überleben davon abhing, Produkte zu entwickeln, die die Menschen wirklich wollen.

In Teil 2 erzähle ich die Geschichte der Entwicklung unseres körperstützenden Gepäcks und unserer kompakten Faltrollstühle, die neben den Handschuhen zu unseren Vorzeigeprodukten wurden.

5. Expansion nach Übersee

Wachsende Produktion im Inland

Wie kommt ein kleiner Handschuhhersteller aus Kagawa dazu, auf die Weltbühne zu expandieren?

Swany verlagerte seine Produktion ins Ausland, weil die Arbeitskosten stiegen, ein Problem, mit dem jedes Produktionsunternehmen konfrontiert ist. Wir gingen ins Ausland, um qualifizierte Mitarbeiter zu finden, die für uns zu erschwinglichen Kosten arbeiten würden. Heutzutage ist das nichts Ungewöhnliches mehr, aber auch hier scheinen wir unserer Zeit voraus gewesen zu sein, was dazu führte, dass wir auf den Widerstand und die Vorurteile von Nationalisten und von den Medien trafen.

Als ich 1960 in das Unternehmen eintrat, begann unsere Fabrik zu wachsen. Wir bauten eine neue Fabrik mit einer Fläche von etwa 330 m² nach dem Entwurf meines Vaters direkt neben unserem Haus. Im Erdgeschoss befand sich der Zuschneideraum, im Obergeschoss die Näherei. Die Zahl der Mitarbeiter stieg auf etwa 100.

Dann verlagerte das Unternehmen seinen Sitz von unserem Haus am Meer an einen neuen Standort, wie ich bereits kurz erwähnt habe. Im Jahr 1964 kauften wir ungefähr 7.500 m² Ackerland an der Eisenbahnlinie Takamatsu-Tokushima für etwa ¥7.000.000. Ich entwarf eine Fabrik mit einer Fläche von rund 1.400 m², die etwa ¥20 Millionen kostete. Sie besteht aus einem einzigen Stockwerk mit einem zentralen Büro, das mit den Produktions- und Lagerbereichen verbunden ist. Das Gebäude wurde von Daiwa House in einer Stahlrohrkonstruktion gebaut, um die Kosten niedrig zu halten.

Im Jahr 1968 wurde Swany Ikeda in der Stadt Ikeda in der benachbarten Präfektur Tokushima gegründet, die für ihre Highschool-Baseballmannschaft bekannt ist. Im darauffolgenden Jahr gründeten wir Swany Tokushima an einem anderen Standort in derselben Stadt, und im Jahr darauf gründeten wir Swany Kōchi unterhalb des Sameura-Staudamms in der Präfektur Kōchi. Da es im Produktionsgebiet um Shirotori nicht genügend Arbeitskräfte gab, suchten wir im zentralen Teil von Shikoku in den Bauerndörfern nach Frauen. Unser Plan ging auf, und es kamen 200 Menschen, um in unseren Fabriken zu arbeiten.

Für die technische Seite, den Zuschnitt und das Nähen, war Yasuo Okada zuständig, der von Anfang an dabei war und später die technische Leitung unserer Fabriken in Korea und China übernehmen sollte, während mein jüngerer Bruder Asao die Gesamtleitung übernahm.

Ein schwieriges Problem bestand darin, die Kontrolle über den Ledervorrat zu behalten. Es war eine Frage des Überlebens, dass wir die Menge des für jedes Paar verwendeten Leders so gering wie möglich halten und Kratzer verbergen mussten, um nicht zu viel zu vergeuden. Die Zuschneider neigten natürlich dazu, das Leder mit den wenigsten Kratzern zu nehmen, und so stapelten sich schon bald große Mengen zerkratzter Lederreste im Lager. Der Vorgesetzte hatte die kritische Aufgabe, die Zuschneider von der Notwendigkeit des Sparens zu überzeugen.

Dann gab es noch das Problem der Festsetzung von Leistungszuschlägen für die einzelnen Arbeitsgänge, wie das Nähen der Daumen, das Nähen der Fourchettes, das Zusammennähen von Rücken und Handflächen und so weiter. Die Näherinnen und Näher bemerkten schnell die kleinste Ungerechtigkeit, und der Ärger schien immer von den Leistungszuschlägen auszugehen. Die Festsetzung von Leistungsprämien ist auch heute noch eine schwierige Herausforderung.

Wir stellten Lederhandschuhe an unserem Hauptsitz oder in unseren drei Fabriken in Tokushima und Kōchi her, während wir für unsere Stoff- und Kunstlederprodukte das Nähen und die Endbearbeitung an Subunternehmer in Kagawa oder Tokushima auslagerten. Diese beschäftigten einige wenige bis ein Dutzend Mitarbeiter. Die Verantwortung in Bezug auf Qualität und Lieferung lag in den Händen des Subunternehmers. Produktivität und Qualität hingen auch sehr stark von der Konstruktion der Handschuhstanzformen ab. Die Muster, die ich von Danny Gold in Kanada erhalten hatte, kamen voll zum Einsatz.

Produktionsstandort wird nach Korea verlegt

Während dieser Expansionsphase begannen wir, jedes Jahr etwa 20 bis 30 % an unsere Konkurrenten in Taiwan zu verlieren, und so kam Korea als neuer Produktionsstandort in Frage. Mein Vater war der Meinung, dass der koreanische Winter im Gegensatz zu Taiwan kalt genug sei, um Handschuhe tragen zu müssen, weshalb man dort bessere Handschuhe produzieren würde. Und so beschlossen wir, unser Los mit Korea in die Waagschale zu werfen.

Die Gründung unserer ersten Fabrik in Übersee, Swany Korea, im Jahr 1972, in die wir 750.000 Dollar (etwa 250 Millionen Yen) investierten, trug dazu bei, uns vor den Auswirkungen einer plötzlichen Aufwertung des Yen zu schützen. Infolge des "Nixon-Schocks" von 1971, der zu einer Aufwertung des Yen gegenüber dem Dollar von 360 auf 240 Yen führte, gingen Hunderte von Millionen an Gewinnen unseres Heimatunternehmens in Rauch auf. Der Schaden beschränkte sich jedoch auf in Japan hergestellte Materialien. Als 1985 das „Plaza-Abkommen" der Finanzminister und Zentralbankgouverneure dazu führte, dass der US-Dollar um mehr als 80 Yen fiel, konnten wir die Auswirkungen irgendwie verkraften. Wir reagierten und bemühten uns um einen Ausgleich zwischen Einfuhren und Ausfuhren, indem wir die Einfuhren nach Japan erhöhten.

Als wir unser Unternehmen in Masan in Korea gründeten, beschloss ich, dass das Motto *„Für sich selbst, für die Gesellschaft, für die Welt"* das Leitbild des Unternehmens sein sollte. Unser Ideal sollte sein, dass wir zwar für unseren eigenen Nutzen arbeiteten, aber auch einen Beitrag für die Gesellschaft leisteten. Wenn wir ein Paar Handschuhe zu einem Preis von ¥700 herstellten und für ¥1.000 verkauften, kauften wir sie zu einem Preis von ¥850 bei Swany Korea und teilten so den Gewinn zwischen Korea und Japan. Mit dieser Politik der Gewinnbeteiligung konnten wir hervorragende Mitarbeiter gewinnen.

Lee Sol-pi aus Seoul, der mein enger Freund wurde, las Hidemaru Deguchis Buch *„Auf der Suche nach dem Sinn"*: Beeindruckt von seiner Philosophie, übersetzte er es ins Koreanische und ließ 2.000 Exemplare drucken. Lees Freundin Kang Hong-quo hatte ihren Mann im Koreakrieg verloren und war Präsidentin der Nationalen Vereinigung der Kriegerwitwen. Ihr Sohn Son Young-chol kam nach seinem Abschluss an der Universität Seoul zu Swany Korea. Nach seiner Tätigkeit als Präsident von Swany Korea, wurde er CEO bei Swany America und genießt seit 2013 seinen Ruhestand in Busan.

Da wir uns in einem Land befanden, in dem ich die Sprache nicht beherrschte, und um eine Vorzugsbehandlung zu vermeiden, beschloss ich, bei der Einstellung ein vom Arbeitsministerium entwickeltes Gerät zur Prüfung der manuellen Geschicklichkeit auszuprobieren (eine 30 cm × 20 cm × 3 cm große Platte mit mehreren Löchern, in die verschiedenfarbige Stifte gesteckt und gedreht werden). Dieser Eignungstest erwies sich als sehr effektiv, da manuelle Geschicklichkeit und Geduld für diese Art von Arbeit unerlässlich sind.

1976 gründeten wir Swany Orient an einem Standort im Westen des Landes, und ganz in der Nähe errichteten wir Swany Asia.

Nach dem Vorbild von Wells Lamont, dem größten Hersteller von Arbeitshandschuhen in Amerika mit den modernsten Produktionsanlagen, wollten wir für jeden Handschuhtyp eigene Fabriken haben. So produzierten wir bei Swany Korea Kaltwetterhandschuhe aus Kunstleder und Rindspaltleder, bei Swany Orient Kunstleder-Skihandschuhe und bei Swany Asia reine Lederhandschuhe.

Wir stellten etwa 400 Mitarbeiter ein, deren Zahl später auf 650 anwuchs. Das Anfangsgehalt betrug ¥ 8.000. Damals lag der durchschnittliche Monatslohn in Japan bei ¥ 30.000 bis ¥ 40.000. Etwa 70 % des Gehalts entfielen auf Leistungszulagen. Das Unternehmen war dank des Enthusiasmus der koreanischen Arbeiter ein Erfolg.

Schließlich verloren wir jedoch im Preiswettbewerb gegen China, und bis 1990 hatten wir alle drei Fabriken geschlossen und an lokale Unternehmen verkauft. Als 1979 der südkoreanische Präsident Park Chung-hee ermordet wurde, herrschte in der Fabrik eine merkwürdige Atmosphäre. Draußen kam es zu Zusammenstößen zwischen Demonstranten und dem Militär, wobei mancherorts nationalistische und antijapanische Gefühle zum Ausdruck kamen. Die Auswirkungen auf das Geschäft waren jedoch nicht so groß, wie in den Medien berichtet wurde.

Anschuldigung „abtrünnig" zu sein

Angesichts der steigenden Lohnkosten in Korea verdienten wir kein Geld mehr, und es wurde ein kritisches Stadium erreicht. Unser endgültiger Rückzug erfolgte mit der Schließung von Swany Asia im Jahr 1989. Ende jenes Jahres kamen fünf junge Frauen, die die Gewerkschaft vertraten, nach Japan. Ich traf sie am Flughafen Tokushima. Als ich sie auf eine finanzielle Entschädigung ansprach, fielen sie über mich her und sagten: „Wir sind hier, um die Ehre des koreanischen Volkes zu verteidigen, nicht wegen des Geldes".

Der stellvertretende Exekutivdirektor Im, ein Koreaner, hatte mich darüber informiert, dass eine Gruppe weiblicher Mitarbeiter zu Verhandlungen kommen würde, und da er spürte, dass ich nicht auf der Hut war, warnte er mich: „In Korea ist es für einen männlichen Arbeitnehmer unmöglich, eine neue Arbeit zu finden, wenn er erst einmal auf der schwarzen Liste steht, so dass sich Männer nicht so sehr an Gewerkschaftsaktivitäten beteiligen. Die wirklich Schrecklichen sind die Frauen, die die Möglichkeit haben, zu heiraten, anstatt sich einen neuen Job zu suchen."

Die japanischen Zeitungen griffen dies auf und druckten Schlagzeilen wie „Gespräche zwischen Arbeitgebern und Arbeitnehmern über die Entlassung werden bis ins neue Jahr andauern", „Unternehmen auf der Jagd nach billigen Arbeitskräften", „Einseitige Aufkündigung der Vereinbarung", „Handgemenge mit koreanischen Gewerkschafts-vertretern", „Verhandlungsverweigerung" und dergleichen. Es gab fast hundert solche Medienberichte. Innerhalb von drei Monaten erhielten wir mehr als 7.000 Protestbriefe und -postkarten aus dem ganzen Land, in denen es hieß: „Präsident Miyoshi ist böse", „Rettet die armen Frauen!" usw.

Ein Journalist der japanischen Zeitung *Asahi Shimbun* kam. „Sie steigen jetzt aus, da Sie keinen Gewinn mehr machen können, nicht wahr?" Ich entgegnete: „Wenn Sie zwei Paar Handschuhe sehen, die genau gleich sind, aber das eine Paar ¥1.500 und das andere Paar ¥2.500 kostet, welches würden Sie kaufen?". Aber meine Frage wurde nicht beantwortet. „Wir haben viele Jahre lang Arbeit angeboten und zur lokalen Wirtschaft beigetragen, aber wir konnten uns nicht gegen die chinesische Konkurrenz durchsetzen. Bitte berichten Sie die Wahrheit", appellierte ich, aber wieder wurde ich ignoriert.

Es gab 19 Gesprächssitzungen, die sich über 100 Tage erstreckten, darunter sieben nächtliche Verhandlungen. Ich wurde mit Kassettenrekordern und Aschenbechern beworfen. „Haben Sie eine Vorstellung davon, wie es für unser Land war, 36 Jahre lang besetzt zu sein?" wurde ich wiederholt angeschrien. Ich biss die Zähne zusammen und ertrug es bis zum Morgen ...

CEO Son von Swany America, ein Koreaner, ermutigte mich: „Sie dürfen nicht so weich sein. Sie haben nichts getan, wofür Sie sich schämen müssten. Die Mitarbeiter können gehen, wenn sie wollen, und Sie haben das Recht, die Mitarbeiter zu entlassen, sofern Sie ihnen eine Abfindung zahlen. Das ist fair." Ich beschloss, meine entschuldigende Haltung zu ändern.

Der März kam, und noch immer sah ich mich jeden Samstag und Sonntag mit den Gewerkschaftsfunktionären und etwa 400 ihrer Anhänger konfrontiert. Ich übergab ihnen eine schriftliche Erklärung, in der ich mitteilte, dass wir keinen Cent Entschädigung zahlen würden, wie von ihnen gefordert, und forderte sie auf, ihre Proteste einzustellen. Daraufhin kam es zu einer Schlägerei, die von der Polizei unter Kontrolle gebracht werden konnte, aber leider gab es auf beiden Seiten Verletzte, darunter auch Knochenbrüche. Kurze Zeit später erhielt ich einen Telefonanruf von den Gewerkschaftsvertretern. „Herr Miyoshi, sollen wir über das Geld sprechen?"

Die Verhandlungen wurden zwei Tage und Nächte lang in einem nahe gelegenen Hotel fortgesetzt, und am 6. März antworteten wir auf die Forderung der Gewerkschaft in Höhe von ¥150.000.000, dass ¥5.000.000 unser Limit seien. „Peanuts!", sagten sie, was mich ärgerte.

Am frühen Morgen des zweiten Tages schrie ich: „Wie ihr wollt!", ging nach Hause und legte mich ins Bett, aber ich konnte nicht schlafen. Schließlich wurde die Angelegenheit mit der Zahlung einer Entschädigung in Höhe von ¥30.000.000 geregelt.

Wenn ich zurückblicke, denke ich an die Art und Weise, in der wir als "abtrünniges Unternehmen" bezeichnet wurden, und frage mich, was das bedeutet. Ich denke, wenn ein Unternehmen im Kampf ums Überleben einen Ort mit niedrigen Arbeitskosten sucht, dann ist das eine Frage der Selbstverteidigung. Durch die Verlagerung der Produktion können die Preise in den Industrieländern stabil gehalten werden, während in den Entwicklungsländern Beschäftigungsmöglichkeiten und eine Verbesserung der Lebensqualität geschaffen werden. Dies scheint mir die einzige Möglichkeit zu sein, Qualitätsprodukte weltweit zu einem erschwinglichen Preis verfügbar zu machen. Heutzutage machen das alle Unternehmen, und es wird als völlig normal angesehen, aber damals wurden wir sehr kritisiert, und als Vertreter von Swany, die Pioniere in dieser Geschäftspraxis waren, habe ich das Gefühl, dass ich in gewisser Weise zum Sündenbock gemacht wurde.

Swany America wird gegründet

In den 1970er Jahren schlugen einige große Einzelhandelsunternehmen vor, dass wir Lagerbestände in Amerika aufbauen sollten, damit sie zusätzliche Bestellungen in Auftrag geben konnten, wenn das Wetter kälter wurde. 1980 gründeten wir Swany America (SA) mit Isamu Hasegawa als Präsident und Tom Bridges, dem ehemaligen Einkäufer von Sears, als Vizepräsident.

Wir mieteten 93 m² Bürofläche im 12. Stock des Empire State Building für 25.000 $ pro Jahr (etwa 5 Millionen ¥). Die Miete war vergleichbar mit den Mieten in Tokio. In der Nähe befanden sich mehrere Handschuhfirmen, und zwar so nah, dass wir auch bei Regen ohne Regenschirm zusammenkommen konnten, was für uns und unsere Kunden sehr praktisch war. Wir mieteten ein Lagerhaus in New Jersey für 50.000 Dollar (etwa 10 Millionen Yen) im Jahr und bauten unsere Präsenz in Amerika auf, wobei wir uns nach und nach vortasteten.

Mit der Ausweitung unserer Aktivitäten in Amerika begannen wir mit der Entwicklung neuer Produkte für den amerikanischen Markt. Zu dieser Zeit führte die Pilot Ink Company, die für ihre Füllfederhalter bekannt ist, eine neue Drucktechnologie ein, deren Farben erst sichtbar werden, wenn die Temperatur bei 8°C oder darunter liegt. Wir nutzten diese Technologie zur Herstellung von Kinderhandschuhen mit ansprechenden Motiven, die erscheinen, wenn man sie an einem kalten Tag draußen trägt, wie z. B. ein Pfau mit Federn. Wir nannten diese Handschuhe "Freezy Freakies" oder kurz FF.

Wir gaben 3 Millionen Dollar für Fernsehwerbung aus und verkauften in neun Jahren zwei Millionen Paar für 12 Millionen Dollar. Kinderhandschuhe, die normalerweise etwa 4 Dollar kosten, wurden für 12

Dollar verkauft. Unsere Kunden kamen aus den gesamten Vereinigten Staaten.

Richard, der CEO des führenden Herstellers Grandoe, gratulierte mir mit den Worten: „Etsuo, du hast uns geschlagen!" und erzählte mir folgende Geschichte: Offenbar kam einer der Führungskräfte von Grandoe eines Tages nach Hause und fand ein Paar Freezy Freakies im Kühlschrank. Er fragte seinen Sohn: „Was ist mit unseren Handschuhen los?", woraufhin der Junge antwortete: „Ich möchte lieber Handschuhe mit Bildern haben, die in der Kälte erscheinen!"

1987 kauften wir das alteingesessene Unternehmen Elmer Little, das zu unseren Kunden gehörte. Um in den Kaufhäusern Fuß zu fassen, zahlten wir etwa 385.000 Dollar an Lizenzgebühren. Außerdem übernahmen wir den gesamten Lagerbestand, was uns ernste Liquiditätsengpässe bescherte. Wir hatten noch etwa zehn Jahre lang Schwierigkeiten und mussten sogar Personal abbauen. Es war eine wertvolle Erfahrung.

1989 brachten wir die erste amerikanische Marke von Swany auf den Markt, „Swany Ski". Wir waren Sponsor des US-Speed-Ski-Teams und des Weltcups und begannen, auf der Snowsports Industries America Ski Show in Las Vegas auszustellen.

Unsere Marke Flexor ist ein Handschuh mit gelenkigen Fingern, der mit einer von der NASA für 100.000 Dollar erworbenen Spin-off-Technologie hergestellt wird.

Der Flexor Toaster ist ein Fäustling, der während des Tragens mit einem Reißverschluss geöffnet werden kann, so dass ein Fingerhandschuh im Inneren zum Vorschein kommt. Er ist wasserdicht, atmungsaktiv und warm und hat ein Futter aus Triplex (ein dreilagiges Isoliermaterial).

Damit waren wir die ersten, die einen Handschuh mit einem Preisschild von mehr als 100 Dollar pro Paar auf dem amerikanischen Markt hatten.

Swany China wird geboren

Während wir unter dem Druck standen, drastische Maßnahmen zu ergreifen, um die schwindende Wettbewerbsfähigkeit unserer drei koreanischen Unternehmen angesichts der chinesischen Konkurrenz in den Griff zu bekommen, trat Hiroshi Mino, Präsident unserer Hauptbank, der Hyakujushi Bank, an mich heran und fragte, ob wir an einer Expansion nach China interessiert seien. Ein leitender Angestellter der Bank of China, der zu Besuch in Japan war, hatte sich an ihn gewandt und ihn gefragt, ob er irgendwelche Handschuhfirmen kenne, dabei fiel ihm sofort der Name Miyoshi ein.

Im Februar 1984 reiste ich mit Herrn Mino und anderen nach China. Fröstelnd in der Kälte besuchten wir Hangzhou, Shanghai, Nanjing, Suzhou und Kunshan. Jeden Tag und jeden Abend wurden wir mit viel

Wohlwollen willkommen geheißen. Bei unserem zweiten Besuch im März konzentrierten wir uns auf Suzhou, im April entschieden wir uns für die Stadt Kunshan, die zwischen Suzhou und Shanghai liegt. Von da an verbrachte ich jeden Monat eine Woche dort zu Gesprächen mit Xuan Binglong, dem Direktor der Kunshan Development Zone, und zehn weiteren Personen.

Bei einem Kapital von 1,5 Mio. $ (ca. 300 Mio. Yen), das zu 52 % aus Japan und zu 48 % aus China stammte, sollten die Nutzungsrechte zu jährlich 5,5 Yuan × 10.500 m² × 20 Jahre, insgesamt 1,15 Mio. Yuan (ca. 100 Mio. Yen) von chinesischer Seite bereitgestellt werden. Die Laufzeit des Joint Ventures sollte 20 Jahre betragen, das monatliche Gehalt für die 400 Mitarbeiter, einschließlich Versicherung, Rente und anderer Leistungen, sollte 180 Yuan (ca. 9.000 Yen) betragen, ein Niveau, mit dem wir wettbewerbsfähig bleiben konnten. Der Firmenname erwies sich jedoch als Stolperstein.

Ich wollte, dass der Firmenname „Swany China" lautet, aber die chinesische Seite wollte „China Swany". Ich bestand auf „Swany China", da an unseren anderen Standorten das Wort „Swany" immer an erster Stelle stand. Wir verhandelten den ganzen Tag, aber die Frage des Namens konnte nicht geklärt werden, und die Gespräche kamen zum Erliegen. Vor dem Morgengrauen des nächsten Tages kam mir im Traum die Idee, „China Swany" zum chinesischen Namen und „Swany China" zum englischen Namen zu machen. Nach zwei Tagen waren wir uns einig, dass dies eine faire Lösung war.

Der nächste Knackpunkt waren die Beteiligungsquoten. Die dreiwöchigen Diskussionen endeten in einer Sackgasse. Ich drängte auf eine 60-prozentige Mehrheitsbeteiligung für die japanische Seite, aber die chinesische Seite wollte in dieser Frage nicht nachgeben. Während der Gespräche besuchte ich das japanische Spinnereiunternehmen Toyoboshi, das nach China expandierte. Präsident Kobayashi sagte mir: „In China sind Geschäftsverbindungen von größter Bedeutung, und es ist wichtig, vertrauensvolle Beziehungen aufzubauen." Auf diesen Rat hin beschloss ich, dass unsere Seite nachgeben würde. Wir einigten uns auf eine jeweils fünfzigprozentige Beteiligung zwischen Japan und China.

Während des Verhandlungsmarathons besuchte ich China fünfmal und verbrachte 30 Tage mit Besprechungen. Wir unterzeichneten ein Abkommen mit 63 Positionen. Im Anschluss nahm unser Unternehmen an den Kunshan City Investment Messen in Osaka und Tokio teil.

Im folgenden Jahr, als die Fabrik fertig war, kam der Tag der großen Eröffnung. Meine Frau Yoshiko kochte Tee nach der japanischen Teezeremonie, zehn weibliche Mitarbeiter halfen beim Servieren. Der Präsident der Bank und Frau Mino, sowie der Vizepräsident der Bank of China, Ling Zhiwei, und andere Gäste probierten den grünen Tee meiner Frau, während sich die Medienvertreter um uns scharten.

Die Veranstaltung war ein Fest der japanischen Kultur mit 400 Lunchboxen, die traditionelle japanische Köstlichkeiten wie in Seetang eingewickelten Hering enthielten, Utensilien für die Teezeremonie mit einem Gesamtgewicht von 300 kg und einer Pflanzaktion von 50 Kirschbaum-Setzlingen zum Gedenken. Wir hatten die Kosten, einschließlich des Banketts, auf 300.000 Yen begrenzt, um auf die Katastrophe vorbereitet zu sein, die uns in diesem unbekannten sozialistischen Land erwarten könnte.

Sechzehn Jahre später, im Jahr 2001, zog die Fabrik auf ein neues 12.000 m² großes Gelände an der Ecke einer großen Kreuzung im Stadtzentrum um. 2003 erwarb Swany das chinesische Kapital für sechs Millionen Yuan (etwa 50 Millionen Yen).

Die japanische Expansion nach China begann mit Deng Xiaopings Bitte um Hilfe bei der Modernisierung der Elektronikindustrie und der Antwort von Kōnosuke Matsushita, dem Gründer von Panasonic. Unter den großen Unternehmen, die nach China expandierten, war Swany das erste Unternehmen in ausländischem Besitz in der Provinz Jiangsu. Im Jahr 2019 war die Zahl der Beschäftigten jedoch auf ein Viertel geschrumpft, und Swany plant nun den Wegzug aus der Stadt.

Yoshiko präsentiert eine japanische Teezeremonie
bei der Gründung von Swany China, 1985

Überwindung kultureller Hindernisse

Obwohl Kunshan eine Stadt mit 500.000 Einwohnern ist, hatte es etwas Provinzielles, umgeben von Reisfeldern. Im Jahr 1984 war ich der erste Ausländer, der im „Kunshan Guest House" wohnte.

Das Zimmer hatte ein Bad und ein Doppelbett, aber der Teppich in der Mitte des Bodens war schmutzig und mit Zigarettenglut übersät. Das Badewasser war schlammig und rostfarben, und man konnte den Boden der Wanne nicht sehen. Das Zimmer kostete 15 Yuan (etwa 2700 Yen) pro Nacht, aber Ausländer mussten mit „Devisenscheinen" bezahlen (diese konnten zum Kauf von Importwaren verwendet werden und waren auf dem Schwarzmarkt 50 bis 80 % mehr wert als ihr Nennwert). Es gab keinen Schlüssel und keine Privatsphäre. Eines Morgens lag ich nackt auf meinem Bett und machte wie immer meine Nishi-shiki-Gymnastik (siehe Teil 3). Als ich zur Seite schaute, stellte ich überrascht fest, dass mich eine der weiblichen Angestellten beobachtete.

Der Warmwasserboiler des Hotels wurde um acht Uhr abends abgeschaltet, somit gab es nach den Abendveranstaltungen kein heißes Wasser zum Baden. Ich bat eine der Angestellten, mir zehn Eimer heißes Wasser aus der Küche zu bringen. Als ich ihr einen ¥1.000-Schein als Trinkgeld anbot, sah sie ihn an, drehte ihn um und hielt ihn gegen das Licht, wollte ihn aber nicht annehmen. Als ich ihr einen Dollarschein zeigte, den ich in meiner Brieftasche gefunden hatte, hellte sich ihr Gesicht auf, als sie ihn annahm. „Sie verbrauchen viel Wasser, nicht wahr", sagte sie, „wir brauchen nur einen Eimer voll für eine Dusche".

Es wurden mückenabweisende Räuchermittel zur Verfügung gestellt, aber diese qualmten dermaßen, dass ich nicht schlafen konnte. Statt diese zu benutzen, ließ ich mich von den Mücken stechen. Während sie sich von mir ernährten, schlug ich sie vor dem Schlafen mit der Handfläche, eine nach der anderen. Erst vier oder fünf Jahre später wurde das elektrische Mückenschutzmittel „Vape" auf den Markt gebracht.

Aufgrund meiner Polio-Erkrankung bekomme ich schnell kalte Füße. Daher hatte ich stets eine Heizdecke sowie einen 220/100-Volt-Transformator dabei, was aber oft durch nächtliche Stromausfälle nutzlos wurde. Manchmal fiel plötzlich in der ganzen Stadt der Strom aus. Die Stromversorgung wurde in sieben Bezirken entsprechend den Wochentagen gewährleistet. Der Tag, an dem wir mit dem Stromausfall an der Reihe waren, war Swanys arbeitsfreier Tag.

In den Straßen der tristen Stadt trugen alle Menschen „Mao-Jacken", keine der Frauen trug Make-up. Lebensmittel, Seife, Stoffe und sogar Streichhölzer waren rationiert. Um diese zu erwerben, benötigte man Gutscheine. Die durchschnittliche Fläche eines Hauses in der Stadt betrug 30 m², mit gemeinsamer Toilette und Dusche (2017 waren es 57 m² mit Toilette).

Das Frühstück im Gästehaus war eine köstliche Mahlzeit aus Reisschleim und gesäuertem chinesischen Senf, mit gebratenem grünen Gemüse und gebratenen Nudeln. Es gab auch *Pidan,* fermentierte Enteneier, aber mir war der Geruch dieser Eier etwas zu penetrant.

Wenn ich in mein Lieblingsrestaurant in der Stadt ging, wurde ich mit einem „Willkommen, willkommen!" begrüßt, während die Reste der Mahlzeit des vorherigen Gastes vom Tisch gefegt wurden. Ich nahm immer den gebratenen Reis, der 1,5 Yuan (ca. ¥60) kostete und sehr lecker und sättigend war. In der Lobby im oberen Stockwerk des Gästehauses sah ich mir das japanische Fernsehdrama Oshin an, die Geschichte eines Mädchens, das in den frühen Jahren des 20. Jahrhunderts aufwächst, und die Entbehrungen, die es im Laufe seines Lebens erlebt, bevor es schließlich ein erfolgreiches Supermarktgeschäft gründet. Ich erinnere mich, dass ich dort jene Folge sah, in der Oshin, gespielt von der 10-jährigen Ayako Kobayashi, auf einem Floß den Mogami-Fluss hinuntergeschickt wird, um in einem anderen Dorf als Dienerin zu arbeiten. Damals hatten nur wenige Menschen in China einen Fernseher, in der Lobby des Gästehauses tummelten sich etwa hundert Menschen aus der Nachbarschaft, die gekommen waren, um die Serie zu sehen. Ich bekam sogar Angst, dass der Boden unter ihrem Gewicht nachgeben könnte. Oshin war sowohl in China als auch in Japan sehr beliebt.

Konfrontation

Im Februar 1985 nahmen wir die Produktion im Werk Kunshan auf, mit einem fünfköpfigen Team unter der Leitung von General Manager Tōru Mitsunaka, der aus Japan geschickt worden war.

Sieben Monate später kam die Meldung, dass etwa hundert Arbeiter einen Bummelstreik begonnen hatten und mitten am Tag ein Nickerchen hielten. Ich flog sofort los. Als ich dort ankam, fand ich ein paar Dutzend Menschen auf einem Materialstapel liegend vor, die mich ansahen, als wollten sie sagen: „Wer sind Sie?" Ich ging sofort zu Direktor Xuan Binglong, um die Situation zu besprechen, aber der Direktor behauptete hartnäckig, dass sie nicht entlassen werden könnten. Ich beharrte darauf: "Es steht doch im Vertrag, dass eine Kündigung möglich ist", aber ich kam nicht weiter.

Als letzten Ausweg bat ich meinen jüngeren Bruder und Leitenden Direktor Asao in der Zentrale, für eine Weile herzukommen und zu helfen. Es war eine schwierige Aufgabe, aber er kam, um das Unternehmen vor dem Zusammenbruch zu retten.

Sofort stapelten wir in der Fabrik Paletten auf. Asao stellte sich darauf und hielt aus etwa einem Meter Höhe Ausschau. Damit gelang es, die Nickerchen zu stoppen, aber die Arbeiter setzten nicht ihre ganze Energie für die Arbeit ein, sondern schauten sich nur um. Sie kamen alle mit dem Fahrrad zur Arbeit und drängten sich in den Fahrradschuppen, alle stellten aber ihre Fahrräder am Eingang ab, so dass der hintere Teil des Fahrradschuppens leer war, während der Eingang versperrt war. Asao schloss alle Fahrräder am Eingang ab und ging zurück in seine Wohnung. Unfähig nach Hause zu kommen, gaben sie nach und parkten ihre Fahrräder ab dem nächsten Morgen im hinteren Teil des Schuppens.

Die Arbeiten liefen überhaupt nicht gut. Ich reiste jeden Monat nach China und traf mich mit dem Vorstandsvorsitzenden des Entwicklungsbereiches, Xuan, aber wir kamen nicht voran. Das Jahr neigte sich allmählich dem Ende zu, der Jahresabschluss wies ein großes Defizit auf. Im Januar fand die erste Vorstandssitzung statt. Zusammen mit Generaldirektor Mitsunaka bereitete ich mich auf eine Konfrontation vor. Unsere Gegner waren der Vorstandsvorsitzende und etwa zehn weitere Personen aus dem Entwicklungsbereich.

Meine unmittelbaren Forderungen waren, die japanische Seite mit der Verwaltung zu beauftragen, ein Provisionssystem einzuführen und die 100 „Mittagsschläfer" zu entlassen. Die ersten beiden Forderungen wurden innerhalb von zwei Tagen erfüllt, am Abend des zweiten Tages jedoch kamen die Gespräche in Bezug auf die Entlassungen zum Stillstand.

Gründung von Swany China, von links:
Herr Mitsunaka, Herr Xuan, Herr Xu (Dolmetscher), ich

Der Vorstandsvorsitzende Xuan sagte: „Hier in China müssen wir dem chinesischen gesunden Menschenverstand folgen. Entlassungen kommen nicht in Frage", rief er und schlug auf den Tisch. Ich schrie zurück: „Sie sollten wissen, dass Ihrem chinesischen gesunden Menschenverstand völlig der Menschenverstand fehlt!" Alle wurden still. Ich hatte dafür gesorgt, dass er sein Gesicht verloren hatte, etwas, was Chinesen hassen. Wir verließen die Sitzung mit der Begründung, dass wir eine Diskussion unter uns führen wollten.

Einige Stunden später wurde die Sitzung fortgesetzt. Die chinesischen Direktoren schlugen einen Kompromiss vor, wonach nur 50 Mitarbeiter entlassen werden sollten. Ich lehnte dies ab. „Ich will keinen einzigen Mitarbeiter, der nicht arbeitet", sagte ich. Nach einer weiteren Diskussion

wurde ein weiterer Vorschlag unterbreitet. „Wie wäre es dann mit 75?"
Auf diesen Vorschlag hatte ich gewartet. Eine Woche verging, und noch immer war keine Verbesserung der Effizienz festzustellen. Aber ich tolerierte es. In der zweiten Woche begannen einige der Mitarbeiter, härter zu arbeiten. Sie wussten, dass ihr Lohn aufgrund der von mir angebotenen Provision um 20-30 % steigen würde. Plötzlich begannen alle ernsthaft zu arbeiten, und mehr als die Hälfte von ihnen erschien bereits um sieben Uhr, obwohl die Arbeitszeit erst um acht Uhr begann. Sie fingen sogar an, zur Toilette zu laufen, um schnell zurück zu sein. Nach zwei Jahren hatten wir unsere Verluste wieder wettgemacht. Wir hatten die erste große Hürde überwunden.

An die Wand des Hauses des Vorstandsvorsitzenden Xuan wurden jedoch mit Blut geschriebene Morddrohungen geschmiert.

Meines Bruders Tagebuch

M ein Bruder Asao führte ein Tagebuch, das ein gutes Bild vom Leben in Kunshan vermittelt. Hier sind einige Auszüge:

Ich reiste zum ersten Mal in meinem Leben nach China und verließ es schweren Herzens. Ich kannte die Sprache nicht, und mir fehlte das Selbstvertrauen. Ich konnte mich nicht über den Generaldirektor Mitsunaka hinwegsetzen, und wenn ich es getan hätte, wäre er wahrscheinlich zurückgetreten. Klar war, dass von den drei Fabriken in Korea eine geschlossen worden war und die beiden anderen rote Zahlen schrieben. Wenn wir in China keinen Erfolg hätten, würde dies das Ende für Swany bedeuten.

In den neu gebauten Unterkünften für die Japaner liefen uns im Schlaf die Ratten über das Gesicht, und wenn wir aufstanden, traten wir auf Insekten, die wie viele schwarze Sesamsamen um unsere Betten herum lagen. Wir schlossen die Fliegengitter an den Fenstern und hängten Moskitonetze auf, aber die Insekten fanden einen Weg hinein durch die Ritzen. An der Innenseite der Badewanne klebten Zementklumpen, die sich in die Haut unserer Rücken bohrten.

Jeden Tag wurde in der Fabrik gestreikt, und niemand hat sich an die Anweisungen gehalten. Wenn man ihnen sagte, sie sollten nach rechts schauen, schauten sie nach links. Sie rollten den Handschuhstoff zusammen und schliefen darauf, und wenn man mit ihnen schimpfte, warfen sie einem einen müden Blick zu, während sie langsam aufstanden. Etwa um halb vier begannen sie mit dem Aufräumen und warteten auf die Fünf-Uhr-Glocke, während sie sich gegenseitig zuquatschten.

Mitsunaka war mein Kommilitone an der Waseda-Universität. Ich hatte seit Korea mit ihm zusammengearbeitet. Wenn sich die Belegschaft gegen mich wandte, konnte ich einfach nach Japan zurückkehren. Ich war entschlossen, zu tun, was ich konnte, auch wenn dies bedeutete, dass man mich nicht mochte.

Am Sonntag lud ich Takahiro Tanaka und Hidenobu Mitani ein, den Kanal mit unseren Fahrrädern zu überqueren und angeln zu gehen. Auf der anderen Seite des Kanals bot uns eine der Arbeiterinnen, Zhang Fengyi, ein Mittagessen an, wir konnten ihr nicht nein sagen. Der Reis war in Wasser aus dem Kanal gekocht worden, und wir fühlten uns sehr mutig, ihn zu essen, aber es bereitete uns keinerlei Probleme. Auf dem Rückweg schenkte sie uns noch Gemüse und ein halbes Dutzend Eier.

Ihre Mutter war mit 45 Jahren noch jung und hatte schöne Gesichtszüge, aber ihr Gesicht war dunkel und faltig. Ich war erstaunt, wie sehr die Arbeit auf dem Feld ihre Haut gealtert hatte. Sie tat mir leid, wenn ich an das harte Leben dachte, welches sie durchlebt hatte.

Das Boot über den Kanal kostete sechs Fen (sechs Hundertstel eines Yuan, etwa ¥2). Ein halbes Kilo Reis kostete 15 Fen (etwa 7 Yen), ein Fahrrad 200 Yuan (etwa 8.000 Yen) und ein Fernseher 100 Yuan (etwa 4.000 Yen). Landwirtschaftliche Erzeugnisse waren billig, während Industrieprodukte teuer waren.

Durchbruch in Nordostchina

Nachdem Swany China gegründet worden war, erhielt ich bei jedem Besuch in China eine Einladung von Wu Kequan, dem Bezirksgouverneur von Kunshan. Ich fragte ihn, ob er mich Absolventen vorstellen könnte, die Japanisch an der Universität studiert hatten. Er stimmte zu, aber es geschah nichts. Generaldirektor Mitsunaka hatte an der Berlitz-Schule einen Crash-Kurs in Chinesisch belegt, war aber weit davon entfernt, sich angemessen verständigen zu können.

Drei Jahre später war ich beim Gouverneur des Bezirks. Als er seinen Platz verließ, sagte mir der Dolmetscher: „Nur sechs Personen, 1 % der Angestellten der Bezirksverwaltung, haben einen Universitätsabschluss". Ich erkundigte mich daraufhin nach anderen Bezirken, in denen Japanisch-Absolventen beschäftigt waren und fand heraus, dass es einen solchen Ort gab, eine Stadt namens Dongguan, nördlich von Hongkong. Ich beschloss, sofort dorthin zu fahren.

Ich besuchte Fabriken, die Socken, Stanzformen und Spielzeug herstellen, und erfuhr, dass es in jedem Unternehmen mehrere leitende Angestellte gab, die Japanisch sprachen. Der Chef sagte mir: „Wenn wir in den nationalen Zeitungen inserieren, bekommen wir viele Bewerbungen aus den drei nordöstlichen Provinzen". Sie kamen nach einer Zugfahrt, die eine ganze Woche dauerte, an. Der Grund dafür war, dass es in Harbin,

der Hauptstadt der Provinz Heilongjiang, vier Universitäten mit japanischen Abteilungen gab, aber keine japanischen Unternehmen.

Erstaunt, diese wichtige Information zu hören, ging ich direkt zum
Flughafen, reihte mich in die lange Schlange am Ticketschalter ein, kaufte
mir ein One-Way-Ticket nach Harbin und flog über Shanghai in den
Nordosten. Am Flughafen gab es nur vier Taxis. Ich erhielt den Zuschlag
für ein Taxi und machte mich auf den Weg. Das Auto mietete ich für 350
Yuan für einen Tag (etwa 14.000 Yen). Das altersschwache Taxi hatte ein
Loch im Boden, durch das ich die Straße sehen konnte, und die Tür klap-
perte, wenn ich sie nicht festhielt.

Ich besuchte ohne vorherige Anmeldung das Harbin Institut für
Technologie, die Harbin Universität für Medizin, die Harbin Universität
für Wissenschaft und Technologie sowie die Harbin Universität für Lehramt. Alle vier Einrichtungen waren von meinem Besuch überrascht und
sagten, es sei das erste Mal, dass ein japanischer Arbeitgeber an sie heran-
getreten sei. Im Personalraum zeigte ich ihnen die Bedingungen, die wir
anboten: ein monatliches Gehalt von 700 Yuan (etwa 27.000 Yen) mit Unterkunft und anderen Leistungen. Die Leiter der japanischen Fakultäten
hörten gespannt zu. Einer flüsterte mir ins Ohr, um nicht belauscht zu
werden: „Vergessen Sie die Studenten, haben Sie einen Job für mich?

Ich lud den Abteilungsleiter Jin vom Technischen Institut Harbin zum
Abendessen ein und lehnte seine Bitte um eine Stelle mit der Begründung
ab, dass eine dreijährige Bewährungszeit in der Fabrik unerlässlich sei. Zu
meiner großen Freude begleitete er mich dennoch freundlicherweise zu
den Zeitungsbüros in Heilongjiang und half mir, eine ins Chinesische
übersetzte Anzeige im Format B5 aufzugeben.

Die Anzeige hatte eine enorme Wirkung: Innerhalb von zwei Monaten
erhielten wir 55 Bewerbungen für Stellen bei Swany China. Wir legten ein
Datum und eine Uhrzeit für die Vorstellungsgespräche fest, die im Harbin
International Hotel stattfinden sollten.

Ich besuchte China erneut. Als Ergebnis der Vorstellungsgespräche
stellten wir Gao Zhangfeng von der Harbin Universität für Lehramt ein,
der Chinesisch, Japanisch, Koreanisch und Englisch beherrschte. Wir
überprüften den Hintergrund von 21 weiteren Bewerbern. Zwei Monate
später erhielten wir von Gao einen wertvollen Bericht über die anderen
Bewerber.

Dies war die ehemalige Mandschurei, aus der am Ende des Zweiten
Weltkriegs zahllose japanische Kolonisten geflohen waren, was zur Tragö-
die der japanischen Waisenkinder führte, die nach dem Krieg zurückblie-
ben. Warum war das Interesse am Erlernen der japanischen Sprache in
diesem Teil Chinas, der von Japan überfallen und besetzt worden war, so
groß?

Im März kehrte ich zurück, bewaffnet mit Gaos Bericht. Ich
schlängelte mich an Haufen gefrorener Abfälle vorbei zur Wohnung von
Huang Yubin vom Harbin Institut für Technologie. Im Wohnzimmer gab
es eine Badewanne, die gerade groß genug war, um bis zur Hüfte darin zu

sitzen. Huang erzählte mir, dass er in dieser Wanne badete, indem er einen Topf voll Wasser aufkochte und es mit kaltem Wasser mischte.

Zhang Taifu von der Universität für das Lehramt hatte die Tür seines Hauses mit Stoff umwickelt, um die Zugluft abzuhalten. Der Grund für seine Bewerbung war unser Angebot, eine Unterkunft zur Verfügung zu stellen.

In dieser eiskalten Stadt mit Temperaturen von -30 Grad luden wir sieben Personen zu einem Vorstellungsgespräch ins Hotel ein. Als Ergebnis beschlossen wir, neben Gao, unserem ersten Bewerber, fünf weitere Personen einzustellen: Zhang Taifu, Kong Shitai von der Universität für Wissenschaft und Technologie, Jin Dehua von der Mudanjiang Universität für das Lehramt, Huang Yubin vom Harbin Institut für Technologie und seine Frau von der Universität für das Lehramt.

Nachdem sie in Kunshan ankamen, wo sich Swany China befand, baten sie als erstes darum, sich hinlegen zu dürfen. Nach einer 40-stündigen Reise im "harten Sitz" (zweite Klasse) fühlten sie sich schwach und schwindlig und konnten nicht mehr aufrecht sitzen.

Die Neuzugänge hatten es nicht leicht, sich einzuleben. Huang wurde später Generaldirektor von Swany China, zog aber nach 12 Jahren mit seiner Familie nach Kanada. Die Kommunikation verbesserte sich, aber schließlich verließen alle Hochschulabsolventen aus dem Nordosten das Unternehmen, nachdem sie nur eine Übergangsrolle gespielt hatten. Gegenwärtig sind die Führungspositionen mit einheimischen Mitarbeitern besetzt.

Mit dem anhaltenden Investitionsboom in China wechselten die Kandidaten für Führungspositionen zu japanischen Elektrounternehmen. Vielleicht war dies nur ein Zeichen der sich ändernden Zeiten, vielleicht waren sie besorgt um die Zukunft eines Unternehmens, das ein saisonales Produkt verkauft - oder waren sie besorgt wegen meiner Führungsqualitäten?

Fokus auf China

1988, als Swany China in den Startlöchern stand, machte ich zusammen mit Gao einen unangekündigten Besuch bei der Kreisverwaltung im Kreis Jiashan in der Provinz Zhejiang, etwa anderthalb Autostunden westlich gelegen. Ich wollte die Investitionsbedingungen in den Provinzen Jiangsu und Zhejiang vergleichen. Wir wurden herzlich empfangen. Nach dreitägigen Gesprächen wurde ein Joint Venture mit einer örtlichen Handschuhfabrik beschlossen und „Swany Great Wall" (GW) mit einem Kapital von 1.150.000 $ (ca. 130 Millionen Yen) gegründet, wobei die japanische Seite 51 % der Anteile hielt.

Chu Byong-su aus Korea übernahm die Rolle des Generaldirektors. Der Durchschnittslohn liegt bei 4.200 Yuan (ca. ¥60.000), wobei 53 % auf

Leistungsanreize entfallen. Früher gab es 400 Mitarbeiter, jetzt sind es nur noch halb so viele, aber GW produziert weiterhin 2,1 Millionen Paar Stoff- und Kunstlederhandschuhe pro Jahr und erzielt einen Gewinn von 10 %.

Supervisor Eiji Hayase schrieb im GW-Bericht 2018: „In der Branche schreitet die Digitalisierung der Transportsteuerung, der Fadenspannungssteuerung und der Druckeinstellung von Juki-Nähmaschinen voran. Bei GW verwenden wir jedoch immer noch Steppstichmaschinen, und dennoch können unsere Mitarbeiter kleine Teile mit einer erstaunlichen Geschwindigkeit nähen, als ob Bediener und Maschine eins geworden sind. Das ist sehr beeindruckend."

Im selben Jahr, 1988, mieteten wir 10.000 m² Land etwa zwei Kilometer südlich von Swany China in Kunshan und gründeten „Swany Glove" mit einem japanischen Kapital von 1.350.000 $. Kim Hyang-jun, ebenfalls aus Korea, wurde Generaldirektor, und Jin Dehua aus Harbin wurde stellvertretender Generaldirektor. Einst gab es 400 Mitarbeiter, aber 2010 waren es nur noch halb so viele, die Stoff- und Lederhandschuhe sowie Golfhandschuhe herstellten. Inzwischen wurde die Fabrik geschlossen.

1989 gründeten wir im Rahmen eines Joint Ventures mit einem lokalen Unternehmen „Swany Taicang" (TG) in Taicang, Provinz Jiangsu. Shu Jinzhu wurde Generaldirektor. Später kauften wir das chinesische Kapital und machten es damit zu einem Unternehmen, das sich vollständig in japanischem Besitz befindet. Die Zahl der Mitarbeiter ist von 320 auf 170 gesunken und soll laut Plan in fünf Jahren auf 130 sinken. Die Jahresproduktion beträgt 1,3 Millionen Paar.

Ein großer Teil der TG-Produktion wurde ausgelagert, die Lederhandschuhe, die aus dem bei den Mitarbeitern zu Hause sortierten Leder genäht werden, werden auch hier hergestellt. Wir haben die High-Mix-Low-Volume-Produktion bis zum Äußersten getrieben, dennoch haben wir immer noch Mühe, rentabel zu bleiben.

Im Jahr 2006 gründeten wir die Swany China Qingyang Factory in der Provinz Anhui. Da wir nicht in der Lage waren, die ursprünglich geplanten 400 Mitarbeiter einzustellen, begann die Fabrik mit 150 Mitarbeitern und hat jetzt 103. Die Kosten für diese überdimensionierte Fabrik stellen für uns derzeit eine große Belastung dar.

China, eine wirtschaftliche Supermacht

Es folgt ein Bericht über die Bedingungen im modernen China von Generaldirektor Tu Zhengdong von Swany China in den Swany News:

An einem Sonntag im Jahr 2019 kamen ein Freund und seine Frau und sagten: „Lass uns zum Nationalfeiertag nach Peking fahren". Ich lehnte ihren Vorschlag ab und erklärte, dass ich im Vorjahr zum Betriebsausflug dort gewesen sei. „Dann fahren eben nur wir zwei", sagten sie und buchten sofort per Smartphone Plätze im Hochge-schwindigkeitszug sowie vier Hotelübernachtungen und zahlten 4.800 Yuan (etwa 72.000 Yen).

Heute Morgen um 8.30 Uhr bestellte meine Frau im Supermarkt RT-Mart Salz und Milch und bezahlte 53 Yuan (ca. ¥800) mit Alipay, die Ware wurde um 10.30 Uhr geliefert. Außerdem hat sie vor kurzem auf der Online-Einkaufsseite Taobao Kochgeschirr im Wert von 388 Yuan (ca. ¥6.000) bestellt, das am nächsten Tag geliefert wurde. Einkäufe, die 39 Yuan (etwa ¥600) oder mehr kosten, werden kostenlos geliefert. Lebensmittelrechnungen, Stromrechnungen und sogar Taxifahrten können mit dem Smartphone bezahlt werden.

Früher dauerte die Zugfahrt nach Shanghai, das etwa 65 Kilometer östlich von Kunshan liegt, eine Stunde, aber heute ist man mit dem Hochgeschwindigkeitszug in nur 18 Minuten dort. Viele Einwohner von Shanghai sind nach Kunshan gezogen und pendeln mit der Bahn nach Shanghai.

Mehr als 90 % der Menschen leben in neu erbauten Wohnungen und besitzen Immobilien. Die Schulbildung ist vom ersten Jahr der Grundschule bis zum dritten Jahr der Oberstufe kostenlos, die Kran-kenversicherung deckt 80 % der Gesundheitskosten für Berufstätige und 90 % für Rentner. 40 Jahre nach den Wirtschaftsreformen in China ist also eine rasante Entwicklung erreicht worden. China reiht sich in die Riege der wirtschaftlichen Supermächte wie die Vereinigten Staaten von Amerika und Japan ein und zieht die Aufmerksamkeit der Welt auf sich. Es befindet sich noch in der Entwicklung, aber das zu-künftige China wird sicherlich eine wirtschaftliche Supermacht sein, die diesen Namen verdient.

Anti-Japanische Demonstrationen

Zurückgehend ins Jahr 2012, als die Beziehungen zwischen China und Japan wegen der Souveränität der Senkaku-Inseln (Diaoyu) ange-spannt waren, schreibt Generaldirektor Mitsunaka in Swany News:

Ich gehe regelmäßig in einem japanischen Restaurant namens Ajisato im Zentrum von Kunshan essen. In der Nähe gibt es mehrere japani-sche Bars, Kantinen und Nudelläden, die am 15. September von ei-nem Mob wütender junger Leute angegriffen wurden, welche die Hinweisschilder zerschlugen, bevor sie eindrangen, um weiteren Schaden anzurichten. Die Geschäftsführerin von Ajisato war so geis-tesgegenwärtig, eine chinesische Flagge am Eingang ihres Lokals an-zubringen und konnte somit verhindern, dass Schaden entstanden ist. Alle japanischen Geschäfte in der Stadt blieben geschlossen, und die Polizei riet den japanischen Einwohnern, in den Häusern zu bleiben.

Alles, was wir tun konnten, war, uns bedeckt zu halten, nicht hinauszugehen und die Situation zu beobachten. Im Toyota-Ausstellungsraum nebenan wurden etwa ein Dutzend Autos demoliert und umgestürzt. Als Japaner, der seit fast 30 Jahren mit China verbunden ist, erfüllen mich diese Ereignisse mit großer Traurigkeit.

Der erste Auslöser für die Unruhen war die Ankündigung des Gouverneurs von Tokio, Shintarō Ishihara, dass die Metropole Tokio die Senkaku-Inseln kaufen würde. Er hat seit Beginn der Unruhen geschwiegen, aber ich würde gerne wissen, wie er jetzt darüber denkt. Seit dem 13. September hängt vor dem Finanzamt von Kunshan ein Schild mit der Aufschrift „Hunde und Japaner verboten". Ich hoffe aufrichtig, dass die chinesische Seite eine ruhige und angemessene Reaktion auf diese Situation an den Tag legt.

Erschließung des chinesischen Marktes

Im Jahr 1993 reiste ich zusammen mit Gao nach Peking und in die nordöstlichen Städte Shenyang, Changchun und Harbin.

In Peking hatte ich mein erstes Treffen mit einer Einkäuferin der Handschuhabteilung des Pekinger Kaufhauses in der Wangfujing-Straße. Sie interessierte sich für unsere Herren- und Damenhandschuhe aus Schaf- und Schweinsleder sowie für unsere luxuriösen Kinderfäustlinge. „Sie sind der erste Verkäufer, den wir aus Japan haben", sagte sie. „Danke, dass Sie gekommen sind". Wir erhielten Aufträge für 800 Paar. In Peking besuchten wir sechs Einzelhändler, darunter das Xirong Einkaufszentrum und das Baode Einkaufszentrum.

In einer Woche besuchten wir 21 Kaufhäuser in vier Städten, von der Hälfte davon erhielten wir Aufträge für insgesamt 12.000 Paar. Unsere Gewinnspanne war mit 30 % gering (in anderen Ländern liegt sie normalerweise bei 40-60 %), aber ein größeres Problem war es, bezahlt zu werden.

Wir nahmen den Zug von Peking nach Shenyang in der Provinz Liaoning. Wir mussten anderthalb Stunden anstehen, um unsere Fahrkarten zu kaufen. Der Sechs-Uhr-Zug war so voll, dass es unmöglich war, auf die Toilette zu gehen. Ich gab der Schaffnerin 10 Yuan (etwa 160 Yen), und sie ließ mich ihr Bett benutzen, „aber nur bis Shenyang". Wir kamen um 11 Uhr nachts an. In Shenyang besuchten wir fünf Einzelhändler, darunter Shenyang Shangyecheng, das für seine Qualitätsmarken bekannt ist, und Xiwu Baihuo, das einen guten Ruf für seinen Service hat. Noch heute sind alte Verwaltungs- und Geschäftsgebäude aus der japanischen Kolonialzeit erhalten und werden zu neuem Leben erweckt. Die Stadt insgesamt ist ein lebendiges Museum des historischen Erbes.

Unser nächster Halt war Changchun in der Provinz Jilin. Gao machte sich auf, sich in die lange Schlange am Fahrkartenschalter einzureihen und tauchte mit unseren Fahrkarten auf. Doch als wir den Zug betraten, fanden wir nur Stehplätze vor, und die waren voll. Wir quetschten uns in den Erste-Klasse-Wagen durch. Gao begann die Fahrgäste zu bitten: „Bitte geben Sie Ihre Fahrkarte einem behinderten Japaner. Wir zahlen Ihnen das Dreifache des Fahrpreises!" Der fünfte Fahrgast, den er fragte, willigte ein, die Fahrkarte mit mir zu tauschen, und ich konnte mich endlich setzen. In Changchun besuchten wir fünf Einzelhändler, darunter Baihuo Dalou und Guoji Maoyi.

Unser letztes Ziel war Harbin, 300 Kilometer nördlich von Changchun. Dies war mein vierter Besuch. Gao gelang es, selbstbewusst einen Sitzplatz für mich im Zug zu bekommen. Wir besuchten fünf Einzelhändler, darunter Hualian und Qiulin. Damals waren beide florierende Kaufhäuser, aber in den letzten Jahren haben sie mit der Konkurrenz von Online-Einkaufsplattformen wie Taobao und Xiaomi zu kämpfen.

Die Stadt wurde vom Russischen Reich erbaut und hat ein europäisches Aussehen mit kopfsteingepflasterten Straßen, russisch-orthodoxen Kirchen und von Akazien gesäumten Alleen und wurde als "das Paris des Orients" bezeichnet. Auch Japan war Teil der Geschichte von Harbin. Die Stadt war 1909 Schauplatz der Ermordung von Itō Hirobumi, dem japanischen Generalresidenten in Korea. Außerdem wurden in Harbin während des Zweiten Weltkriegs von der berüchtigten Einheit 731, der geheimen Forschungseinrichtung der kaiserlichen japanischen Armee für biologische Kriegsführung, grausame Menschenversuche durchgeführt.

Ich kaufte am Bahnhof eine Lunchbox für 2,5 Yuan (etwa ¥40), fand aber, dass der Inhalt schwer zu essen war. Die gedünsteten Paprikaschoten schmeckten verdächtig sauer, und der Rest bestand aus Reis mit ein paar Erdnüssen und etwas pulverisiertem Tintenfisch darauf. Ich zwang mich, es zu essen, obwohl es sich anfühlte, als würde ich auf Sand kauen. Ich fand drei kleine Steine - anscheinend hatten sie keine Maschinen, um Steine aus dem Reis zu entfernen. Takahiro Tanaka, ein japanischer Kollege, der bei Swany China arbeitete, brach sich an einem Stein einen Vorderzahn ab.

Wie ich bereits oben erwähnt habe, war die Gewinnspanne etwa halb so hoch wie in den westlichen Ländern, und die Einzelhändler arbeiten auf Provisionsbasis, was den Markt sehr schwierig macht. Die Tatsache, dass die Arbeitskosten der lokalen chinesischen Unternehmen etwa ein Fünftel der japanischen betragen, bedeutete, dass wir nicht wettbewerbsfähig sein konnten, und, wie ich bereits erwähnt habe, gab es Probleme beim Einzug von Zahlungen. Nach einer zweiten Verkaufsreise beschloss ich schließlich, dass wir den Versuch aufgeben sollten, auf dem chinesischen Inlandsmarkt zu verkaufen.

Nach Südostasien

Im sich schnell entwickelnden China ist es nicht einfach, Mitarbeiter zu halten. 2011 begannen wir mit der Produktion in Kambodscha und gründeten „Swany Cambodia" in der Sonderwirtschaftszone Tai Seng Bavet, etwa zwei Autostunden von Ho-Chi-Minh-Stadt entfernt, jenseits der Grenze in Vietnam. Mit einem Kapital von 3 Mio. USD (ca. 300 Mio. Yen) begann Swany Cambodia mit der Produktion von Stoffhandschuhen und beschäftigte 300 Mitarbeiter.

Die Mitarbeiter erhalten durchschnittlich 192 Dollar (etwa 20.000 Yen) mit Leistungsanreizen, dazu kommen Überstundenvergütung, Aufwandsentschädigungen und Reisekosten. Die Zahl der Mitarbeiter, die über das Festgehalt hinausgehende Leistungsanreize erhalten, ist mit 10 % gering, verglichen mit 90 % in China, was ein Problem darstellt. Der erste Präsident war Sakuji Imataki, der den Staffelstab an den neuen Präsidenten, Yasushi Okudai, weitergegeben hat.

Kambodscha grenzt im Westen an Thailand, im Osten an Vietnam und im Norden an Laos. Etwa 15 Millionen Menschen leben auf einer Fläche, die etwa 80 % der Hauptinsel Japans entspricht. Gesprochen wird Khmer, von dem einige sagen, es sei die am schwersten zu erlernende Sprache der Welt.

Der Transport von Mitarbeitern aus verschiedenen Stadtvierteln, eine teuflisch schwierige Sprache, eine um mindestens 20 % niedrigere Produktivität als anderswo, die Beschaffung von Materialien über Vietnam, langsame und teure Transporte - all das führte dazu, dass es acht Jahre dauerte, bis wir endlich die Gewinnzone erreichten. Die Produktivitätssteigerung trotz der Coronavirus-Pandemie war ein wahrer Glücksfall.

Die Notwendigkeit, den Transport des Personals sicherzustellen, erschwert das Angebot von Überstunden. Sowohl die Aussprache als auch die Grammatik des Khmer sind schwer zu beherrschen. Andere japanische Unternehmen haben die Lösung gewählt, den einheimischen Mitarbeitern Japanisch beizubringen. Um ein Beispiel zu nennen: Die Kambodschaner zählen wie wir von eins bis fünf, aber sechs ist fünf plus eins, sieben ist fünf plus zwei und so weiter, was zu Verwirrung führt. Die Produktivität wird durch die vielen Feiertage beeinträchtigt: 23 im Jahr.

Einst führte die brutale Politik der Pol-Pot-Regierung zum Tod von schätzungsweise drei Millionen Menschen durch Verhungern und Folter, doch mit der Rückkehr des Friedens nach dieser dunklen Zeit hat sich das Land auf den Weg gemacht, sich wirtschaftlich zu erholen und auf eigenen Füßen zu stehen.

In der Zwischenzeit haben wir auch 500.000 $ in die vietnamesische Fabrik des taiwanesischen Unternehmens Well Mart investiert, in der wir Skihandschuhe aus Stoff, Kunstleder und echtem Leder herstellen. Es gibt 430 Beschäftigte, und der durchschnittliche Monatslohn liegt bei 300 $ (etwa 30.000 Yen), mit zusätzlichen Leistungsanreizen. Abgesehen vom

Mondneujahr gibt es nur fünf Feiertage im Jahr. Die Mitarbeiter sind qualifiziert und fleißig, und die Qualität ist hoch. Der stellvertretende Geschäftsführer Kenji Okumura ist derzeit für die Produktion und Qualitätskontrolle zuständig.

Wir lassen auch in Indonesien produzieren, wo es junge Arbeitskräfte gibt, und der Versand nach Japan dauert nicht länger als zwei Wochen. Zu den hier hergestellten Produkten gehören Golf-, Schlag-, Angel- und Skihandschuhe.

6. Durchbruch

Vertrauen in die Jugend

W ir schickten Tōru Mitsunaka, der 1979 seinen Abschluss an der Waseda-Universität gemacht hatte, für dreieinhalb Jahre zu Swany Korea und anschließend für sechs Monate zu JAIMS, dem Management-Trainingsinstitut von Fujitsu auf Hawaii. Danach übernahm er im Alter von 27 Jahren die Aufgabe des ersten General Managers von Swany China. Sein großer Einsatz spiegelte sich im Erfolg des Unternehmens wider. Seine Erfahrung im Umgang mit schwierigen Situationen war von unschätzbarem Wert für die Führung dieser großen Familie mit 400 Mitarbeitern.

1988 gründete ich Swany Great Wall im Bezirk Jiashan in der Provinz Zhejiang, in der Nähe von Shanghai. Im darauffolgenden Jahr nahm General Manager Mitsunaka Verhandlungen mit den Verantwortlichen der Stadt Kunshan in der Provinz Jiangsu auf und gründete Swany Glove, das erste vollständig in japanischem Besitz befindliche Unternehmen in dieser Provinz. Das neue Unternehmen wurde mit einer Unterschrift von mir ins Leben gerufen. 1990 wurde Swany Taicang in Taicang, ebenfalls in der Nähe von Shanghai, gegründet, wobei diesmal Mitsunaka als mein Vertreter unterzeichnete.

Er war für Material, Personal und Management der vier chinesischen Unternehmen zuständig und ist seit 2015 in Kambodscha ansässig.

Chu Byong-su war 35 Jahre alt, als er die Rolle des Generaldirektors von Swany Great Wall übernahm, und Shu Jinzhu war 33 Jahre alt, als er seinen Dienst als Generaldirektor von Swany Taicang antrat. Isamu Hasegawa war 27 Jahre alt, als er CEO von Swany America wurde.

Wechsel des Präsidenten von Swany, 2009
(4. von links der Autor; 5. von links Präsident Itano;
6. von rechts Kawakita, geschäftsführender Direktor)

Diese jungen Männer übernahmen die Verantwortung für die Leitung unserer Tochtergesellschaften in einem Alter, das in den meisten Unternehmen unvorstellbar ist. Einerseits mag es riskant erscheinen, so junge Leute zu ernennen, andererseits war ich der Meinung, dass sie, sobald sie ihre Stelle angetreten hatten, ihre Stärken schnell entwickeln würden.

Swany bildete diese jungen Männer aus, indem wir sie in wichtige Positionen beriefen, aber die Wahrheit ist, dass es niemanden gab, dem wir mehr hätten vertrauen können.

Meine Nachfolger

Im Jahr 1992 brachte meine jüngste Tochter Yasuko ihren Freund mit nach Hause. Sein Name war Tsukasa Itano. Sie hatte ihn in der Firma Naka Shoji in Takamatsu, wo sie arbeitete, kennengelernt. Überzeugt, dass wir uns als Eltern den Wünschen unserer Tochter nicht in den Weg stellen konnten, gaben Yoshiko und ich ihnen unseren Segen.

Bei Naka Shoji, so erzählte Itano, habe er sich bemüht, etwas über das Kimonogeschäft zu erlernen, und nach einigen Jahren habe er Erfahrungen im Management gesammelt. Er erzählte uns, dass er die Bedeutung japanischer Konzepte wie Einfallsreichtum und Genügsamkeit gelernt hatte, so wie sie in den Schriften des japanischen Schriftstellers Ihara Saikaku aus dem 17. Jahrhundert empfohlen werden.

Bei den vielen Begegnungen, die ich in der Folgezeit mit ihm hatte, spürte ich, dass er eine Leidenschaft für das Geschäft und ein gutes Gespür für den Markt hatte, und ich lud ihn ein, bei Swany als potenzieller Nachfolger zu arbeiten. Er trat 1993 in das Unternehmen ein und arbeitete zunächst bei Swany China und dann im folgenden Jahr in der Modeabteilung. Im Jahr 2000 wurde er Supervisor, 2004 Abteilungsleiter und 2007 Leitende Nachwuchsführungskraft. Im Jahr 2009 übernahm er das Amt des Präsidenten, und ich gab den Staffelstab an ihn weiter.

Der Aufwärtstrend des Unternehmens ging weiter. Im Jahr 2019 arbeiteten wir an hochwertigen Freizeithandschuhen im amerikanischen Stil. Auf der Man Show in Paris war unser Stand besonders gut besucht. Einkäufer aus europäischen Kaufhäusern lobten unsere Handschuhe, auch der Verkauf an japanische Kaufhäuser stieg. Fumi Ueda, die seit fünf Jahren bei uns ist, übernimmt die Führung der Personal-Rekrutierung mit Hinblick auf die Zukunft. Ein Rekrutierungsteam von sechs Personen mit einem Durchschnittsalter von 30 Jahren nimmt die Absolventen an die Hand und macht sie mit den Mitarbeitern bekannt, damit sie das "Herz von Swany" erleben können. Die Ergebnisse sind positiv.

Das Personalbeurteilungssystem mit Schwerpunkt auf der Höhe der Leistung, das System des „Erfrischungsurlaubs", bei dem 50.000 Yen gezahlt werden, wenn ein Mitarbeiter bezahlten Urlaub nimmt, und die Unterstützung von 12 Hobbykreisen, darunter Unterhaltungsmusik, Golf und Angeln, werden derzeit gefördert. Dann gibt es noch das „Unterstützungsprogramm für die persönliche Entwicklung", das bei Online-Konversation auf Englisch, Computern und Buchhaltung hilft.

Ziel ist es, durch die Arbeit „persönliches Wachstum und Erfolg im Leben" zu erreichen, indem die Werte des Einzelnen und des Unternehmens miteinander verbunden werden. Was aber zu echter Kundenzufriedenheit führt, ist selbstverständlich die Motivation der gesamten Belegschaft.

Nächster Prozess als Kunde

„An den nächsten Prozess sowie an den Kunden zu denken" bedeutet, den nächsten Prozess im Blick zu haben und in jeder Phase der Produktion danach zu streben, den nächsten Schritt zu erleichtern. Im Alltag ist es so, als würde man das Bad für den nächsten Benutzer sauber hinterlassen. Für mich, der ich durch die Welt reise, um Swany-Handschuhe zu verkaufen, bedeutete es, bei Entscheidungen in Verhandlungen mit Kunden an den nächsten Schritt zu denken.

Als Milton von Avon Glove vor langer Zeit von mir eine Preissenkung verlangte, brachte ich ihn dazu, den Inhalt eines Dutzend-Paar-Sets von zwei Paar S, vier Paar M, vier Paar L und zwei Paar XL auf sechs Paar M und sechs Paar XL zu ändern und stimmte einer Preissenkung von 1 % zu. Diese Kombination wurde akzeptiert und führte über viele Jahre hinweg zu einer Produktivitätssteigerung, die den geringfügigen Anstieg des Materialverbrauchs mehr als ausglich.

Bei der Herstellung von Handschuhen gibt es viele Variablen zu berücksichtigen, einschließlich solcher Dinge wie z. B. die Dehnbarkeit des Materials, die Komplexität der Verzierung, die Art und Weise, wie die Handschuhe zusammengenäht und um die Stulpen herumgenäht werden, die Flexibilität des Gummis, die Gesamtform und so weiter. Ich habe fast genauso viel über Produktivität nachgedacht wie über die Gewinnung von Aufträgen.

Bei Swany China hatten wir die schwierige Aufgabe, 691 Paare für einen bestimmten Kunden mit Nieten und einem aufgedruckten Muster auf der Rückseite herzustellen. Das Nähen musste sehr sorgfältig erfolgen, um den Druck nicht zu zerstören, was den Prozess verlangsamte und die Effizienz auf ein Drittel sinken ließ.

Bei Swany Great Wall hatten wir mit 30 oder 40 Tausend Paar Kunstlederhandschuhen für einen anderen Kunden zu kämpfen. Es gab 30 Sorten in fünf Farben und fünf Größen. Für jede Sorte wurden 17 Stanzformen benötigt. Obwohl die Preise niedrig waren, gab es hohe Anforderungen an die Qualität, welche von den Auftragnehmern als sehr mühsam empfunden wurden. Außerdem brauchten wir Preisschilder, Größenschilder sowie Material- und Qualitätsetiketten, was die Arbeit noch zusätzlich erschwerte.

Bei Swany Taicang hatten wir mit den 100.000 Paar Handschuhen pro Jahr, die wir aus Lederabfällen herstellten, eine weitere anspruchsvolle Aufgabe. Wir mussten das Leder nach Ölgehalt, Farbe und Größe sortieren und von links nach rechts gemäß Farben sortieren. Die Anzahl der erhaltenen Stücke ging auf ein Drittel zurück. Das Nähen wurde manchmal unterbrochen, wenn zähes Leder durch Schläge mit Hämmern weich gemacht werden musste. Man kann sich das heute kaum noch vorstellen, aber um uns vor den roten Zahlen zu bewahren, nahmen die Mitarbeiter die Arbeit sogar ohne zusätzliche Bezahlung mit nach Hause.

In der Tat entscheidet sich bei den Verhandlungen mit den Kunden, ob wir Gewinn machen oder ob wir Schwierigkeiten haben. Die Dehnbarkeit des Materials variiert unendlich, und ein kleiner Fehler beim Nähen von Verzierungen kann in der ganzen Fabrik für Chaos sorgen. Hinzu kommt, dass die Anforderungen an die Einhaltung vielfältiger Vorschriften von Jahr zu Jahr strenger werden.

Die meisten Krisen in Fabriken sind auf Vereinbarungen zurückzuführen, die bei der Auftragsannahme getroffen wurden. Am Arbeitsplatz ist es nicht leicht, offen mit einem Verkaufsleiter zu sprechen, der der eigene Vorgesetzte ist. Junior Executive Director Hiroyoshi Iwazawa, der das Unternehmen 2004 in jungem Alter verließ, um sich um seine Frau zu kümmern, sagte bei seiner Verabschiedung, dass es den Leuten in der Zentrale an Verständnis für die Probleme der Mitarbeiter in den Fabriken fehle - Worte, die ich mir immer zu Herzen nehmen werde.

Täglich 250 Meter schwimmen

Als ich gerade angefangen hatte, mit Dorfman in San Francisco Geschäfte zu machen, befand ich mich im Flughafenhotel und konnte wegen des Jetlags nicht schlafen. Ich hatte das Telefon in eine Decke eingewickelt, um in der Nacht nicht gestört zu werden, und war gerade eingeschlafen, als ich ein Klopfen an meiner Zimmertür hörte. An der Tür stand CEO Hyman, der mir mitteilte, dass es bereits zehn Uhr morgens sei. Ich erinnere mich noch lebhaft daran, wie er die Vorzüge des Schwimmens als wirksamste Form der Rehabilitation für Polio-Kranke anpries.

Herr Chiodi in Italien hatte dasselbe gesagt, und so fing ich nach meiner Rückkehr nach Japan an, im Meer hinter unserem Haus zu schwimmen.

Ich markierte die zwei Meter hohe Mauer am Meer alle 50 Meter mit weißer Farbe und schwamm zwischen Mai und November 150 Meter an der Küste entlang nach Westen und wieder zurück. Nichts war mit dem berauschenden Gefühl nach dem Schwimmen zu vergleichen.

Im Mai war das Wasser eiskalt, aber ich ertrug es, um meine Kräfte zu stärken. Im Laufe der Monate wurde das Wasser allmählich angenehmer, bis es im September am wärmsten war. Sogar der Oktober war überraschend warm, und wie ich bemerkte, war das Wasser im November im Vergleich zum Mai noch mild. Das Schwimmen im Meer war jedoch nicht ganz ungefährlich. Wegen der Schwäche in meinem rechten Bein kann ich nur kraulen. Da ich beim Schwimmen nicht nach vorne schaue, stieß ich einmal mit einem großen Holzstück zusammen, in dem ein Nagel steckte, wodurch ich mir das Schultergelenk schwer verletzte.

Aus Sicherheitsgründen habe ich 1.500.000 Yen für den Bau eines Swimmingpools ausgegeben. Auf dem Gelände der alten Fabrik an der Südseite unseres Hauses ließ ich ein 1,5 Meter breites, 1 Meter tiefes und 12,5 Meter langes, mit Glas umschlossenes Becken errichten. Jeden Morgen ging ich um sieben Uhr in meinen Pool und schwamm zehn Bahnen in jede Richtung, also 250 Meter. Die eigentliche Schwimmzeit betrug 15 Minuten, aber einschließlich Abtrocknen, Glätten der Haare und Anziehen dauerte es eine halbe Stunde.

Ich bin 14 Jahre lang geschwommen, bis ich zur Nishi-shiki-Gymnastik wechselte. In dieser Zeit habe ich dreimal versucht, 1.500 Meter (60 Längen pro Strecke) zu schwimmen. Ich testete mich selbst bis an die Grenze meiner Ausdauer und schnappte am Ende nach Luft. Nach dem Schwimmen musste ich mich eine Weile hinlegen, um mich zu erholen. Aber dank meiner Bemühungen, meine Behinderung zu überwinden, und trotz des Post-Polio-Syndroms kann ich mit 81 Jahren immer noch gehen, mit einem Swany Bag in jeder Hand zur Unterstützung. Wie lange ich noch gehen kann, weiß ich nicht, aber ich bin stets dankbar, dass ich überdurchschnittlich starke Arme habe.

Der Japanische Athlet Hironoshin Furuhashi schwamm bei den US-Meisterschaften 1949 die 1.500 Meter in 18 Minuten und 19 Sekunden. Diese Leistung brachte ihm den Spitznamen "der fliegende Fisch vom Fujiyama" ein. Das war etwa fünfmal so schnell wie die 90 Minuten, die ich schaffte. Dass ich nicht schneller schwimmen konnte, lag an meinem schwachen rechten Bein, obwohl meine starken Arme einen beträchtlichen Ausgleich boten.

Wirbelsturm der Insolvenzen

A ls ich noch sehr jung war, ging unser Kunde Ichiba Shoji in Konkurs. Eine Versammlung von etwa 20 Gläubigern wurde in unserem Haus abgehalten. Irgendwann nahm der Chef eines Unternehmens, des größten Gläubigers, ein japanisches Schwert und hielt es dem Präsidenten von Ichiba Shoji vor die Nase. „Nimm das und stirb!", sagte er. Als ich sah, wie der arme Mann unter Tränen um sein Leben bettelte, war ich entsetzt. Ich konnte förmlich spüren, wie mein Hodensack schrumpfte. Für einen Geschäftsmann gibt es nichts Grausameres als den Bankrott.

1975, im Jahr, in dem wir die Produktion nach Korea verlegten, suchten wir in Japan nach einer anderen Arbeit. Das Handelsunternehmen Nichimen schlug ein Geschäft mit Bowling vor, das zu dieser Zeit einen „Boom" erlebte. Es war zu der Zeit, als mein Vater Präsident war. Er kaufte 1.500 tsubo (ca. 5.000 m²) Land in Wakimachi, Präfektur Tokushima, und investierte mehr als 300 Millionen Yen in eine Bowlingbahn, die als „Swany Wakimachi" eröffnet wurde.

Die Kegelbahn war jeden Tag voller Kunden, und mein Vater war überglücklich. Er versuchte dann, diesen Erfolg mit einer zweiten Kegelbahn in Ōchi, der Nachbarstadt, zu wiederholen. Plötzlich brach das Geschäft ein, und er hatte Glück, dass er die Räumlichkeiten an einen Supermarkt verkaufen konnte und dabei ein ausgeglichenes Ergebnis erzielen konnte.

Am Ende gelang es meinem Vater, auch „Swany Wakimachi" loszuwerden, indem er es an einen örtlichen Supermarkt verkaufte. Er kam aber einer Katastrophe gefährlich nahe.

Mein ältester Bruder meinte, dass die Erfolgschancen größer wären, wenn wir uns auf Projekte beschränken würden, die eng mit unserem Hauptgeschäft verbunden sind, und er hatte Recht. Mein Vater hatte sich einem Geschäftszweig zugewandt, der nichts mit dem Hauptgeschäft zu tun hatte, aber glücklicherweise hatte er eine Katastrophe abwenden können.

Im Jahr 1997 löste der Versuch unseres Kunden "S" Bussan, seine Schulden neu zu verhandeln, einen Prozess aus, der zum Konkurs mehrerer Handschuhhersteller führte, darunter die Unternehmen "T", "S" und "U". Auch Swany machte aufgrund meiner eigenen Unentschlossenheit

Schulden in Höhe von fast 300 Millionen Yen. Zu dieser Zeit fegte ein Wirbelsturm an Insolvenzen durch die gesamte Branche, wobei etwa die Hälfte aller Handschuhfirmen unterging.

Im Jahr 2004 gründeten wir „Swany Europa", um Swanys Skihandschuhe zu verkaufen. Die Tatsache, dass wir uns auf lokale Mitarbeiter verlassen mussten, mag zum Teil Schuld daran gewesen sein, jedenfalls mussten wir uns 2011 nach Verlusten von fast 200 Millionen Yen zurückziehen. Unsere Vision für dieses neue Unternehmen war zu optimistisch gewesen. Nach dem Erfolg in Japan begannen wir 2003 mit dem Verkauf des Swany Bag in den Vereinigten Staaten. Das Modell mit Sitz wurde in einem Artikel in der New York Times vorgestellt, und auch der TV-Verkaufssender QVC nahm es auf. Leider kam er nicht optimal zur Geltung, da seine Hauptfunktion, nämlich die einer Gehhilfe, nicht ausreichend erklärt wurde. Im Jahr 2013 zogen wir uns vom Markt zurück, nachdem wir 1 Million Dollar (etwa 100 Millionen Yen) verloren hatten. Es war uns nicht gelungen, eine Kultur des körperunterstützenden Gepäcks für Menschen mit Beinproblemen zu etablieren.

Die Dinge hatten so vielversprechend ausgesehen, als Herr Graf in Boston mir schrieb und mir zu meinem Erscheinen in der New York Times gratulierte. Es war eine bittere Enttäuschung.

Es war Osamu Suzuki, der Vorsitzende der Suzuki Motor Corporation, der sagte: „50 % Misserfolg und 50 % Erfolg sind normal. Ein Geschäftsmann sollte darauf hinarbeiten, dass der Erfolg 51 % oder mehr beträgt".

Ehrlich gesagt erscheint es mir manchmal wie ein Wunder, dass Swany nach all diesen Misserfolgen als eines der etwa 60 Unternehmen überlebt hat, die es von den einst 230 Handschuhherstellern noch gibt.

Postkarten schreiben an freien Tagen

Ich darf keinen Alkohol trinken und werde deshalb manchmal als ungesellig bezeichnet. Um das zu kompensieren, habe ich angefangen, Postkarten zu schreiben. Einmal habe ich ein Seminar des Unternehmensberaters Yukio Funai besucht, in dem er sagte: „Wenn Sie dreimal Postkarten verschicken, garantiere ich Ihnen, dass Sie Aufträge bekommen".

Im Bemühen, die Fabriken während der ruhigen Jahreszeit in Betrieb zu halten, blieb ich jedes Jahr den ganzen Juli über in New York. An Samstagen und Sonntagen machte ich mich an die Arbeit und schrieb 50 Postkarten am Morgen und weitere 50 am Nachmittag. Am Abend schmerzte meine rechte Hand.

Ansichtskarten, die in Heftchen zu 10 oder 20 Stück verkauft wurden, waren preiswert. Einmal, in Polen, kaufte ich jede Karte einzeln im Laden, etwa 2.000 Stück. Es kostete mich nur etwa ¥8.000. In Kambodscha kosteten Ansichtskarten nur ¥3 pro Stück, also habe ich dort auch ein paar Tausend gekauft. Außerdem hane ich 50 oder 100 Postkarten gesammelt, die von den Fluggesellschaften verschenkt wurden. Diese habe ich dann von New York, Toronto oder Helsinki aus verschickt. Pro Jahr habe ich wohl etwa 600 geschrieben. Seit ich 80 geworden bin, habe ich das auf ca. 100 reduziert.

Bedauerlicherweise denken einige meiner Freunde fälschlicherweise, dies bedeute, dass ich Geld zum Rauswerfen habe. Ich muss zumindest etwas über den Empfänger wissen, bevor ich mit dem Schreiben beginnen kann. Es erfordert eine ernsthafte Einstellung, dies durchzuhalten. Wenn ich von ¥100 pro Karte ausgehe, bedeutet das ¥10.000 an einem Tag. Meine Freizeitbeschäftigungen sind das Hören von Hörbüchern und das Schreiben von Postkarten, die im Vergleich zu teuren Hobbys wie Golf, Glücksspiel und Nachtleben nur ein paar Cent kosten.

1995 beschloss ich, einen etwa einen Meter breiten Streifen eines öffentlichen Geländes zwischen unserem Firmengebäude und den vier Häusern im Westen zu kaufen. Mir wurde gesagt, dass es nahezu unmöglich sei, die Zustimmung von mehr als einem Hausbesitzer zu erhalten, aber ich besuchte sie nicht nur persönlich, sondern schickte auch Postkarten aus China und Deutschland. Acht Monate später erhielt ich die Zustimmung von allen vier. Auch schickte ich viele Postkarten an meine Kontaktperson bei der örtlichen Finanzbehörde. Nach einigen Monaten erhielt ich die Genehmigung zum Kauf des Grundstücks. Der Immobilienmakler war sehr beeindruckt und fragte mich: „Haben Sie Freunde im Finanzamt?"

Mein Postkartenschreiben hatte eine große Resonanz. Ich erhielt viele Nachrichten von Leuten, die sich für eine Karte bedankten, die ich aus Deutschland oder von sonstirgendwoher geschickt hatte.

Ich schreibe gerne persönlich auf die Fragebogen-Postkarten, die wir von Swany Bag-Kunden erhalten. Ich bekomme dann Antworten von den Kunden, die überrascht sind, eine Karte von mir zu erhalten. Einige Male habe ich sogar Einladungen zum Abendessen von Damen erhalten, die schrieben: „Wenn Sie jemals in Tokio sind, kommen Sie bitte vorbei und essen Sie mit mir zu Abend", was mich sehr glücklich macht.

Wenn ich jemandem, der im Krankenhaus liegt, eine Karte schicke, wird sie auf der Station herumgereicht und von den anderen Patienten gelesen. Freunde von Freunden erzählen mir dann: „Ich habe Deine Postkarte an Soundso gelesen". Es ist eine große Freude, von so vielen Menschen Dank zu erhalten und zu fühlen, dass ich jemanden aufgemuntert haben könnte. Allerdings habe ich einmal eine Antwort von einem alten Klassenkameraden erhalten, der mich bat, „nicht in schwer zu entziffernden Buchstaben zu schreiben, die ich nicht lesen kann".

Einmal erhielt ich eine Antwort von einem Mitglied des Kabinenpersonals von Japan Air Lines erhalten, dem ich eine Karte geschickt hatte.

"Ich habe bemerkt, dass Sie auf dem Flug nach Hongkong eine ungewöhnliche Tasche bei sich hatten, und habe Sie darauf angesprochen.

Ich bin immer noch ein Neuling, erst seit einem Jahr in diesem Job. Ich war so glücklich, als ich Ihre Karte zu Neujahr erhielt. Sie war sehr ermutigend. Ich hoffe, ich kann Sie irgendwo wiedersehen. Bitte passen Sie auf sich auf!"

In diesem digitalen Zeitalter, in dem Effizienz über allem steht, scheinen sich die Menschen immer noch nach der Wärme dieses altmodischen „analogen" Kommunikations-mittels zu sehnen.

Vereinfachung, Spezialisierung und Standardisierung

In der verarbeitenden Industrie geht es im Wesentlichen darum, „Dinge von einem Ort zum anderen zu bringen", die Rationalisierung der Logistik ist von entscheidender Bedeutung.

In den 1970er Jahren, als das Unternehmen eine Mischung aus B5- und A4-Papier verwendete, hörte ich von Hiroyoshi Iwazawa, einem unserer Direktoren, dass Honda das Papierformat A4 zum Standard gemacht hatte, und ich beschloss, dass auch wir A4 zum Standard für alle unsere Dokumente machen sollten.

Als wir 1972 unseren Betrieb nach Korea verlegten, stellten wir Kunststoffboxen für 20 Paar Handschuhe her, die hoch gestapelt werden konnten, und stellten die Praxis ein, Bündel von 50 bis 60 Paaren mit Schnur zu schnüren, die nicht gestapelt werden konnten. Wir stapelten 3 × 4 Kartons fünf Etagen hoch auf eine Palette, so dass eine Person mit einem manuellen Hubwagen 1.200 Paare auf einmal bewegen konnte. Die Materialien in den Kartons wurden auf Paletten geladen, und die Stoffrollen wurden in einem Container von 1 m Breite × 1,3 m Höhe × 1,5 m Tiefe gelagert.

Die Kisten mit den Teilen wurden auf die oberste Ebene einer schrägen Rollenbahn geladen und nach unten befördert, wo sie von den Näherinnen entgegengenommen wurden. Nach dem Nähen wurden sie auf die untere Etage gestellt und zurückgeführt. Das Einsetzen der Fourchette, das Nähen und andere Arbeitsschritte wurden von spezialisierten Arbeitskräften ausgeführt. Diese Spezialisierung bedeutete, dass Fertigkeiten, deren Erlernen insgesamt mehrere Jahre in Anspruch nehmen würde, in wenigen Monaten erlernt werden konnten. Die Idee für die Methode, nach der unsere 1.200 koreanischen Fabrikmitarbeiter ausgebildet wurden, kam mir in einem Traum.

1982 bauten wir ein automatisches Lager, das es uns ermöglichte, die Waren in etwa zwei Minuten ein- und auszulagern. Es bestand aus 32 Paletten, die in vier Reihen angeordnet und sieben Stockwerke hoch gestapelt waren, was insgesamt 896 Paletten ergab. Im Jahr 2002 wies uns Masaru Yamada, der Präsident von Shoei, der uns damals beriet, jedoch darauf hin, dass das neue Lager eine visuelle Bestandsprüfung erschwert. Dies ist ein wichtiges Problem, das noch gelöst werden muss.

1985 übernahmen wir das amerikanische Pantone-Farbsystem, so dass wir die Farben von Oberseite, Futter, Nähten, Aufnähern usw. mit Zahlen angeben konnten. Das hat die Dinge enorm vereinfacht.

Im Jahr 2008 wurde die Produktion von A4-Kunststoffordnern mit 30 Löchern eingestellt, und wir stellten unsere Ordner auf den Typ mit zwei Löchern um. In einer anschließenden Managementsitzung wurde diese Änderung jedoch abgelehnt, da sie als schwieriger zu handhaben empfunden wurde, so dass wir sie erneut überdachten.

Ein Blatt Papier mit zwei Löchern in eine Mappe zu legen und wieder herauszunehmen, dauerte 50 Sekunden, bei 30 Löchern waren es nur 26 Sekunden. Bei zwei Löchern musste ein prall gefüllter Stapel abgehefteter Dokumente beim Lesen oder Notieren nach unten gedrückt werden. Außerdem hatte das 30-Loch-Papier Löcher, die nicht mehr als einen Zentimeter vom Rand entfernt waren, so dass 20 % mehr Platz auf jeder Seite für den Text blieb. Es gab noch einige Tausend dieser 30-Loch-Ordner zu kaufen, und so griffen wir wieder auf diese Papierform zurück.

Mein Nachfolger als Präsident, Tsukasa Itano, hat im Jahr 2020 ein neues Ablagesystem eingeführt. Anstatt die Dokumente in Ordnern zu archivieren, lässt er sie in kleinen Boxen ablegen. Dies hat, wie er sagt, den doppelten Vorteil, effizient und umweltfreundlich zu sein. Jetzt hat er ein neues Rationalisierungsprogramm eingeleitet, das auf eine stärkere gemeinsame Nutzung von Dokumenten, eine einfachere Suche und eine geringere Anzahl von Kopien abzielt. Wenn er Erfolg hat, wird dieses Programm in der gesamten Gruppe eingeführt werden.

Vereinfachung, Spezialisierung und Standardisierung in allen Bereichen sind entscheidend für das Überleben.

Gehen mit einer Beinschiene

Seit meiner Geburt bin ich nicht in der Lage, längere Strecken zu Fuß zurückzulegen, da mein rechter Knöchel unstabil ist. Nachdem ich in die Oberschule kam, nahmen meine körperlichen Aktivitäten zu. Auf Anraten meines Arztes begann ich, eine Beinschiene von unterhalb des Knies bis zu den Zehengelenken zu tragen, die es mir ermöglichte, mit Leichtigkeit zu gehen. Diese Stütze ist mit 60.000 - 70.000 Yen sehr teuer und muss alle zehn Jahre ersetzt werden, aber der Staat bezuschusst sie zu 90 %.

Meine erste Bandage bestand aus mit Kunstleder gefütterten Lederriemen auf einer Kunststoffbasis mit Stahlstreben. Wenn sich die Innenseite auch nur um einen Millimeter von der Hautoberfläche entfernte, war das schmerzhaft und verursachte Schürfwunden und Entzündungen an der Haut. Es bedurfte einer wiederholten Feinjustierung, bis das Ergebnis zufriedenstellend war.

Ich stehe für immer in der Schuld meines Technikers, Toshiji Tsujimoto von Takamatsu Prosthetic Laboratories. Der Techniker muss die Eigenheiten meines Beins in- und auswendig kennen, damit die Spange zufriedenstellend funktioniert, und ich habe das Glück, dass Herr Tsujimoto mich seit meiner Jugend betreut.

Ich trage eine dünne Socke über meinem rechten Fuß und ziehe die Beinschiene an. Darüber trage ich ein Paar Socken an beiden Füßen. Da die Schiene früher Metall enthielt, wurde ich an den Flughäfen bei der Sicherheitskontrolle immer angehalten. Jetzt wird kein Metall mehr verwendet, und ich habe dieses Problem nicht mehr. Allerdings habe ich immer noch ein Druckgefühl, wenn ich die Schiene trage.

Reisen mit einer Behinderung I

Wenn ich reise, nehme ich in der Regel den ersten Flug am Morgen und fahre dann um sechs Uhr mit meinem Toyota Prius zum Flughafen Tokushima. Wenn ich ins Ausland reise, fahre ich um fünf Uhr los und nehme den Takamatsu Expressway Bus von Ōchi zum Flughafen. Frühmorgens aufzustehen ist hart, aber ich treffe Leute aus der Handschuhbranche und habe die Möglichkeit, Informationen auszutauschen.

Ich besuchte einmal die Zentrale von K-Mart in Detroit um halb acht Uhr morgens. Im riesigen Eingangsbereich war es mucksmäuschenstill. Als ich die Tür aufstieß, fragte ich mich, ob ich zu früh dran war, aber ich wurde mit einem Lächeln und einem „Guten Morgen!" begrüßt. Tausende von Mitarbeitern waren bereits bei der Arbeit. Offenbar haben sie um halb fünf Uhr nachmittags Feierabend.

Wenn ich Europa oder Amerika besuchte, flog ich normalerweise an einem Samstag oder Sonntag ab, verkaufte von Montag bis Freitag und kehrte nach zwei oder drei Wochen nach Japan zurück. Wenn ich zwei Wochen unterwegs war, gab ich etwa 350.000 Yen aus, um 20 Unternehmen in 10 Tagen zu besuchen, was 18.000 Yen pro Unternehmen entsprach. Wenn ich es nur zu 10 Unternehmen schaffte, stiegen die Kosten auf ¥35.000. Rechnete ich die Löhne hinzu, verdoppelten sich diese Zahlen.

Während ich einmal fernsah, erschien ein Einkäufer des Kaufhauses Tokyu Hands auf dem Bildschirm und sagte, dass er auf seinen Auslandsreisen durchschnittlich 4,2 Besuche pro Tag mache. Ich war fassungslos, als ich hörte, dass er in fünf Tagen 20 oder mehr Unternehmen besuchte.

Ab 1996, als ich mit der Entwicklung der Swany Bag begann, flog ich jeden Monat nach Taipeh oder Shanghai. Ich traf mich mit Gepäck- und Teileherstellern in Flughafenrestaurants für etwa eineinhalb Stunden, bevor ich direkt nach Hause zurückflog. Im Flugzeug auf dem Heimweg sagte einmal einer der JAL-Mitarbeiter zu mir: „Sie waren heute Morgen auf dem Flug, nicht wahr? Sie hatten einen anstrengenden Tag." Ich kam kurz nach neun Uhr abends zu Hause an. Die Zeit, in der ich unterwegs war, habe ich mit Lesen verbracht. Die Dinge, die ich mitnahm, waren folgende:

Rasierapparat, Zahnbürste, Kamm, Plastikflasche mit 35 mm Durchmesser, die Haargel, Salbe, Seife, Nähzeug und Dokumentensiegel enthält, in einer Tasche von 13 × 18 cm. Ich nehme keine Medikamente ein. Diese Gegenstände befinden sich auch jetzt noch in meiner Swany Bag und begleiten mich überall hin. Wenn ich zu Hause war, habe ich auch meine Brieftasche darin aufbewahrt, damit ich die Zusteller nicht warten lassen musste.

Vier oder fünf Bücher, Kleidung, Beutel, eingewickelt in eine *Furoshiki*-Stoffhülle, in den Boden eines Koffers mit 75-mm-Rädern gelegt. Darauf habe ich 100 bis 150 einzelne Handschuhproben gelegt. Das ergibt etwa 20 kg. Meistens ging ich direkt vom Flughafen zum Kunden, und das Tuch diente als praktischer Schutz für meine persönlichen Dinge. Das *Furoshiki* ist ein wirklich bewundernswertes Produkt der japanischen Kultur.

Ich trug jeden Tag denselben marineblauen Anzug und nahm nur ein Hemd und eine Krawatte sowie ein Paar Ersatzsocken mit. Meine Unterwäsche wusch ich im Bad. Wenn ich sie in ein Badetuch wickelte und gut auswrang, war sie gewöhnlicher Weise am Morgen trocken. Gelegentlich war sie noch feucht, aber das fiel mir kaum auf, und in kurzer Zeit war sie durch meine Körperwärme wieder trocken.

Einmal kam ich an Arbeitern vorbei, die mit Asphalt arbeiteten, dabei flog ein Stück davon in meine Richtung und blieb an meinem Hemd kleben. Ich ging zurück ins Hotel und verbrachte zehn Minuten damit, verzweifelt daran zu reiben, und den Schmutz abzureiben. Ich war erleichtert, als ich feststellte, dass der Fleck fast vollständig verschwunden war.

Ein Ärgernis für mich waren die unterschiedlichen Stromspannungen und die verschiedenen Steckdosenformen in den jeweils verschiedenen Ländern. Ich kaufte welche für Großbritannien, Deutschland, Frankreich und Italien und schleppte sie 20 Jahre lang mit mir herum, bevor um 1990 kompakte Universaladapter auf den Markt kamen.

Reisen mit einer Behinderung II

1987 reiste ich nach Amerika zur Hochzeit des Swany-America-Vertreters Bruce und seiner Frau Naomi mit nur einem Aktenkoffer. Als Tom, der Vizepräsident von Swany America, mich vorstellte, sagte er: „Wenn Präsident Miyoshi das nächste Mal kommt, wird er sein ganzes Hab und Gut in den Hosentaschen tragen", woraufhin die versammelten Gäste in schallendes Gelächter ausbrachen.

Ich nahm meinen Koffer stets mit, wenn ich mein Hotelzimmer verließ, und ging nach dem Frühstück direkt zu meinem ersten Termin, ohne in mein Zimmer zurückzukehren. Denn die Anzahl der Besuche an diesem Tag hing davon ab, wann ich meinen ersten Termin am frühen Morgen hatte. Wie mein Vater zu sagen pflegte: „Die Aufträge steigen im Verhältnis zu der Zeit, die man mit Verhandlungen verbringt". Das hatte auch den Vorteil, dass meine Füße weniger belastet wurden.

Auf der Straße habe ich die nächstbeste Person nach dem Weg gefragt und bin dann losgelaufen. Wenn ich jemanden mitnahm, wurde mir klar, wie viel unnötige Wege Menschen ohne Behinderung zurücklegen. Vor einem Treffen aß ich irgendwo in der Nähe zu Mittag, um unerwartete Verzögerungen zu vermeiden.

In chinesischen Restaurants aß ich gebratenen Reis mit Fisch und Gemüse, bei McDonald's Filet-O-Fish und Orangensaft. In Nordamerika fand ich Tropicana Grapefruitsaft besonders gut. Ich mochte auch das Eis. Wenn mein Kunde weit weg war, kaufte ich mein Mittagessen bei McDonald's und aß es im Taxi.

Wenn ich mit dem Flugzeug reise, folge ich dem Beispiel meiner Eltern und fliege Economy Class. Das ist nicht nur besser für die Umwelt, sondern schont auch den Geldbeutel. Shūzaburō Kagiyama, Gründer der Autoteile- und Zubehörkette Yellow Hat, der die Kampagne „Halte Japan Schön" ins Leben gerufen und sich einen Namen durch die Förderung der Toilettenreinigung gemacht hat, ist ein weiterer Befürworter von Reisen in der Economy Class.

Er sagt, er habe einmal von einem Manager der Japan Air Lines gehört, dass die Economy Class eine Goldgrube sei, denn wenn man in der ersten Klasse einem Passagier eine Flasche Wein für Zehntausende von Yen anbietet, wird dieser wahrscheinlich sagen: „Geben Sie mir einen guten Kaviar dazu", und wenn man dann eine Dose Kaviar für Zehntausende von Yen öffnen muss, ist es nicht rentabel.

Im Jahr 2007 nahm ich am 92. Esperanto-Weltkongress in Yokohama teil. Ich hinterließ einen Zettel in meinem Hotelzimmer, auf dem stand: „Ich bleibe eine Woche lang. Sie brauchen die Bettwäsche nicht zu wechseln". Das ist auch der Rat von Kagiyama. Als ich am Abend zurückkam, kniete die Putzfrau auf dem Boden, verneigte sich tief und sagte: „Danke für Ihre Rücksichtnahme bezüglich der Laken. Ich bin Ihnen wirklich dankbar." „Stehen Sie bitte auf!", sagte ich und war selbst zu Tränen gerührt über diese Demonstration der Dankbarkeit.

Wenn ich in einem Hotel oder im Flugzeug die Toilette benutze, wische ich sie nach der Empfehlung von Kagiyama vor dem Verlassen immer mit einem Taschentuch ab und entferne alle Haare und Staubpartikel. Auch in Autobahnraststätten und Bahnhöfen halte ich mich an die Regel: „Denke als Kunde an den nächsten Vorgang." Ich benutze keine Rasierapparate, Cremes oder Haargels, die in Hotels angeboten werden. Die Seife benutze ich nur, wenn ich keine eigene mehr habe.

Die Regeln von Swany für Reisekosten sind die gleichen, egal ob Sie ein Angestellter oder der Präsident sind: 1.500 Yen für Mahlzeiten, die tatsächlichen Kosten für Fahrkarten und 20 Yen pro Kilometer für Autofahrten.

Verzicht auf Schlaftabletten

Die Mehrheit der Menschen leidet unter Jetlag, während eine Minderheit anscheinend überhaupt nicht darunter leidet. Leider gehöre ich zur ersten Gruppe. Diejenigen, die nicht darunter leiden, scheinen im Flugzeug ruhig schlafen zu können und auch in der Nacht nach der Ankunft keine Probleme zu haben. Ich beneide sie wirklich.

Obwohl ich normalerweise keinen Alkohol trinke, beschloss ich eines Nachts in Frankfurt, als ich nicht schlafen konnte, abends einen großen Whisky zu trinken, und fiel in einen betrunkenen Schlaf. Am nächsten Morgen war mein Rausch immer noch nicht verflogen, und es ging mir ziemlich schlecht, als ich am Straßenrand stand, um ein Taxi zu bekommen. Ich hatte keine andere Wahl, als in diesem Zustand meinen Termin mit dem Käufer wahrzunehmen, so peinlich das auch war. Auch sagte mir einmal ein Kunde in New York: „Sie riechen nach Alkohol, wissen Sie das?" All dies war das Werk des gefürchteten Jetlags.

In der Nacht nach meiner Ankunft in Europa oder Amerika wachte ich meist in stündlichen Abständen auf, was sich negativ auf meinen Zustand auswirkte. Das ging mehrere Tage so weiter, und gerade als ich mich an die neue Zeitzone gewöhnt hatte, war es Zeit für meinen Rückflug. Zurück in Japan, litt ich wieder unter schlaflosen Nächten. Irgendwann begann ich, auf Reisen zwischen den Kontinenten auf Schlaftabletten zurückzugreifen. Als ich 60 Jahre alt wurde, wurde es noch schlimmer. Es dauerte nicht lange, bis ich von zwei Ärzten Rezepte bekam und die doppelte Dosis einnahm, so schlecht ging es mir.

Im Februar 2019 konnte ich selbst nach der dreifachen Einnahme der normalen Dosis nicht mehr schlafen. Das erschreckte mich und ich beschloss, die Schlaftabletten sofort abzusetzen. Ich ertrug fünf endlose Nächte, in denen ich kein Auge zutun konnte. Gegen Morgengrauen zitterte mein Kiefer und meine Zähne klapperten unaufhörlich während der ein oder zwei Stunden bis zum Morgen. Danach konnte ich oberflächlich schlafen, und schließlich gelang es mir, eine halbe Nacht durchzuschlafen, obwohl ich immer noch unter Verstopfung litt.

Nach einigen Wochen konnte ich wieder dösen. Ich erlebte einige weitere schlaflose Nächte, nach denen ich wieder einige Wochen lang schlafen konnte. Das ging etwa sechs Monate lang so, bis ich endlich von meiner Abhängigkeit von Schlaftabletten befreit war.

Wenn ich in dieser Zeit nach ein oder zwei Stunden Schlaf aufwachte, machte ich eine halbe Stunde lang Nishi-shiki-Gymnastik, bevor ich wieder ins Bett ging. Wenn ich diese Übungen nicht gekannt hätte, wäre es mir wohl noch viel schlechter gegangen.

Führen von Aufzeichnungen

Ich habe immer Notizen über Dinge gemacht, die mir passiert sind, zum einen als Berichte über meine Geschäftsreisen für die Führungskräfte zu Hause und zum anderen in Form von Einträgen in meinem Tagebuch. Als ich jedoch 2018 als Präsident zurücktrat und meine Unterlagen mit nach Hause nahm, stellte ich fest, dass alle meine Geschäftsreiseberichte fehlten. Diese waren voller Details darüber, mit wem ich mich wann getroffen hatte, worüber wir sprachen und welche Gedanken ich zu dem Treffen hatte. Dieses Buch basiert daher ausschließlich auf meinen Tagebüchern.

Meine Tagebücher umfassen inzwischen ein halbes Jahrhundert. Ich führe Buch über die Postkarten, die ich verschickt habe, und die Antworten, die ich erhalten habe: eine Zeile für meine Karte, mit dem Namen der Person auf der linken Seite und den wichtigsten Punkten meiner Karte auf der rechten Seite. In der nächsten Zeile notiere ich die Antwort, die ich erhalten habe.

Bei Sitzungen zeichne ich Diagramme der Sitzordnung und schreibe eine Zusammenfassung des Gesprächs. Das hilft mir, mir Gesichter zu merken. Ich notiere auch Wörter, die mir im Gedächtnis geblieben sind, und Daten.

Ich habe meine Geschäftsreiseberichte und Notizbucheinträge beim Schreiben von Artikeln für die Medien verwendet. Ich habe viele Artikel für Zeitungen und Zeitschriften verfasst, und fast alle davon basieren auf meinen Notizbüchern.

Wenn ich zurückblicke, lese ich, dass ich 1966 in einem Zug von New York nach Gloversville saß. Mein Zug stieß mit einem Kipplaster zusammen. Ich wurde auf den Gang geschleudert, aber zum Glück nicht verletzt. Das steht so in meinem Notizbuch.

Und dann war da noch das eine Mal im Jahr 1970, als ich im deutschen Kaufhaus Karstadt war. Ich befand mich auf der Rolltreppe entgegen der Fahrrichtung, um ein Foto des Kaufhauses zu machen. Als ich die nächste Etage erreichte, bevor ich es erwartet hatte, fiel ich auf den Boden, sehr zur Belustigung der Umstehenden.

1980 traf ich den Golfer Jack Nicklaus in Florida, und 2011 lernte ich Norihiro Akahoshi vom Baseballteam Hanshin Tigers bei Dreharbeiten für das NHK-TV-Wirtschaftsprogramm *Jar of Luzon* kennen.

In einem Notizbuch aus dem Jahr 2012 ist die Eröffnung von Swany Cambodia in Phnom Penh festgehalten. Dort stehen die Namen der Gäste und der Sitzplan.

Im Jahr 2020 wurde ich beim erneuten Durchlesen meiner Notizbücher daran erinnert, dass ich die Aktivistin Michiko Yamamoto im Stich gelassen hatte, als ich vor langer Zeit Vizepräsident von Kagawa Animal Welfare war. Ich schickte ihr eine Ansichtskarte, um mich zu entschuldigen, und erhielt als Antwort einen langen Bericht über ihre jüngsten Aktivitäten.

Ich bin froh, dass ich mich mit ihr versöhnen konnte, solange ich noch auf dieser Welt bin.

Verbesserung der Kommunikationsfähigkeit

Eines der Bücher, aus denen ich gelernt habe, ist *Jacked Up* über Jack Welch, den Vorsitzenden von General Electric. Welch ist eine legendäre Führungspersönlichkeit, die GE in den 1980er und 1990er Jahren 20 Jahre lang leitete und in dieser Zeit die Marktkapitalisierung von GE um das 40-fache steigerte. Nach eigenen Angaben machte Welch die „Auswahl des richtigen Projekts und die Konzentration darauf" sowie die „Verbesserung der Kommunikationsfähigkeiten" zu seinen Hauptaufgaben im Management. Was Ersteres betrifft, so stimme ich mit vielem überein, was er über das Handschuhgeschäft sagt.

Bei Letzterem empfiehlt er, den Text vier- oder fünfmal zu überarbeiten, schwierige Wörter und Fachjargon zu streichen und sich erneut zu fragen, ob man das, was man sagen will, nicht mit weniger Worten ausdrücken kann. Immerhin ist dies der Mann, der "General Electric" zu "GE" verkürzt hat.

Seine Betonung von Prägnanz und Klarheit scheint auch besonders auf mich zuzutreffen.

Einmal wurde ich gebeten, den Vorsitz der Higashikagawa Tourismus-Gesellschaft zu übernehmen. Jedes Jahr veranstalteten wir ein "Weltpuppenfestival". Die Tafeln mit den Erklärungen zu den Ländern, deren Puppen ausgestellt wurden, umfassten etwa fünf oder sechs eng bedruckte Zeilen. Die Leute machten sich kaum die Mühe, sie zu lesen. Ab dem folgenden Jahr reduzierten wir die Erklärungen auf maximal zwei Zeilen mit großen Buchstaben von einem Zentimeter Höhe. So lautete zum Beispiel die Erklärung von Belize:

Ein englischsprachiges Land im Nordosten Zentralamerikas. Etwas größer als Shikoku, 310.000 Einwohner, durchschnittliches Jahreseinkommen 800.000 Yen. Ein Juwel der Karibik, umgeben von Korallenriffen. Berühmt als Urlaubsort, mit 450 vorgelagerten Inseln.

Die Besucher begrüßten die Änderung und sagten, dass sie sich ein besseres Bild von den ausstellenden Ländern machen konnten.

Seine Ideen über das Halten von Reden („Man kann ein Publikum in zehn Minuten überzeugen, egal wie schwierig das Thema ist.") waren für mich von Nutzen, als ich die einmalige Gelegenheit hatte, vor dem polnischen Parlament zu sprechen, worauf ich später in diesem Buch zurückkommen werde.

Vor einigen Jahren, auf dem Chūgoku- und Shikoku-Esperanto-Kongress in Kotohira, überzog der Redner vor mir die Zeit um 15 Minuten. Ich hatte Schwierigkeiten, meine eigene, sorgfältig ausgearbeitete Rede von einer Stunde auf fünfundvierzig Minuten zu kürzen, und blieb dabei mehrmals stecken. Ich war erleichtert, dass ich es schaffte, pünktlich fertig zu werden; das ist eine weitere von Welchs Regeln.

Millimeterpapier - die Quelle der Weisheit

Seit vielen Jahren trage ich einen 30-Loch-A4-Ordner mit Millimeterpapier mit mir herum und benutze ihn für Notizen und Zeichnungen. Millimeterpapier spielte eine große Rolle bei der Entwicklung der Tasche und des Rollstuhls, die den Beginn von Swanys Abkehr von der Abhängigkeit von Handschuhen markierten. Mein Millimeterpapier spielte auch bei der Planung unserer Fabriken in Übersee eine Rolle.

Im Jahr 2008 arbeitete ich eine Woche lang an der Gestaltung der neuen Fabrik von Swany Kambodscha und hoffte, auf unseren Erfahrungen in Japan, Korea und China aufbauen zu können. Unsere Aufgabe bestand darin, grundlegende Überlegungen zu Rahmenbedingungen, Sanitäranlagen und Design mit unseren Zielen in Bezug auf viel Licht, Isolierung und Luftdichtheit sowie eine allgemein helle und arbeitsfördernde Umgebung in Einklang zu bringen.

Das Gelände von Swany Cambodia besteht aus einer Fabrik von 108 × 40 m, einem Büro von 24 × 10 m, einer einstöckigen Kantine von 24 × 15 m und einem zweistöckigen Schlafsaal von 16 × 8 m (64 m² × 4). Es überraschte mich, dass für die einstöckige Fabrik eine Höhe von mindestens sechs Metern erforderlich war, was für zwei Stockwerke ausreichte. So konnte die heiße Luft nach oben steigen, damit der Arbeitsbereich darunter kühl blieb.

Auf der Grundlage dieser Überlegungen und Zielsetzungen arbeitete ich zunächst am Lager und ging dann zu den Zuschnitt- und Nähbereichen über. Da die Stromkosten um ein Vielfaches höher waren als an anderen Standorten in Übersee, erwies sich die Klimatisierung als großes Problem. Nach mehreren Jahren des Ausprobierens und der Fehler vor Ort einigten wir uns auf ein System mit unterirdischem Wasser, das durch einen Wärmetauscher fließt, und 12 großen Ventilatoren zur Luftzirkulation. Ein weiteres Problem war der durch die hohe Luftfeuchtigkeit verursachte Schimmel. All dies wurde auf Millimeterpapier ausgearbeitet.

Beim Bau von Fabriken sind uns einige Fehler unterlaufen. Als die Fabrik von Swany Asia in Korea fertiggestellt wurde, stellten wir fest, dass es am Eingang zum Büro einen Höhenunterschied von 5 cm gab, was uns viel Ärger bereitete. In Kambodscha war ich überrascht, dass zwischen der Fabrik und dem Büro ein Höhenunterschied von 15 cm herrschte. Wir haben es irgendwie geschafft, ihn auszugleichen, aber das hat mir die Bedeutung der Überwachung vor Ort deutlich vor Augen geführt.

Meine Arbeit verteilte sich auf die Bereiche Fabrikdesign, Taschen und Rollstühle, aber das Millimeterpapier war die Quelle aller Weisheit. Ich fertigte oft Zeichnungen an, bevor ich abends zu Bett ging, und wenn ich das tat, kamen mir oft in den frühen Morgenstunden vor dem Aufwachen Ideen im Traum.

7. Von allem um mich herum lernen

Lernen von Flugreisen

Dies ist eine alte Geschichte. Das erste Passagierflugzeug, das schneller als Schallgeschwindigkeit flog, war eine Douglas DC-8. Ihre Reisegeschwindigkeit betrug 870 km/h, aber 1961, drei Jahre vor meinem ersten Flug, erreichte eine DC-8 eine Geschwindigkeit von etwas mehr als Mach 1 (1225 km/h).

In diesem Flugzeug gab es je drei Sitze zu beiden Seiten des Mittelgangs, die hinteren Sitze waren für die Besatzung zum Ausruhen vorgesehen. Wenn das Anschnallzeichen erlosch, stand ich auf und begab mich zu den leeren Sitzen im hinteren Bereich. Ich hatte eine 70- oder 80-prozentige Chance, drei leere Sitze zusammen zu finden. Ich klappte die Armlehnen weg und legte mich mit dem Gesicht nach oben, wobei ich den mittleren Sicherheitsgurt benutzte, um meinen Körper anzuschnallen. Es war wie in einem Schlafwagen im Zug, etwas beengt, aber so konnte ich im Liegen die Kontinente überqueren.

Auf dem Weg von Tokio-Haneda nach New York benutzte ich den JAL-Flug 005 und kam mit Flug 006 zurück. In den 1970er und 1980er Jahren, als ich häufig flog, gab mir ein mir bekanntes Mitglied des Kabinenpersonals einmal ein Geschenk, das für die Passagiere der ersten Klasse bestimmt war, und bat mich, dies geheim zu halten. Die vier oder fünf Flugbegleiter flogen von Haneda nach Anchorage in Alaska, wo sie übernachteten, von dort flogen sie am nächsten Tag nach New York. Nach einer Übernachtung in New York ging es zurück nach Anchorage und nach einer weiteren Übernachtung in Anchorage flogen sie am vierten Tag zurück nach Japan.

In den späten 1960er Jahren saß ich in einer Boeing 707 auf dem Weg von Frankfurt nach New York. Nach etwa drei Stunden sank das Flugzeug bis knapp über die Meeresoberfläche. Der Passagier neben mir sagte: „Machen Sie sich keine Sorgen! Drei unserer vier Triebwerke funktionieren!", was mich nur noch mehr beunruhigte. Das Flugzeug musste in Island notlanden und wurde innerhalb von sechs Stunden repariert.

Im Restaurant des Flughafens von Kuala Lumpur in Malaysia saß ich einmal mit meinem Piloten und seiner Familie an einem Tisch zum Mittagessen. „Ich werde Sie ins Cockpit einladen", sagte er, und das tat er auch kurz nach dem Start. Wir landeten in Kota Kinabalu auf Borneo, und ich konnte die spektakuläre Landschaft auf dem ganzen Weg bis nach Manila genießen.

Als ich in den 1970er Jahren mit dem Sohn des CEO der amerikanischen Handschuhfirma Gates mit Arabian Airlines von Haneda nach Manila flog, gerieten wir in einen Taifun und das Flugzeug begann zu wackeln. Gegenstände flogen in der Kabine umher und fielen um uns herum zu Boden. Einige Frauen begannen um Hilfe zu schreien.

Der Passagier neben mir begann, buddhistische Sutren zu rezitieren. Während der einen Stunde, die es dauerte, bis sich die Lage beruhigte, wiederholte ich Oomoto-Gebete.

"Lass mich noch nicht sterben!" betete ich. „Lass mich leben, um meiner Töchter Ayako, Masako und Yasuko willen!"

Ich dachte nicht an meine Frau Yoshiko oder an das Unternehmen. Das lag vielleicht zum Teil daran, dass meine Töchter damals noch klein waren, aber es scheint, dass man in Momenten wie diesen zuerst an seine Kinder denkt. Als wir sicher auf dem Flughafen von Manila landeten, brach spontaner Beifall unter den Passagieren aus.

Als ich in den späten 1980er Jahren einmal von Montreal in Kanada nach Helsinki in Finnland flog, bemerkte ich nach dem Einsteigen in den Finnair-Nachtflug, dass alles jenseits der fünften Reihe durch eine Trennwand abgeschirmt war, und dass nur 30 Passagiere an Bord waren. Die Rückenlehnen der Sitze waren abgesenkt worden. Die Maschine wurde als gemischtes Fracht-/Passagierflugzeug genutzt.

Ich bin 100-mal zwischen Japan und Amerika, 50-mal zwischen Japan und Europa, 150-mal zwischen Japan und Korea und 300-mal zwischen Japan und China geflogen, was einer 150-maligen Erdumrundung entspricht.

Ich könnte der Klimaaktivistin Greta Thunberg unmöglich mit meiner Bilanz von Flugreisen mit ihrem hohen Energieverbrauch gegenübertreten - ich würde mich zu sehr schämen.

Lernen von Hotels

Dies ist eine peinliche Geschichte aus den 1970er Jahren.
Ich befand mich in einem Zimmer im fünften Stock eines Hotels in Düsseldorf und trank eine Cola. Ohne nachzudenken, öffnete ich ein Fenster und stellte die Flasche auf den Fensterrahmen. Im nächsten Moment fiel die Flasche herunter, und ich schrie auf, aber es war zu spät. Die Fla-

sche prallte auf das Heck eines Mercedes, um den Leute herumstanden. Erschrocken versteckte ich mich unter der Bettdecke und tat so, als ob ich schliefe.

Ein Mann aus dem Hotel kam in mein Zimmer. „Haben Sie gerade eine Flasche aus dem Fenster geworfen?" Ich hätte mich sofort entschuldigen sollen, aber stattdessen flunkerte ich: „Ich weiß nichts, ich habe geschlafen."

Der Mann verließ den Raum, kam aber bald darauf zurück und sagte: „Sie sind der Einzige, der es gewesen sein könnte". Die Angelegenheit wurde beigelegt, indem ich eine Entschädigung von etwa 50.000 Yen zahlte. Das Sprichwort, „Flunkern ist der erste Schritt auf dem Weg zum Dieb", kamen mir in den Sinn, und ich begann, ernsthaft in mich zu gehen.

1971 befand ich mich im Royal Hotel in Seouls Stadtbezirk Myeongdong und war schockiert, als ich sah, wie aus dem 22-stöckigen Taeyongak Hotel ganz in der Nähe Rauch aufstieg und Menschen aus den Fenstern fielen. Hubschrauber kreisten über dem Hotel und ließen Strickleitern herab, um die Menschen im Hotel zu retten, aber ein Paar stürzte zurück auf das Dach, während es zum nächsten Gebäude transportiert wurde.

Ich zitterte vor Angst. Bei diesem Brand verloren 163 Menschen ihr Leben und 63 wurden verletzt. Zahlreiche Hubschrauber wurden mobilisiert, aber die meisten von ihnen konnten nur über dem Hotel kreisen. Sie konnten nicht landen, weil auf dem Dach eine Antenne installiert war. Während das Hotel noch brannte, verließ ich Seoul und nahm den Zug nach Taegu, 200 oder mehr Kilometer weiter südlich. Als ich in meinem Hotel ankam, fragte ich nach einem Zimmer im Erdgeschoss oder im ersten Stock, aber man sagte mir, dass die unteren fünf Stockwerke alle belegt seien. Alle hatten die gleiche Idee und wollten die oberen Etagen meiden.

Einmal, in den 1980er Jahren, schlief ich in meinem Zimmer im Statler Hilton in Detroit, als mitten in der Nacht das Telefon klingelte. Am anderen Ende sprach jemand aufgeregt, aber ich konnte nicht verstehen, was er sagte. Dann hörte ich, wie draußen auf dem Korridor Menschen rannten. „Feuer!" dachte ich, zog meine Jacke an und rannte die Treppe hinunter, um mein Leben zu retten. Unten in der Lobby standen Hunderte von Menschen herum.

Die Hotelgäste kamen miteinander ins Gespräch. Jemand fragte mich, woher ich käme. Ich erklärte, dass ich von der Insel Shikoku in Japan stamme. Als es draußen langsam hell wurde, servierte das Personal Getränke und Sandwiches. Nachdem eine Bombensuchtruppe alle Räume durchsucht hatte, durften wir gegen Mittag endlich zurückgehen. Es hatte eine telefonische Bombendrohung gegeben.

All diese Erfahrungen waren lehrreich. Bei Hotelbränden gehen viele Menschen ohne ihre Zimmerschlüssel hinaus und sterben auf dem Flur, ohne in ihr Zimmer zurückkehren zu können. Wenn man auf dem Boden kriecht und so tief wie möglich atmet, ist es möglich, etliche Minuten zu überleben, und wenn man in sein Zimmer zurückkehren kann, besteht die Chance, von der Feuerwehr gerettet zu werden oder auf andere Weise zu entkommen. Ich habe gelernt, dass man nie vergessen sollte, seinen Schlüssel mitzunehmen.

Lernen von Herrn Cohen

1960, als wir über Strong, den Exportmakler in Kobe, verkauften, hatten wir ein Treffen mit Herrn Grisman Jr. von der großen kanadischen Firma Grisman, dem Leiter der Tokioter Niederlassung, Herrn Cohen, und dem Abteilungsleiter von Strong in einem Gebäude neben dem Imperial Hotel in Tokio. Es war im November, die Zeit des Jahres, in der sich zeigt, wie sich die Verkäufe entwickeln.

Als wir im Hotel Imperial zu Mittag aßen, ließ ich mein Steak auf den Boden fallen. Das war mir sehr peinlich. Ich stand auf und ging auf die Toilette, wo ich mich etwa fünf Minuten lang versteckte. Als ich an den Tisch zurückkehrte, sah ich, dass ein neues Steak auf mich wartete.

Herr Cohen rettete die Stimmung, lobte mich in den höchsten Tönen und nannte mich einen „Handschuhzauberer".

Er hatte die ganze Zeit die Sitzung unter Kontrolle. „Jelmin kostet also 740 Yen pro Meter, nicht wahr? Wie viel brauchen Sie für ein Dutzend Paare?" „Man braucht 0,43 Meter." „Fuji Sangyo sagte 0,41", erklärte er. Er rechnete Futter, Arbeit und Verpackung hinzu und fragte: „Welche Gewinnmarge brauchen Sie?" „30 %", antwortete ich. „Zu diesem Preis lassen sie sich niemals verkaufen! Wir können nur bis zu 25 % gehen." Das ging alles so schnell, dass ich kaum Zeit hatte, auf meinen Abakus oder Rechenschieber zu schauen. Nachdem wir den Auftrag erhalten hatten, erhielten wir einen niedrigeren Preis für die Materialien und konnten uns eine Gewinnspanne von 30 % (43 % des Selbstkostenpreises) sichern.

Herr Cohen, der Jude war, kam kurz nach dem Krieg als einer der sechs Dolmetscher von General Douglas MacArthur nach Japan. Er kaufte ein etwa 330 m² großes Grundstück im Zentrum von Tokio für 1 Mio. Yen oder zwei Monatsgehälter und baute dort ein neues Haus, in dem er mit seiner japanischen Frau lebte. Zu einer Zeit, als das Einstiegsgehalt für einen männlichen Hochschulabsolventen bei etwa 10.000 Yen pro Monat lag, verdiente er eine halbe Million. Als er seine Stelle verließ, verkaufte er das Haus, dessen Preis auf etwa 300 Millionen Yen gestiegen war, und zog in eine luxuriöse Villa mit Swimmingpool in Guadalajara, Mexiko.

Er war ein harter Verhandlungspartner, wenn es um Geschäfte ging, aber er war freundlich zu mir und nahm Rücksicht auf meine Behinderung. Ich bin ihm für seine Beratung zu Dank verpflichtet. Er lehrte mich geduldig das Rechnen und gab mir Ratschläge für mein Englischstudium, wobei er betonte, wie wichtig es ist, immer wieder laut zu sprechen. Genau betrachtet war er mein erster Englischlehrer.

Von Herrn Cohen habe ich auch gelernt, wie man einen Posten pro Zeile erfasst. Obermaterial 2 m × ¥500 = ¥1.000, Futtermaterial 2 m × ¥300 = ¥600, Arbeit ¥800 + Verpackung ¥100 = Selbstkostenpreis ¥2500. Bei einer Gewinnspanne von 30 % des Verkaufspreises + 5 % für Strong betrug der Index 430 % (bei einem Kurs von ¥360 pro Dollar), was einen Preis pro Dutzend von 10,70 $ ergab. Auf diese Weise konnte ich 40 bis 50 Artikel auf jeder Seite erfassen.

Mehr als zehn Jahre später besuchte ich mit meiner Frau zum ersten Mal die Vereinigten Staaten von Amerika, um an der Oomoto-Kunstausstellung in New York teilzunehmen. Da es auf dem Weg lag, flogen wir über Mexiko und statteten Herrn und Frau Cohen einen Besuch ab. Wir blieben zwei Nächte bei den Cohens in ihrer riesigen Villa mit eigenem Gästehaus und Unterkünften für Gärtner und Dienstpersonal.

Nach einer Stadtführung in Herrn Cohens Mercedes aßen wir zu Abend. Ich sagte beiläufig etwas darüber, wie schön es wäre, wenn Israelis und Araber Frieden schließen könnten. Herr Cohens Gesicht errötete plötzlich vor Wut, und er sagte so etwas wie: „Diese Wilden können von mir aus zum Teufel gehen." Wir waren verblüfft. Selbst Frau Cohen konnte nichts tun, um ihn zu beruhigen. Es war sehr bedauerlich, dass die Stimmung während unseres Besuchs auf diese Weise verdorben wurde.

Er schien zu sagen, dass es für das jüdische Volk einfach nicht in Frage kommt, „Frieden mit den Arabern zu schließen." Dabei war er ein so guter, freundlicher Mann. Die tiefen historischen, kulturellen und religiösen Wurzeln dieser tief verankerten Feindschaft sind für uns Japaner schwer zu verstehen. Wir reisten ab, wohl wissend, wie schwierig es ist, den Weltfrieden zu erreichen.

Lernen von Unfällen

E ine andere Geschichte.
Am Abend des 13. Juli 1977 wurde ich vom CEO von NY Glove und seiner Frau zum Abendessen eingeladen, gegenüber von Manhattan Island. Kurz nach acht Uhr wurden die glitzernden Wolkenkratzer von Manhattan plötzlich dunkel. Es hatte einen großen Stromausfall gegeben. Der Kellner kam, und meine Gastgeber mussten die Rechnung im Schein einer Kerze an unserem Tisch begleichen.

Die Ampeln waren ausgefallen, und der Weg zurück zum Hotel war ein einziger langer Stau. Schließlich erreichte ich wieder das Hotel, wo natürlich die Aufzüge außer Betrieb waren, so dass ich die Treppe bis in die 10. Etage hochgehen musste. Die Klimaanlage war ausgefallen, und es kam nicht einmal Wasser aus den Hähnen. Ich versuchte, mir das Gesicht mit Cola zu waschen, aber das fühlte sich klebrig an, also wusch ich es noch einmal mit Bier, was sich besser anfühlte. Beim Öffnen des Fensters, wurde das ständige Heulen der Notfallsirenen nur noch lauter, und ich konnte die ganze Nacht kein Auge zumachen.

Ich erfuhr, dass auf den Flughäfen Kennedy, La Guardia und Newark die Scheinwerfer aller Autos des Flughafenpersonals benutzt wurden, um die Landebahnen zu beleuchten, damit die Flugzeuge landen konnten. Diebstähle, Plünderungen und Gewalttätigkeiten waren weit verbreitet, und die Szenen der verdunkelten Stadt wurden per Live-TV in die ganze Welt übertragen. Tausende von Menschen waren in Aufzügen eingeschlossen. Die meisten wurden in das nächstgelegene Stockwerk gebracht, indem die Aufzugskabinen manuell nach oben oder unten bewegt wurden, aber an einigen Stellen mussten die Retter Löcher in die Wände brechen, um die Eingeschlossenen zu befreien. Im Empire State Building gab es 73 Aufzüge. Da der Stromausfall um acht Uhr abends eintrat, waren die meisten Menschen bereits nach Hause gegangen, und es waren weniger Menschen eingeschlossen als befürchtet.

Jahre später sah ich an Bord eines Flugzeuges einen Film über den Stromausfall, in dem erwähnt wurde, dass neun Monate später ungewöhnlich viele Babys geboren wurden.

Einmal hatte ich ein Klapprad von Japan nach New York mitgenommen. Ich aß gerade in einem Restaurant, als mich der Kellner darauf aufmerksam machte, dass die Kette des Schlosses meines Fahrrads durchgeschnitten worden war. Ich ging, so schnell ich konnte, zum Ort des Geschehens und fand nur noch die Kette auf dem Boden liegen. Das Fahrrad war verschwunden, nur wenige Minuten nachdem ich es abgestellt hatte. Ich hatte mich gewundert, dass die Fahrräder in New York nur ein Hinterrad hatten, und jetzt wurde mir klar, warum - die Besitzer hatten die Vorderräder von ihren Fahrrädern abmontiert und sie in ihre Büros mitgenommen.

Einmal wurde ich mitten in der Nacht durch ein Klopfen an der Tür geweckt. Vorsichtig öffnete ich die Tür und sah eine große afroamerikanische Frau vor mir stehen. „Ich wohne im Zimmer nebenan, aber ich habe meinen Schlüssel vergessen. Kann ich Ihr Telefon benutzen?", sagte sie und drückte die Tür auf. „Bitte gehen Sie zur Rezeption", sagte ich und drückte die Tür mit aller Kraft zu. Ich hatte von einem Kunden in New York gehört, dass sich eine Frau durch ihren Charme Zutritt zu seinem Zimmer verschaffen wollte und er sich in Lebensgefahr wähnte.

Ed, von der New Yorker Firma Handal, war ein weltgewandter Charakter. Wann immer ich ihn sah, begann er Swanee River zu singen. Wenn er mich zum Mittagessen ausführte, parkte er absichtlich im Parkverbot und gab dem diensthabenden Polizeibeamten einen 10-Dollar-Schein. Der Polizist passte dann auf sein Auto auf, bis er zurückkam.

Im japanischen Restaurant Mikado in New York sah ich oft zwei Polizeibeamte zu Abend essen. Wenn die Geschäftsführerin abends mit den Tageseinnahmen wegging, war sie ein Ziel für Diebe. Deshalb aßen

die Polizisten jeden Abend dort, und wenn das Restaurant schloss, beglei-
teten sie sie nach Hause. Ich befolgte den Rat eines Mitreisenden im Bus in New York, meine
20- und 50-Dollar-Scheine in einen 1-Dollar-Schein einzuwickeln, und
selbst jetzt habe ich die Angewohnheit, meine 10.000-Yen-Scheine in einen
1.000-Yen-Schein einzuwickeln. Mein Sitznachbar war in der Tat mein
Lehrer.

Von Kommunikationsfähigkeiten lernen

Vor langer Zeit nahm ich in einem Hotel in Taka-matsu an einem drei-
tägigen Kurs über Kommunikationsfähigkeiten teil, der von Hiroshi
Egawa, dem Gründer des Japanischen Sprach- und Kommunikations-
Schulungszentrum, geleitet wurde. Es war eine interessante und lohnende
Erfahrung.

Wie man vermeidet vor Menschen Lampenfieber zu bekommen, wie
man Themen vorstellt, wie man durch Reden menschliche Beziehungen
aufbauen kann, all das und mehr wurde behandelt. Mit den erlernten Me-
thoden stellte ich mich allen Teilnehmern vor. Dann schaute ich mir ein
Video von mir selbst an und erhielt Ratschläge zu meinen Sprechgewohn-
heiten, meinem Tempo, meiner Intonation und so weiter.

Jeder von uns hielt eine dreiminütige Rede mit den Titeln „eine
Geschichte des Scheiterns", „Wenn ich jemanden gelobt habe" und „Was
mir von diesem Kurs in Erinnerung bleibt". Unsere Stärken wurden gelobt
und wir bekamen Tipps, wie wir unsere Schwächen überwinden können.

Während des Kurses machte ich einem Mann, den ich im Hotelaufzug
traf, ein Kompliment über die Krawatte, die er trug. „Gefällt sie Ihnen
wirklich?", fragte der Mann erfreut, nahm seine Krawatte ab und gab sie
mir. Diese Geschichte erzählte ich in meiner Rede unter dem Beifall der
anderen Teilnehmer. Ich erinnere mich daran, als wäre es gestern gewesen,
obwohl es schon 40 Jahre her ist. Seitdem empfehle ich unseren Mitarbeitern diesen Kurs.

Ich schickte unsere neuen Mitarbeiter Yoshiharu Nakanishi, Yasushi
Okudai, Sakuji Imataki und Takaaki Iwaki zu diesem Kurs. Später erhielt
ich den herzerwärmenden Kommentar eines anderen Teilnehmers: „Daran, wie engagiert sie sprachen, konnte ich erkennen, wie gut Ihr Unternehmen seine Mitarbeiter ausbildet."

Eine andere alte Geschichte: Einige führende Mitglieder der örtlichen
Frauenvereinigung besuchten unser Haus. Sie schlugen meiner Frau, die
damals in den Vierzigern war, vor, Präsidentin des Vereins zu werden,
aber sie lehnte ab und sagte, sie habe nicht die Qualitäten und traue sich
nicht, in der Öffentlichkeit zu sprechen.

Ich schlug meiner Frau vor, den Rhetorikkurs zu besuchen. Nachdem
ich den Vorschlag mehrmals gemacht hatte, stimmte sie schließlich zu,

aber hinterher sagte sie, sie fühle sich immer noch unsicher. Als ich ihr vorschlug, es noch einmal zu versuchen, belegte sie den Kurs erneut, und dieses Mal schien sie ein wenig Selbstvertrauen gewonnen zu haben.

Das Selbstvertrauen meiner Frau wuchs, und sie wurde Präsidentin der Shirotori Honchō Frauenvereinigung, Präsidentin der Higashikagawa Frauenvereinigung, Präsidentin der Frauenabteilung des Ōkawa Wirtschaftsverbandes, Präsidentin des Shirotori Ortsverbandes von Oomoto und Mitglied des Abgeordnetenrates von Oomoto.

Tom, der Vizepräsident von Swany America, erzählte mir, dass in den Vereinigten Staaten die Ausbildung in öffentlichem Reden ein Pflichtfach sei. Das ist zweifellos der Grund, warum die Amerikaner im Gegensatz zu uns Japanern, die dazu neigen, vor dem Mikrofon wegzulaufen, es nur ungern aus der Hand legen ... Daran wurde ich erinnert, als ich gebannt die Wahlsieg-Reden von Präsident Biden und Vizepräsident Harris verfolgte.

Lernen aus Vorlesungen

Seit meiner Jugend hatte ich viele Gelegenheiten, vor den Mitarbeitern des Unternehmens zu sprechen, aber oft fiel es mir schwer, mich klar auszudrücken. Gewöhnliche Gespräche waren für mich nie ein Problem. Ich konnte nie verstehen, warum ich so schlecht in der Öffentlichkeit sprechen konnte. Mein Vater schimpfte ständig mit mir: „Deine Stimme ist zu leise! Wir können nicht verstehen, was du sagst!"

Etwa 1970 las ich „Sprechen in der Öffentlichkeit" von Dale Carnegie. Es handelt sich dabei um ein Buch zur Selbstverbesserung, das über Redekunst hinausgeht, aber es ist eine Fundgrube für Ratschläge zur Redetechnik: „Sprechen Sie über Ihre eigenen Erfahrungen", „Fesseln Sie die Aufmerksamkeit Ihres Publikums mit dem ersten Wort", „Bringen Sie die Leute dazu, die Hand zu heben" und so weiter. Carnegies Buch war ein Bestseller, wurde in 100 Ländern in 30 Sprachen veröffentlicht, von neun Millionen Menschen gelesen und ist auch heute noch im Druck.

Nachdem ich es zum dritten Mal gelesen hatte, wurde ich eingeladen, einen Vortrag zu halten. Ich sollte über das Thema „Veränderung der Denkweise" sprechen. Ich war überhaupt nicht zuversichtlich, aber dann erinnerte ich mich an die Worte aus Carnegies Buch: „Wenn du die Gelegenheit bekommst, zu sprechen, solltest du sie ergreifen. Du wirst keine weitere Chance bekommen! Selbst wenn du versuchst, ein Publikum zu gewinnen, indem du jedem 50 Dollar anbietest, wird niemand kommen, um dich zu hören!"

Ich begann meinen Vortrag mit den Worten: „Ich hatte keine Ahnung, stieg auf meinen Roller und fuhr weg." Ich erzählte die Geschichte meiner unerwiderten Liebe und meines Verschwindens, aber ich befolgte den Rat des Buches, nicht mit einer Einleitung zu beginnen. Von da an konnte ich fortfahren, ohne zu erstarren. Ich war nicht ganz zufrieden mit meinem Auftritt, aber ich hatte mich sehr verbessert gegenüber der Zeit, als ich von meinem Vater gescholten wurde, weil ich nuschelte und mich vor Publikum schämte. Seitdem haben sich meine Vortragsmöglichkeiten vervielfacht, und ich habe mehr als 200 Vorträge in verschiedenen Teilen des Landes gehalten. Meistens ging es dabei um meine geschäftlichen Erfahrungen. Einmal bin ich trotzdem in Schwierigkeiten geraten, nämlich als ich vor den versammelten Schülern der örtlichen Grundschule einen Vortrag gehalten habe. Die Erst- und Zweitklässler in der ersten Reihe fingen an, sich gegenseitig mit Schuhen zu bewerfen, was mich ablenkte und mich vergessen ließ, was ich eigentlich sagen wollte. Die Lehrerin schimpfte mit den Kindern, aber sie machten trotzdem weiter. Mir wurde klar, dass ich mit ihnen in der Sprache der Kinder sprechen musste. Diese süßen kleinen Kinder waren in der Tat mein härtestes Publikum.

Lernen durch Personalbeschaffung

In den 1970er Jahren mussten wir dringend neue Mitarbeiter einstellen, aber wir hatten wenig Erfolg, und es schien keine schnelle und einfache Lösung zu geben.

Ich erinnere mich, dass wir in einem Jahr Bewerbungen von vier oder fünf Studenten hatten und ein Orientierungstreffen in einem Hotel in der Nähe des Bahnhofs von Hiroshima abhielten. Nur einer der Bewerber kam tatsächlich, während wir zu dritt waren, zwei Einstellungsbeauftragte und ich. Dem Bewerber muss es unangenehm gewesen sein, dem Präsidenten des Unternehmens und zwei weiteren Personen gegenüberzutreten.

Noch ärgerlicher war, dass die Bewerber, auf die wir scharf waren, uns alle eine Absage erteilten. Bei der Einstellung von Personal ist es wie in der Ehe: Beide Seiten müssen sich verpflichtet fühlen, sonst funktioniert es nicht. Wir mussten sie irgendwie überzeugen.

Es gab nur einen Weg. Wir mussten uns attraktiv machen. Wir mussten den Studenten unmittelbar zeigen, dass der Präsident eine vertrauenswürdige Persönlichkeit mit einem guten Ruf in der lokalen Gemeinschaft ist. Deshalb haben wir unserem Informationspaket eine Wertschätzung von Nobuo Kanayama, einem bekannten Pionier des Simultandolmetschens, sowie einen Kommentar des bekannten Autors Yūsuke Fukada beigefügt. Außerdem haben wir einige Artikel aus der Presse beigefügt, die sie lesen konnten.

Im Jahr 1979 teilten sich Swany und die Supermarktkette Sunny Mart mit Sitz in Kōchi im südlichen Shikoku den Preis der Zeitung Shikoku Shimbun für die beste Werbung mit einer Stellenanzeige, die ein Foto von Diane, meiner Englischlehrerin aus Florida, zeigte. Diese Bemühungen trugen Früchte. Wir schafften es eine Zeit lang unter den „zehn beliebtesten Unternehmen" für Studenten in Kagawa zu sein.

Aber nicht alles verlief reibungslos. In einem Jahr sagte uns ein Student der Universität Tokushima, den wir in die engere Wahl gezogen hatten: „Ich bin mir nicht sicher, ob ich in einem Unternehmen arbeiten möchte, das Leder verwendet." Als ich bemerkte, dass er Lederschuhe trug, antwortete ich unbedacht: „Ihnen macht es aber nichts aus, wenn Tiere für Ihre Schuhe sterben müssen, oder?"

Ungefähr zu dieser Zeit fragte ich die Mitarbeiter, ob sie potenzielle neue Mitarbeiter empfehlen könnten. Ein Angestellter antwortete barsch: „Der Chef ist extrem in seinen Ansichten und Einstellungen und hat keine Toleranz. Er hat immer etwas an den Leuten auszusetzen. Verbessern Sie dieses Image, dann kommen die Leute auch." Ich war danach tagelang ziemlich verzweifelt, denn die Worte „Ansichten und Einstellungen", „Toleranz" und „Image" kamen mir unwillkürlich in den Sinn. Ich hatte ihnen einen großen Knüppel in die Hand gegeben, mit dem sie mich schlagen konnten!

Wie um alle Hoffnungen zu zerstören, sagte der leitende Direktor Mitsunaka bei einem Treffen ganz unverblümt: „Ich fürchte, dass Sie in einer saisonabhängigen Branche wie der Handschuhmacherei einfach nicht die Art von Personal bekommen, das Sie wollen." Es war mir nicht möglich, ihm zu widersprechen.

Aus Beratung lernen

Um dieses Buch zu schreiben, habe ich, wie geschrieben, die Tagebücher aus einem halben Jahrhundert erneut gelesen. Das war eine anstrengende Lektüre, die mich zum Grübeln anregte. Ich fand diese Punkte von Junji Yagi, der 1976 in das Unternehmen eintrat:

1. Kritik sollte zu gegebener Zeit und unter vier Augen geäußert werden.
2. Die Löhne entsprechen denen eines kleinen bis mittleren Unternehmens.
3. Die Meinung der Mitarbeiter wird nicht gehört.
4. Nur der stellvertretende Exekutivdirektor Iwazawa hat einen gewissen Einfluss auf den Präsidenten.
5. Die Mitarbeiter sind unzufrieden mit der Besetzung von Führungspositionen.
6. Die Mitarbeiter sind besorgt über die Pensionierung von Führungskräften.
7. Der Vorsitzende (mein Vater) sollte mit mehr Respekt behandelt werden.

Die Höhe der Gehälter, die Nichtbeachtung der Meinung des Personals, niemand, der mich zurückhielt, die nicht überzeugenden Besprechungen, die besorgniserregende Zahl der Kündigungen, die Behandlung meines Vaters ... Zu jedem einzelnen Punkt gab es keinen Platz für Entschuldigugen. Mir wurde schmerzlich bewusst, was für ein schlechter Chef ich war.

Das erinnert mich an die Worte von Hidemaru Deguchi: „Wenn du dich auch nur ein bisschen verändern kannst, dann kann dein Leben eine 180-Grad-Wendung nehmen."

Der geschäftsführende Direktor Iwazawa verließ das Unternehmen, hatte aber 10 Jahre lang Zweifel an der Führung des Unternehmens. „Wenn man sein eigenes Unternehmen nicht versteht, kann man mit dem Studium der Managementtheorie nichts erreichen. Verbesserungen hätten ohne unnötige Ausgaben erzielt werden können, wenn wir die Dinge einfach innerhalb des Unternehmens diskutiert hätten", sagte er.

Bei der Erstellung von mittelfristigen Geschäftsplänen hielt ich es für sinnvoll, den Zyklus Planen-Durchführen-Kontrollieren-Handeln zu wiederholen und Berater für die Personalentwicklung einzusetzen. Aber als mir gesagt wurde, dass sich die Dinge hätten verbessern lassen können, wenn man nur mehr diskutiert hätte, konnte ich nicht umhin, dies zu bedauern.

Man hatte mir beigebracht, Leute schriftlich zu loben und mündlich zu ermahnen, aber ich hatte das Gegenteil getan und Fehler begangen. Einmal schickte ich eine E-Mail an den Abteilungsleiter Takaaki Iwaki, der ein Video über die Swany Bag gedreht hatte, in der ich schrieb: „Wenn Sie zuerst ein Drehbuch geschrieben hätten, hätten Sie es auf zwei Minuten reduzieren können", bevor ich ihm die Gelegenheit gab zu erklären, dass der Kameramann ihn angewiesen hatte, ohne Drehbuch frei zu sprechen. Ich habe es sofort bedauert, aber da war es schon zu spät.

Lernen durch Sprachstudium

Ich ermutige die Mitarbeiter, englische Sprachkompetenz zu erwerben, weil ich selbst so viel Mühe damit hatte.

Seit den 1970er Jahren hat Swany viele Englischlehrer eingestellt, etwa hundert Mitarbeiter haben bei ihnen gelernt. Die Ergebnisse haben nicht ganz unseren höchsten Erwartungen entsprochen, was nicht an den Lehrern lag, aber das Personal ist zumindest mit der englischen Sprache etwas vertrauter geworden ...

1977 gingen die koreanischen Mitarbeiter Go Yeong-bae und Ju Byeong-su zum Japanischlernen und Tsukasa Itano und ein paar Dutzend andere zum Englischlernen an eine Sprachschule in Takamatsu. Die Gebühren für den Einzelunterricht betrugen 4.000 Yen für eine 40-minütige

Unterrichtsstunde. Auch wenn die Ergebnisse hervorragend waren, kostete der Unterricht eine Million Yen pro Schüler für einen Monat.

Ich begann 1975 Koreanisch zu lernen, drei Jahre nach unserer
Expansion nach Korea. Ich nahm vier Monate lang jeden Tag sieben Stunden Unterricht bei einem Berlitz-Lehrer. Die Grammatik war dem Japanischen so ähnlich, dass ich dachte, die japanische Sprache müsse aus dem
Koreanischen hervorgegangen sein. Es ist bei weitem die am leichtesten zu
erlernende Sprache für Japaner.

Als ich einmal am Flughafen Busan ankam, fragte mich der Ein-
wanderungsbeamte, wo ich Koreanisch gelernt hätte. „Berlitz hakkyoro
paeusumnida" (ich habe an der Berlitz-Schule gelernt), antwortete ich,
woraufhin er meine Aussprache lobte und mir zur Begrüßung die Hand
gab.

2017 initiierte Itano, mein Nachfolger als Präsident, mit der Online-
Schule Bizmates für 13 Mitarbeiter einen täglichen 25-minütigen Englisch-
Konversationsunterricht. Schüler können lernen, wo immer sie sind, so-
fern sie Zugang zu einem Computer haben. Bizmates ist eine spezialisierte
Schule für Englische Konversation für Geschäftsleute mit 400 Lehrkräften.
Sie alle sind erfahrene Englischlehrer von den Philippinen, und die monat-
liche Unterrichtsgebühr beträgt günstige 12.000 Yen pro Schüler.

Die Dozenten sind freundlich und kompetent im Unterrichten. Nach
dem, was ich gesehen habe, scheint mir ein Jahr Studium auszureichen,
um die Kenntnisse deutlich zu verbessern.

Von Toiletten lernen

Auf der Toilette des Paris Glove in Montreal, Kanada, fand ich die Uri-
nale zu hoch und für mich unbequem. Ich war einfach zu klein. Das
störte mich so sehr, dass ich den Abteilungsleiter, der etwa so groß war
wie ich, darauf ansprach, und er lachte und sagte: „Dann benutz doch die
Sitztoilette!"

Ich erinnere mich, dass ich als junger Mann im Haus eines Oomoto-
Mitglieds am Fuße des Konpira-Schreins war, wo es ein Schild gab, auf
dem in klassischer japanischer Versform zu lesen war: „Mit ruhigem
Geist / führe deine Hand gerade / zum Tau des Pilzes."

Als ich 1988 die Herrentoilette im alten Flughafen Hongqiao in
Schanghai besuchte, stellte ich erfreut fest, dass ich, obwohl ich kein Chinesisch sprach, die Aufforderung, „einen Schritt nach vorne zu gehen",
deutlich verstehen konnte - ein Vorteil unseres gemeinsamen Schriftsys-
tems!

Auf der Avon-Toilette in New York gab es dieses Schild: „Un-
glaublich, dass deiner so lang ist."

Im Jahr 2005 reiste ich nach Vilnius in Litauen, um am Esperanto-
Weltkongress teilzunehmen. Meine Begleiter und ich reisten mit einem

Kleinbus aus Warschau im benachbarten Polen an. Das Land Litauen ist den Japanern gut bekannt, weil Chiune Sugihara, der stellvertretende Konsul des japanischen Konsulats in Kaunas, zu Beginn des Zweiten Weltkriegs 6.000 jüdischen Flüchtlingen, die aus Europa geflohen waren, Visa ausstellte und dafür als einer der „Gerechten unter den Völkern" in Erinnerung geblieben ist. Nachdem wir gerade die Grenze nach Litauen überquert hatten, hielten wir an einer Tankstelle und gingen auf die Toilette. Sie war so makellos sauber, dass wir uns nicht dazu durchringen konnten, sie zu benutzen. Später hielten wir erneut an und erleichterten uns im Wald.

Ich habe viele Toiletten erlebt, in Korea, in China, in Äthiopien und anderswo. Als ich im Japan der 1960er Jahre Subunternehmer besuchte, wurde mir von dem intensiven Geruch der altmodischen Latrinen oft übel.

Bei Toa Leather, wo mein Vater Direktor war, wurde der Kot als Dünger auf einer Auktion verkauft. Damals war der Kot ein so wertvolles Gut, dass die Mitarbeiter den Drang unterdrückten, auf die Toilette zu gehen und am Ende des Tages nach Hause eilten, damit nichts verschwendet wurde.

Als wir in Tokushima Fabriken hatten, ging ich bei Swany Tokushima auf die Toilette und musste feststellen, dass es kein Toilettenpapier gab. Da ich nichts anderes finden konnte, riss ich die untere Hälfte meines Unterhemdes ab und benutzte dies. Zuhause stieg ich in die Badewanne, da fragte Yoshiko: „Was ist denn mit deinem Unterhemd passiert?" Ich hatte den Vorfall auf der Toilette völlig vergessen.

Bei Swany China warteten die Schweine hungrig unter dem Toilettensitz. Ich war sicher nicht der Einzige, der Mitleid mit diesen chinesischen Schweinen hatte, die nur eine so miserable Kost zu erwarten hatten.

Auf dem Esperanto-Weltkongress 2007 in Yokohama hörte ich den Vortrag eines russischen Teilnehmers, der sich über die sauberen und geräumigen japanischen Behindertentoiletten äußerte: „Wenn man dort ein Bett hineinstellen würde, wäre es schöner als mein eigenes Schlafzimmer zu Hause."

Lernen von Yoshiko

Seit wir verheiratet sind, haben meine Frau Yoshiko und ich stets zusammen gebadet. Als meine jüngste Tochter Yasuko in der Grundschule war, sagte sie eines Tages nach dem Abendessen: „Papa, heute Abend bade ich dich. Du kannst doch nicht alleine baden, oder?' Nun, da ich älter werde, läßt Yoshiko mich immer noch mit ihr baden, obwohl sie sich lachend beschwert, dass es zu eng sei.

Einmal, nachdem ich meine Nishi-shiki-Gymnastik gemacht hatte, fühlte ich mich ziemlich müde, und ohne nachzudenken, stützte ich meine Ellbogen auf den Esstisch. „Was machst du da?" fragte Yoshiko. „Es tut mir leid, ich bin ein bisschen müde", sagte ich. Sie erwiderte: „Es ist nicht nötig, sich bei mir zu entschuldigen!"

Als ich jung war, hatten wir eines Abends Besuch. Ich begleitete die Besucher nach draußen, und unsere Besucher schlossen das Tor hinter sich. Ich wollte das Außenlicht ausschalten. Yoshiko schimpfte mich aus: „Du darfst das Licht noch nicht ausschalten. Du musst es anlassen, bis unsere Gäste die Straße verlassen haben. Nur weil sie das Haus verlassen haben, heißt das nicht, dass du sie vergessen kannst."

Immer wenn wir einen Gast erwarten, fängt Yoshiko an, im ganzen Haus aufzuräumen und zu putzen. Wenn ich sage: „Das ist doch jetzt genug", meint sie: „Nein, das ist nicht genug!", und räumt weiter auf. „Jetzt ist es aber genug", sage ich, doch sie hört nicht auf mich. Wenn du sie nicht überzeugen kannst, dann schließe dich ihr an, beschließe ich, und fange an, Staub zu wischen. Zu Hause ist die Tasche meines Swany Bag unser Papierkorb.

Jeden Morgen, nachdem ich mich rasiert und gekämmt habe, sagt sie mir, dass sich mein Haar am Hinterkopf teilt. Sie richtet es für mich, wobei sie den Kamm anfeuchtet, damit es nicht mehr auseinanderfällt. „Wenn du dein Hemd bis oben zuknöpfst, sieht es furchtbar aus", sagt sie. „Mach den Reißverschluss deiner Hose ganz zu!", erinnert sie mich ständig. „Und wenn das Telefon klingelt, geh sofort ran!"

Vor etwa zwei Jahren bekam ich einen großen Schreck. „Du redest doch immer von der Gleichberechtigung der Geschlechter, warum kochst du nicht auch mal das Essen?" Nach reiflicher Überlegung fand ich einen Weg, diese Drohung abzuwehren, indem ich ihr jeden Abend vor dem Einschlafen eine gute 15-minütige Nacken- und Schultermassage gab.

Das Thema des persönlichen Erscheinungsbildes erinnert mich an den Roman "*Michikusa-sensei*" von Shizuka Ijūin, der 2019 in der *Nikkei*-Zeitung als Fortsetzungsroman erschien. In dem Roman erfährt Sōseki von seinem älteren Bruder, dass „die meisten Menschen den Wert der anderen an deren Erscheinungsbild messen." „Erscheinungsbild? Wert?" fragt Sōseki. „Genau. Der Wert als Person. Sie beurteilen es, indem sie auf die Kleidung und das Aussehen der Leute achten."

Es war Hiroko Ikeda vom "Institut für Humanwissenschaftliche Forschung", die mir vor dreißig Jahren beibrachte, stets einen Handspiegel auf meinem Schreibtisch zu haben. Wenn ich mein Spiegelbild in dem Spiegel sehe, den ich an meinem Schreibtisch befestigt habe, kann ich mein Aussehen überprüfen, wenn nicht sogar meinen Hinterkopf. Ich habe auch gelernt, meine Sachen stets an einem bestimmten Ort aufzubewahren, damit ich keine Zeit dadurch verliere, sie zu suchen ...

Ich denke, dass meine Frau mit ihrem Scharfsinn und Verstand und ich mit meiner dicken Haut ein ziemlich ausgeglichenes Paar sind.

Vom Tippen lernen

1964 begann ich, in Begleitung von Dolmetschern auf Geschäftsreisen nach Übersee zu gehen. Ich übermittelte die Aufträge per Telefon, und unser langjähriger Kollege Hatsuo Matsumura tippte die Auftragsbestätigung, die er dann als Nachweis an den Kunden schickte. Die Angaben zu Größe, Material und dergleichen wurden auf der vertrauten Olivetti-Schreibmaschine getippt. Das Tippen fiel mir recht leicht, nach etwa einer Woche täglicher halbstündiger Übung war ich mit der Anordnung der Tasten so vertraut, dass ich mit allen Fingern tippen konnte, ohne auf die Tastatur zu schauen.

Als wir auf Textverarbeitungsprogramm umstiegen, überzeugte mich der Verkäufer, die japanische Tastatur mit Daumenumschaltung zu benutzen, bei der eine Taste für zwei Zeichen steht. Ich fand sie wesentlich schwieriger als die lateinische Tastatur, aber ich schaffte es, das Zeichenlayout in etwa einem Monat zu lernen. Meinen Fujitsu 'OASYS Pocket' trug ich immer bei mir, wohin ich auch ging. Nach einigen Jahren stellte ich fest, dass ich damit sogar im Bus tippen konnte, wenn alles um mich herum dunkel war. Berichte über Geschäftstreffen schrieb ich nicht mehr mit der Hand, sondern tippte sie in mein Textverarbeitungsprogramm ein.

Mit dem Aufkommen von Microsoft wurde die Tastatur mit Daumenumschaltung zu einer aussterbenden Spezies. Im Alter von über sechzig Jahren musste ich mich daran machen, das JIS-Kana-Tastaturlayout zu lernen, das mir gut 20 % langsamer erschien.

In der Swany-Zentrale, wo inzwischen etwa hundert Mitarbeiter mit PCs arbeiten, haben wir 2017 damit begonnen, das Blindschreiben zu fördern, indem wir einen Preis in Höhe von 10.000 Yen für das Erreichen der Note A und weitere 10.000 Yen für das Erreichen der höchsten Note ausgelobt haben. Wir hatten 11 Mitarbeiter, die bereits gut mit dem 10-Finger-Tippen umgehen konnten, und weitere 28 haben nun Preise gewonnen, was bedeutet, dass der Anteil der Personen von 10 % auf 40 % gestiegen ist.

Nach Angaben des Unternehmensberaters und Autors Kenichi Ohmae wurden in Korea und China Schüler der Mittelstufe dazu ermutigt, das Blindtippen zu beherrschen, indem man ihnen auf die Schulter klopfte, wenn sie versuchten, zu spicken. Ich mache mir Sorgen um die Zukunft Japans, das bei der Digitalisierung 20 Jahre zu spät dran ist und bei der Tippgeschwindigkeit weit zurückliegt …

Lernen durch Lesen

Als ich in der Oberstufe war, fing ich in der dritten Schulstunde an, mein Mittagessen zu verzehren und verschanzte mich dabei hinter dem Lehrbuch. Meine Noten waren durchschnittlich oder schlecht, und ich habe nie wirklich ernsthaft gelernt.

Herr Page, der Direktor des Sprachinstitutes in Takamatsu, sagte stets: „Wenn Ihr Japanisch gut ist und Sie gut Karaoke singen können, werden Sie auch gut Englisch sprechen können." Ich kann zwar etwas Englisch sprechen, aber ich kann es nicht schreiben. Wahrscheinlich werde ich nie in der Lage sein, auch nur eine Postkarte zu schreiben, wie ich es auf Japanisch kann, ohne dafür ein Wörterbuch zu benötigen.

In seinem Buch *Letters of a Businessman to His Son* (Briefe eines Geschäftsmannes an seinen Sohn) schreibt Kingsley Ward: „Egal, wie viel du liest, wenn du nur Romane liest, verschwendest du deine Zeit. Es gibt so viel zu entdecken beim Lesen von Sachbüchern."

Carl Hilty riet seinen Lesern, „von klein auf regelmäßige Lesegewohnheiten anzunehmen und keine nutzlosen Bücher zu lesen."

Natürlich weiß ich, dass dies eine ziemlich extreme Sichtweise ist, und ich bin sicher, dass es viele lesenswerte Romane gibt, aber ich bemühe mich, so viel Sachliteratur wie möglich zu lesen. Wenn Sie mich jedoch fragen würden, was ich aus meiner Lektüre gelernt habe, würde es mir schwer fallen, Ihnen das zu sagen. Der Wert von Erfahrungen wird von meinem Lebensführer Hidemaru Deguchi gut ausgedrückt: „Bücher sind gut, aber Erfahrungen zu sammeln ist das Wichtigste, was man tun kann."

2014 habe ich mich der Sapie Library angeschlossen, einer Online-Bibliothek, die einen Hörbuchservice für Sehbehinderte anbietet. Es sind etwa 500 000 Hörbücher verfügbar, die von 220 Gruppen im ganzen Land aufgenommen wurden. Die Möglichkeit, sich zurückzulehnen und mit geschlossenen Augen zuzuhören, wie ein Buch vorgetragen wird, ist von unschätzbarem Wert, und die Aufnahmen sind äußerst fesselnd. Donald Keene zum Beispiel, der in den USA geborene Gelehrte für japanische Literatur, hat 45 Bücher auf Japanisch geschrieben, von denen 26 als Hörbücher erhältlich sind.

Ich erfuhr von dieser Bibliothek, nachdem ich nach einer Katarakt-Operation zunehmend Schwierigkeiten hatte, längere Zeit zu lesen, und ein alter Schulfreund, Rikuo Satō, mir von ihr erzählte. Ich meldete mich in der Bibliothek der Präfektur Kagawa in Takamatsu an und füllte ein Formular aus, in dem ich das Ausmaß meiner Beeinträchtigung beschrieb. Nach der Registrierung erhielt ich eine spezielle Softwareanwendung, die etwa 20.000 Yen kostete. Diese lud ich auf meinen PC herunter und erhielt so Zugang zu all ihren wunderbaren Lektüren.

Interessanterweise stelle ich jedoch fest, dass ich mich nicht so gut an den Inhalt der Bücher erinnere, wenn sie mir vorgelesen werden, wie wenn ich sie selbst lese, also kaufe ich Bücher, die mich interessiert haben, und lese sie erneut. Im Internet-Versandhandel findet man Bücher schon für 1 Yen, und für nur etwa 250 Yen Lieferkosten kann man sie sich am nächsten Tag nach Hause liefern lassen. Ich beziehe jetzt auch Bücher von Amazon und Rakuten.

Durch Gebete lernen

Seit einem halben Jahrhundert nehme ich jeden Morgen um 6.30 Uhr an den Morgengebeten in der Shirotori-Filiale von Oomoto teil und bete am ersten Tag eines jeden Monats auch im Shirotori-Schrein, ein Brauch, den mein Vater eingeführt hat. Nach dem Gebet ging ich zur Arbeit und schaltete die Klimaanlage ein, damit ich um sieben Uhr anfangen konnte. Ich habe auch Erfahrungen mit Gottesdiensten im Ausland gemacht.

An einem Sonntag gegen Ende des Jahres lief ich bei -30 °C 15 Minuten lang vom Zentrum Helsinkis nach Norden, wobei mir die Knie vor Kälte zitterten. Als ich an der aus dem Fels gehauenen Temppeliaukio-Kirche vorbeikam und dem Klang der Orgel folgte, war ich überrascht, eine Gemeinde von mehreren hundert Menschen zu sehen, obwohl es draußen stark schneite. Ich war der einzige Japaner dort.

Herr Schiller, ein Einkäufer bei K-Mart in Detroit, war ein harter Kunde. Als ich ihn das erste Mal traf, schickte er mich weg mit den Worten: „Ich bin der beste Einkäufer der Welt! Ich will nur die besten Handschuhe der Welt sehen! Und zwar zum billigsten Preis!" Nach fünf Jahren hartnäckiger Bemühungen kam ich jedoch mit ihm ins Geschäft. Einmal ging ich mit ihm und seiner Frau in die Kirche. Sie waren Gemeindemitglieder in einer Kirche namens St. Hugo of the Hills. Das war das einzige Mal, dass ich mit einem Käufer einen Gottesdienst besuchte.

Seitdem die Oomoto-Ausstellung *Die Kunst von Onisaburo Deguchi und Seiner Schule* 1975 in der Kathedralkirche St. John the Divine in New York stattgefunden hatte, habe ich viele Male Gottesdiensten in dieser Kathedrale beigewohnt. Eines Sonntags, nachdem ich an der Heiligen Eucharistie teilgenommen hatte, war ich verblüfft, als Dekan James Parks Morton der Gemeinde meine Anwesenheit ankündigte und sie aufforderte, „Herrn Miyoshi von Oomoto" willkommen zu heißen.

Mit Ehepaar Schiller vor der St. Hugo-Kirche, 1978

Ich habe auch in der Kirche der Wiedergeburt, in der Kathedrale St. Michael in Toronto und in der Kathedrale Saint-Jacques in Montreal gebetet. In Japan spreche ich Gebete in shintoistischen und buddhistischen Tempeln und Schreinen wie dem Heian-Schrein und dem Kasuga-Schrein. Ich glaube, dass alle Weltreligionen in ihren Wurzeln miteinander verbunden sind.

Der japanische Shintoglaube betont den Glauben an kototama, die Macht der Worte. Auch das christliche Evangelium lehrt: „Im Anfang war das Wort, und das Wort war bei Gott, und das Wort war Gott." Mein Gebet ist, dass ich für die Segnungen des Himmels und der Erde danken und zur Gemeinschaft der Religionen, Nationen und Sprachgemeinschaften beitragen kann.

In meinem bisherigen Leben habe ich versucht, so viel wie möglich von der Welt um mich herum zu lernen und das Gelernte in die Praxis umzusetzen.

TEIL 2

Auf den Unterstützungsbedarf reagieren

Kommentare von Benutzern der
Swany Bag-Tasche

„Ich war empört, als mein Arzt mir eine Gehhilfe empfahl, aber dann fand ich im Keio-Kaufhaus die Swany-Tasche. Jetzt begleitet sie mich überall hin." (N, Tokio)

„Am Bahnhof von Tokio stellte ich fest, dass es im Warteraum keine Sitzplätze gab, und so kam mir der Sitz sehr gelegen. Die Tasche stützte mich den ganzen Weg über den langen Bahnsteig. Mehr kann ich mir nicht wünschen!" (Y, Ichihara))

„Von meiner Haustür bis zum Parkplatz sind es ungefähr hundert Meter. Es ist wie ein Traum, wenn ich beim Tragen meines Gepäcks unterstützt werde. Es ist wunderbar, weil es mir ein Gefühl der Sicherheit gibt." (H, Yokohama)

„Wenn ich einen anderen Swany-Benutzer treffe, sogar einen völlig Fremden, kommen wir ins Gespräch über unsere Taschen, und ich habe auf diese Weise schon viele Freunde gefunden." (I, Kanazawa)

„In Singapur fragte mich jemand, wo ich meine Tasche gekauft hätte. Als ich ihnen sagte, dass ich sie in Japan gekauft habe, waren sie sehr enttäuscht. Ich bin dem Erfinder dieser tollen Tasche sehr dankbar." (M, Fukuoka)

Im Jahr 2013 stieg die Zahl der jährlich versendeten Swany-Taschen auf mehr als 110.000. Die meisten der 8.000 Fragebogen-Postkarten, die wir jedes Jahr von Kunden zurückerhalten, drücken Zufriedenheit und Dankbarkeit aus. Doch bevor die kombinierte Tasche mit Gehhilfe auf den Markt kam und sich durchsetzte, gab es unzählige Hürden zu überwinden.

Entdeckung

Als ich 1966 meine dritte Weltreise machte, zog es mich in ein Koffergeschäft in der Nähe des Empire State Building in New York. Im Schaufenster stand ein Koffer mit 75-mm-Rädern. „Mit so stabilen Rädern braucht man ihn nicht hochzunehmen!", dachte ich. Überrascht traute ich einen Moment lang meinen Augen nicht.

Ich kaufte sofort einen für 70 Dollar (etwa 25.000 Yen), packte meine Handschuhproben und meine persönlichen Sachen hinein und ging los, wobei ich mich auf meinen neuen Koffer stützte. Wenn der Koffer voll bepackt war, trug er mein gesamtes Körpergewicht. Mein Herz fühlte sich hundertmal leichter an. Bis dahin hatte sich ein Koffer mit einem Gewicht von nur 15 kg so schwer angefühlt, dass ich befürchtete, ich müsste das Reisen ins Ausland aufgeben.

Ich kaufte jedes Mal einen dieser Koffer, wenn ich nach Amerika reiste, und so gab es etwa 20 davon im Büro des Unternehmens. Die Mitarbeiter begannen, sie zu benutzen, und sie wurden sehr begehrt. Schwere Nähmaschinenteile, die mehr als 100 kg wogen, konnten damit problemlos transportiert werden.

Wenn ich ins Ausland reiste, verstaute ich meine Habseligkeiten in den Schubladen des Hotelzimmers und nahm meinen leeren Koffer mit, auf den ich mich auf dem Weg zum Abendessen stützte. Beim Betreten von Kaufhäusern wurde ich misstrauisch beäugt. Das Sicherheitspersonal forderte mich oft auf, meinen Koffer zu öffnen. Wenn sie dann sahen, dass er leer war, entschuldigten sie sich und ließen mich passieren.

Mit Handschuhen vollgepackt wog der Koffer jedoch etwa 20 kg. Beim Treppensteigen musste ich eine Stufe mit dem linken Fuß hochgehen, während ich mich mit der linken Hand am Geländer festhielt und den Koffer mit der rechten Hand hochziehen musste, was bedeutete, dass mein linkes Bein doppelt so stark belastet wurde wie das von jemandem mit einem gesunden rechten Bein. Selbst im leeren Zustand wog der Koffer 7 kg, und das Ein- und Aussteigen aus Taxis war eine Herausforderung.

Dennoch gab mir dieser Koffer einen wichtigen Hinweis. In weitläufigen Flughafengebäuden, wo es nichts gibt, woran man sich festhalten kann, fällt Menschen mit Behinderungen das Gehen schwer. Wäre es möglich, eine Tasche zu entwerfen, die klein genug ist, um sie als Handgepäck mit an Bord zu nehmen, und gleichzeitig stabil genug, um sich wie mit einem großen Koffer abzustützen? Wenn eine kleine Tasche das Gewicht des Körpers tragen könnte, wie einfach wäre dann das Reisen, dachte ich.

Herausforderungen bei der Entwicklung der „körperstützenden Tasche"

Nachdem ich meinen Koffer am Check-in-Schalter des Flughafens abgegeben hatte, dachte ich immer wieder an die Idee einer Aktentasche mit Rädern und Griff, mit der man einfach überall hingehen kann! Aber da ich mit meiner Arbeit als Geschäftsführer von Swany mit Handschuhen beschäftigt war, ließ ich 30 Jahre verstreichen, in denen ich durch Flughafengebäude lief und von einer Tasche auf Rädern träumte.

Mit dem Platzen der „Wirtschaftsblase" und dem Beginn der globalen Klimaerwärmung sank der Umsatz in der Handschuhindustrie von 66 Milliarden Yen auf 35 Milliarden. Die Entwicklung ganzjähriger Produkte wurde dringender denn je. 1992 hielten wir eine Reihe von Strategiesitzungen ab, bei denen wir uns mit Produkten wie Krawatten, Hüten und Arbeitshandschuhen befassten. All dies waren hart umkämpfte Märkte, und es war klar, dass uns die Ressourcen fehlten, um uns zu behaupten.

Daraufhin schlug mein jüngerer Bruder und leitender Direktor Asao vor, Koffer wie die von mir gekauften zu bauen. Wir bauten einige nach, aber das Ergebnis war ein dilettantischer Fehlschlag. Wir entschieden uns dann, den Versuch zu unternehmen, die kompakte, körperstützende Tasche zu bauen, von der ich all die Jahre geträumt hatte.

1995 begannen wir mit der Arbeit an dem Prototyp der körperunterstützenden Tasche. Unsere Aufgabe war es, ein Produkt mit einem Griff zu entwickeln, der den Körper stützen kann, ohne sich zu beugen, und mit Rädern, die sich frei drehen lassen.

Wir hatten die Idee einer Tasche, die in der Mitte eine Trennwand hatte, an der der Griff befestigt war. Da das Innere der Tasche in zwei getrennte Fächer aufgeteilt war, konnten nur relativ dünne Gegenstände darin verstaut werden. Dadurch hatten wie Schwierigkeiten, sie zu verkaufen. Aber das Feedback derjenigen, die sie kauften, war: „Das ist die Art von Tasche, die ich schon immer gesucht habe."

Ich setzte die Suche nach einer Tasche fort, in die größere Gegenstände passten und die dennoch den Körper stützte. Das Problem war, dass die Tasche nur dann die nötige Unterstützung bieten konnte, wenn sich der Griff in der Mitte befand, aber wenn sich der Griff in der Mitte befand, konnte die Tasche keine großen Gegenstände enthalten. Mein Kollege Yoshio Takahara, bewaffnet mit legendärem Geschick und einem kompletten Satz von Werkzeugmaschinen, führte die Entwicklung fort und versuchte eine ausziehbare, leiterartige Konstruktion, die jedoch als zu instabil verworfen wurde.

Da ich aus Kostengründen auf chinesische Teile angewiesen war, besuchte ich 1996 Shanghai, um mit Herstellern von Teilen für Gepäckstücke zu sprechen, jedoch ohne Erfolg. Eines Nachts ging ich erschöpft in mein Hotelzimmer, um zu schlafen, und wachte mitten in einem Traum auf, in dem ich die Idee hatte, die rohrförmigen Teile des Teleskopgriffs zu krümmen. Ich sprang aus dem Bett, holte mein Millimeterpapier heraus und begann zu zeichnen. Indem wir dem Griff an der Seite eine Kurve mit einem Radius von fünf Metern gaben, konnten wir den Griff im ausgezogenen Zustand in eine Linie mit der Mitte der Tasche bringen. Ich war überzeugt, dass dies das Problem der Stabilität lösen würde.

"Du hast es geschafft!', rief ich aus.

Aber bisher war dies nur auf dem Papier ein Erfolg. Als wir fünf der größten japanischen Aluminiumhersteller fragten, ob sie gebogene Rohre in drei Dicken (dick, mittel und dünn) herstellen könnten, antworteten sie alle, dass dies unmöglich sei. Wir wandten uns daraufhin an zehn Griffhersteller in Taiwan, aber ihre Antwort war die gleiche. Nur ein Unternehmen erklärte, es könne die Rohre auf die gewünschte Länge zuschneiden und ihnen mit einer hydraulischen Vorrichtung eine Kurve mit einem Radius von fünf Metern geben. Nach Dutzenden von Versuchen war der Swany Bag, das "wandelnde Geländer", von dem ich seit 30 Jahren geträumt hatte, endlich geboren.

Die Erfindung einer Tasche auf Rädern, die seitlich geschoben wird und den Körper stützt, anstatt hinterhergezogen zu werden, brachte einen Wandel in der Welt des Gepäcks mit sich.

Edison sagte: „Erfindung ist 1% Eingebung und 99% Schweiß", und so war es auch bei meiner Tasche - das 1% an Eingebung hat die ganze Mühe gelohnt.

Ein langer Weg zur Akzeptanz

D ie Erreichung der lang ersehnten körperstützenden „Lauftasche" war ein Grund zum Jubeln, aber wir standen immer noch vor der Aufgabe der Vermarktung. Entgegen meinen Erwartungen stieg der Umsatz drei Jahre lang überhaupt nicht an.

Um diese Tasche auf Biegen und Brechen bekannt zu machen, habe ich sie selbst in Spezialgeschäften für Gepäck im ganzen Land vorgestellt. Viele der Angestellten in den Geschäften bestritten, dass eine Tasche, die den Körper stützt, Realität sein könnte, und andere weigerten sich sogar zu glauben, dass es eine Nachfrage für so etwas geben könnte. Etwa 10 % der Geschäftsleiter, die ich besuchte, nahmen jedoch ein paar davon mit der Begründung: „Meine Großmutter könnte sie mögen" oder ähnlichem, und die Zahl der Geschäfte, die sie in ihr Sortiment aufnahmen, stieg allmählich. Inzwischen bekamen wir Rückmeldungen von Leuten, die angaben, dass ihnen die Tasche gefiel, und wir wussten, dass es doch eine entsprechende Nachfrage gab.

Doch dann tauchte ein mächtiger „innerer Feind" auf. Sechs Abteilungsleiter des Unternehmens, keiner von ihnen behindert, konnten die Bedürfnisse von Menschen mit Behinderungen nicht verstehen. Bei jeder monatlichen Sitzung drängten diese sechs auf den Rückzug aus dem Gepäckmarkt. Ich konnte ihre Bemühungen verstehen, den Konkurs zu vermeiden, aber ich fühlte mich isoliert und angegriffen. Als sie bemerkten, dass ich zig Millionen Yen in diese verlustbringende Tasche steckte, schlugen sie mir vor, dass ich, sofern ich das Projekt fortführen wollte, dies alleine tun sollte.

Im September 2000 stand ich nach kumulierten Verlusten von 400 Millionen Yen vor der Wahl, mich zurückzuziehen oder weiterzumachen. Ich konnte meiner Überzeugung nicht widerstehen, dass das Projekt eines Tages in der Gesellschaft Anklang finden würde, und entschied mich, in den sauren Apfel zu beißen.

Ich sagte Shūji Isei, dem Leiter der Gepäckabteilung, dass ich die Führungskräfte, die gegen die Tasche waren, aus ihren Positionen entfernen und durch jüngere Leute ersetzen würde. „Wenn Sie das tun, wird das Unternehmen untergehen", protestierte er.

In einem letzten Versuch, eine Wende herbeizuführen, vergrößerte ich das Produktetikett auf Buchgröße und fügte ein Foto von mir selbst bei, auf dem ich mich auf eine Swany-Tasche stütze, mit den Worten: „Nachdem ich hundertmal um die Welt gereist bin, unter den Nachwirkungen der Kinderlähmung gelitten und überlegt habe, wie man das Reisen erleichtern könnte, habe ich eine Tasche entwickelt, auf die man sich beim Gehen stützen kann. Etsuo Miyoshi, Präsident der Handschuhfirma Swany".

Ich weiß nicht, inwieweit es auf das Etikett zurückzuführen war, aber die Tragetasche begann sich durchzusetzen, und die Versandhäuser verwendeten meine Geschichte in ihrer Werbung. Wir stellten 700 Taschen zur Verfügung, die auf der Awaji Flower Expo kostenlos verliehen wurden. Die Zeitung Nihon Keizai Shimbun veröffentlichte einen Artikel über die Swany-Tasche, sie wurde auch im nationalen Fernsehen gezeigt. In jenem Herbst konnten wir uns über das Erreichen unseres Absatzziels freuen, die drohenden Entlassungen waren vom Tisch, und die Gegenstimmen verstummten.

Während der zwei Jahre, in denen der Fortbestand der Gepäckabteilung bedroht war, flog mein ältester Bruder Hajime Tani aus Tokio herbei, um an jeder monatlichen Sitzung teilzunehmen. Er war ein Bollwerk gegen die sechs Querulanten und half mir, diese Krise zu überstehen. Heute macht die Swany-Tasche 25 % unseres Gesamtumsatzes aus, und ihre Zukunft scheint gesichert.

Leise und frei drehbare Rollen

Nachdem die Verkäufe der „Lauftasche" zunahmen, bekamen wir Rückmeldungen von Kunden, dass die Räder laut waren und sie die Tasche manchmal hochhoben, um nicht zu viel Lärm zu verursachen. Ich habe lange darüber nachgedacht, wie wir dieses Problem lösen könnten, und hatte sogar Schwierigkeiten, nachts mit dem Gedanken an dieses Problem zu schlafen. Das war im Jahr 2003. Während ich mir über das Problem der lauten Räder Gedanken machte, besuchte ich die Internationale Ausstellung für häusliche Pflege und Rehabilitation im Tokyo Big Sight Ausstellungszentrum, wo ich einen Rollstuhl mit einem Vorderrad mit nur einem einzigen zentralen Lager sah. Ich dachte sofort an die Kosten-, Lärm- und Gewichtsersparnis.

Aufgrund technischer Probleme konnte Swany dies jedoch nicht allein in ein verkaufsfähiges Produkt umsetzen. Ich besuchte Hammer Castor, den führenden japanischen Rollenhersteller, und fragte seinen Präsidenten, Haruichi Yoshida, ob er mir eine technische Anleitung für leise und leichtgängige Rollen geben könne. Die Techniker waren versammelt und erklärten mir, dass eine Rolle durch Umlegen eines geölten Lagers auf der Seitenfläche leise und frei drehbar gemacht werden kann, damit aber die Stabilität um etwa 30 % abnimmt, woraufhin wir eine verstärkende Methode entwickelten, für die wir ein Patent erhielten.

Um daraus ein verkaufsfähiges Produkt zu machen, war ich innerhalb von sieben oder acht Jahren 100 Mal in Shanghai. Nach Investitionen in Höhe von mehreren zehn Millionen Yen haben wir eine Rolle perfektioniert, die sich auf Fingerdruck leise bewegt, selbst wenn sie mit sechs Zwei-Liter-Wasserflaschen beladen ist. In der achten Version kam erstmals eine hochmoderne 60-mm-Rolle auf den Markt, bei der die Achse und der Umlenkbereich in acht Öllagern eingelassen ist. Auch lässt sich das Rad mit einem Schraubenzieher leicht auswechseln.

„Sie dreht sich wie ein Traum, und die Rollen sind auch nach zehn Jahren noch nicht gebrochen. Der Preis ist hoch, aber er hat sich auf lange Sicht gelohnt." (I, Ibaraki)

„Sie lässt sich frei drehen und geschmeidig vorwärts bewegen. Da ich ein krankes Bein habe, bin ich froh, diese Tasche gefunden zu haben." (S, Akashi)

Geliebt von Nicht-Behinderten

Die Antworten auf unserem Fragebogen auf die Frage, „Warum haben Sie einen Swany Bag gekauft?", waren: Leichtläufigkeit 41%, Unterstützung 36% und Manövrierbarkeit 22%. Der hohe Anteil an Nutzern, die eher „Leichtläufigkeit" als „Unterstützung" angaben, deutet darauf hin, dass der Swany Bag auch von vielen nicht behinderten Menschen genutzt wird. Hier sind einige der Kommentare, die wir erhalten haben.

„Dank des hellen Innenfutters ist es einfach, die Sachen darin zu finden. Man braucht nur die Hand darauf zu legen, und sie bewegt sich mit dir mit. Das ist einfacher als mit freien Händen zu laufen. Sie ist ein guter Begleiter, der auch meine Sachen für mich trägt!" (M, Tokio)

„Ich dachte, diese Taschen seien für ältere Menschen, aber jetzt, wo ich sie ausprobiert habe, habe ich das Gefühl, dass Swany mich zieht! Selbst mit fünf Kilo Gepäck darin kann ich gehen, als ob ich schweben würde." (R, Yokohama)

Eine Tasche mit austauschbaren Rädern

Bislang wurde die Tasche genäht, dann der Rahmen eingesetzt, der Griff und die Rohre angebracht und die Räder aufgetackert, aber es gab eine Vielzahl von Prozessen und Teilen, und es war somit anfällig für Brüche und kostspielig. Ich beschloss, dass wir eine neue Struktur anstreben sollten, die es ermöglichen würde, jede beliebige Tasche auf eine Basis mit Rädern und Griff zu setzen.

Dies war in der Firma unpopulär, mit der Begründung, dass die Leute keine Tasche kaufen würden, bei der der Rahmen offen liegt. Der Vorteil war jedoch, dass der Rahmen und die Räder, die den Schmutz von der

Straße aufnahmen, an der Tür abgestellt werden konnten und nur die Tasche in den Wohnbereich gebracht werden musste - das war der entscheidende Faktor für die Erteilung des Patents. Ich blieb hartnäckig, und heute, 20 Jahre nach meiner ersten Erfindung, bestehen 90 % unserer Taschen aus abnehmbaren Modellen.

„Ihre Vorteile sind das Fassungsvermögen, das geringe Gewicht, die Leichtigkeit des Transports und vor allem die Tatsache, dass die Tasche vom Gestell abgenommen werden kann. Das ist wichtig, denn meine Tochter ist sehr auf Sauberkeit bedacht und würde mir nicht erlauben, das Gestell mit ins Haus zu nehmen!" (S, Matsudo)

„Ich nehme die Tasche immer aus ihrem Rahmen, bevor ich sie ins Haus bringe. Diese bemerkenswerte Tasche ist das Ergebnis der eigenen Lebenserfahrung von Herrn Miyoshi. Ich wünschte, ich hätte sie schon früher gekauft!" (I, Tanba)

Die Sichtweise von Behinderten

Nachdem ich sechzig Jahre alt geworden war, ließ ich am Eingang unseres Hauses einen Handlauf anbringen. Als ich nach Hause kam, bemerkte ich, dass der Handlauf etwas zur Seite verschoben war. Meine Frau sagte, sie habe ihn versetzt, weil er dort besser aussehe. Ich wandte aus Sicht eines behinderten Menschen ein: „Ja, aber die Bequemlichkeit ist wichtiger als das Aussehen." Im weiteren Verlauf des Gesprächs sagte meine Frau: „Was bringt es dann, die Swany-Tasche an einen nicht behinderten Nachfolger zu übergeben?", woraufhin ich inne hielt. Ja, dachte ich. Nur jemand mit einer Behinderung kann die Bedürfnisse von Behinderten wirklich verstehen. Das war der Moment als ich beschloss, jemanden mit einer Behinderung einzustellen.

Bei Swany arbeitet jetzt Keiji Bandō, ein Designer, der mit computergestütztem Projektierungsverfahren arbeitet. Durch einen Unfall wurde sein Hüftgelenk schwer beschädigt. Er arbeitet nun aktiv an der Entwicklung von Produkten, die für Menschen mit Behinderungen geeignet sind, und ist der festen Überzeugung, dass sie auch Nicht-Behinderte ansprechen können.

„Als ich mit meiner Swany-Tasche ein Flugzeug besteigen wollte, hielt mich ein Mitarbeiter der Fluggesellschaft auf, aber als ich ihm erklärte, dass ich ohne sie nicht gehen kann, wurde ich schließlich durchgelassen." (Y, Machida)

„Ich war verzweifelt, als mein Bein ruiniert wurde, aber seit ich die Swany-Tasche gefunden habe, bin ich jeden Tag dankbar. Ich bin jetzt im örtlichen Gemeindezentrum und im örtlichen Chor aktiv."' (A, Kōchi)

Eingehen auf die Bedürfnisse der Frauen

Im Jahr 2003 sagte der Manager eines bestimmten Gepäckgeschäfts in Tokio zu mir: „Ihre Taschen sind von der Funktion her brillant, aber das Design lässt sehr zu wünschen übrig. Sie überlassen das Design doch nicht den Männern, oder?" Da ich selbst der Übeltäter war, schämte ich mich, als ich dies hörte, und beschloss in dem Moment, mehr weibliche Mitarbeiter einzustellen. In diesem Zusammenhang äußerte Misuzu Watanabe aus der Verwaltungsabteilung den Wunsch, sich an der Produktplanung zu beteiligen. Ihre Mutter war behindert, und sie hatte ein Kind durch eine Krankheit verloren. Sie wollte ihre Kenntnisse in die Produktentwicklung einbringen, die auf den Grundsätzen des universellen Designs beruht, das darauf abzielt, Produkte für alle zugänglich zu machen.

Die Serie Monogramo, die für die „klugen Erwachsenen der Mitte" entworfen wurde, war eines der Erfolgsmodelle von Frau Watanabe, von denen im Laufe von 10 Jahren mehr als 50.000 Stück produziert wurden. Diese Tasche mit schwarzem Grundton und opulentem Emaille-Schimmer hatte ein großzügiges Fassungsvermögen, so dass sie sowohl für die Arbeit als auch zum Ausgehen geeignet war. Eine ihrer Innovationen bestand darin, dass die Tasche nach oben hin leicht erweitert werden konnte, um zusätzliche Gegenstände unterzubringen.

Als Mitglied des Produktentwicklungsteams ist Frau Watanabe jeden Tag damit beschäftigt, sich die Kommentare der Kunden anzuhören und ihre Wünsche an die Fabrik weiterzuleiten. Sie ist begeistert neue Produkte zu entwickeln, die das Ausgehen und das Reisen von Menschen erleichtern, die bisher vielleicht nicht das Haus verlassen wollten.

„Sie ist leicht und stilvoll, und die Leute machen mir oft Komplimente deswegen. Es zaubert ein Lächeln auf mein Gesicht." (K, Yokohama)

„Das Design ist von hoher Qualität. Die Leute fragen mich: „Ist das in Italien hergestellt?" Sie ist super zweckmäßig und auch leise. Je mehr ich sie auf Hochglanz poliere, desto mehr glänzt sie. Sie ist ein echter Hingucker.' (O, Kawasaki)

Eine Handtasche zum Abstützen

Im Jahr 2007 erhielten wir von einigen unserer Kundinnen Kommentare wie den folgenden: „Es wäre schön, eine Handtasche zu haben, auf die ich mich stützen könnte. Meine Handtasche ist so schwer, dass es sich anfühlt, als würde ich mit Goldbarren darin herumlaufen". Ich beschloss, mir die Handtasche meiner Frau genauer anzusehen. Make-up, Spiegel, Mobiltelefon, Brille, Tagebuch … Ja, sie war tatsächlich ziemlich schwer. Das ist etwas, was wir Männer einfach nicht erkennen.

Wir machten uns daran, die kleinste Rollentasche der Welt zu entwickeln und begannen mit der Einführung einer kleinen Größe des Gestells, das es bisher nur in zwei Größen, groß und mittel, gab. Die Bodenfläche betrug 21,5 × 15 cm und die Höhe 27 cm. Wir haben die Anzahl der Rohrstücke von drei auf vier erhöht. Selbst bei einer Höhe von nur 27 cm musste der Griff auf 90 cm kommen. Um die etwa 20 verschiedenen Teile im Inneren des Griffs so niedrig wie möglich zu halten, haben wir mit viel Einfallsreichtum Designanpassungen im Submillimeterbereich vorgenommen. Am Ende hatten wir einen Griff, der zwar leicht schräg ist, aber das Gewicht des Körpers tragen kann, ohne dass der Benutzer ein unangenehmes Gefühl in der Handfläche verspürt.

„Obwohl die Griffe anderer Marken, die ich ausprobiert habe, stromlinienförmiger sind, schmerzten meine Hände zwei- oder dreimal mehr. Ich bin froh, dass ich mich für den Swany entschieden habe." (T, Shijōnawate)

„Ich bin in einem Alter, in dem ich ungern einen Gehstock benutze. Mit dieser Tasche, die viel Platz bietet, ist es ein Vergnügen, spazieren zu gehen oder einen Ausflug zu machen." (K, Naha)

Eine Tasche, auf der man sitzen kann

Als Nächstes bekamen wir Anfragen für eine Tasche mit Sitz, und im Jahr 2003 haben wir die erste Tasche mit Sitz fertiggestellt. Diese hatte jedoch nur eine kurze Lebensdauer aufgrund der Art und Weise, wie der Sitz zusammengeklappt wurde.

Das zweite Modell hatte ein mechanisches Klappsystem, aber es war immer noch nicht mit einem Handgriff zu bedienen. Diese Tasche war bei unseren Kunden sehr beliebt und wurde mehr als fünf Jahre lang verkauft.

Es wurde viel Arbeit in die Perfektionierung des dritten Modells gesteckt, das 2015 erschien. Der Sitz ließ sich mit einem einzigen Handgriff öffnen und wegklappen. Das Modell hat viele zufriedene Nutzer, obwohl es den Nachteil hat, dass der Sitz verhältnismäßig schwer ist.

„Wenn ich mich müde fühle, kann ich mich eine Weile hinsetzen und ausruhen. Ich kann mich beim Warten auf den Zug hinsetzen, und sie stützt mich beim Gehen. Ich denke, das ist die beste Tasche der Welt." (A, Niiga-ta)

„Mein Junge fährt damit zur Schule. Er kann alle seine Bücher darin verstauen und sich hinsetzen und lernen, während er auf dem Bahnsteig wartet. Er mag den Sitz!" (H, Tokio)

Eine Tasche mit zwei Ebenen, ideal für Menschen mit Rückenproblemen

Um den Bedürfnissen von Menschen gerecht zu werden, die sich nicht in der Hüfte beugen können oder unter Schmerzen im unteren Rückenbereich leiden, führten wir als nächstes ein neues Produkt mit oberen und unteren Fächern ein, das ein Ein- und Auspacken ohne Bücken ermöglicht. Dies war der „Dumano".

„Ich habe mir den Rücken verletzt und kann mich nicht mehr beugen, deshalb benutze ich den Dumano mit zwei Ebenen. Er ist ideal für eine oder zwei Übernachtungen. Bitte stellen Sie mehr Taschen mit zwei Ebenen her." (T, Minoo)

„Ich kann mich nicht bücken, weil ich Schmerzen im unteren Rücken habe. Bitte stellen Sie mehr Modelle wie Dumano her. Swany Bags sind für mich absolut unverzichtbar." (Y, Tokorozawa)

Der Name Dumano ist ein zusammengesetztes Wort aus dem Esperanto, *du* (zwei) und *mano* (Hand).

Ich benutze die internationale Sprache Esperanto, die leicht zu erlernen ist und die Freiheit bietet, zusammengesetzte Wörter zu bilden. Die Eintragung englischer Marken wird von Jahr zu Jahr schwieriger. Bei Swany verwenden wir Esperanto für unsere Markennamen. Da es weltweit nur etwa eine Million Sprecher gibt, ist die Sprache noch kaum ausgeschöpft worden!

Geburtsstunde des Vierrad-Stoppers

Unsere neuen Produkte gehen immer auf die Kommentare unserer Kunden zurück. Nachdem uns viele Nutzer gesagt haben, dass die Räder zu leichtgängig sind und gebremst werden müssen, haben wir die Zweirad- und Vierradstopper eingeführt.

Wenn man mit dem Zug fährt, müssen alle vier Räder blockiert werden. Das habe ich auf der Strecke von Takamatsu nach Tokushima selbst schon oft erlebt. Selbst wenn sich nur ein Rad dreht, läuft die Tasche davon. Um alle vier Laufrollen zu stoppen, bräuchte man den Einfallsreichtum eines Nobelpreises. Aber dank der Beharrlichkeit von Gorō Hashimoto von der Serviceabteilung wurde eine neue Technologie geboren, die den Koffer an der Bewegung hindert, indem die vier Räder senkrecht zueinander stehen.

Idealerweise sollte es möglich sein, dies zu tun, während man den Griff ergreift, ohne sich bücken zu müssen, um einen Hebel zu betätigen, aber aufgrund der Eigenschaften von Pendelrollen gibt es hier eine Reihe von Schwierigkeiten. Swany hat jedoch möglich gemacht, was in der Ver-

gangenheit für unmöglich gehalten wurde, und wir hoffen, dass wir unter Einsatz all unserer Ressourcen auch dieses Problem lösen können.
„Die Räder der neuen, verbesserten Tasche sind größer und bleiben nicht so leicht in Rillen stecken. Sie haben auch einen Stopper. Ich bin sehr zufrieden damit." (K, Tokio)
„Der Stopper bedeutet, dass ich mir keine Sorgen mehr machen muss. Ich arbeite ehrenamtlich in der Musikindustrie, und Dinge wie Ukulelen und Notenständer können umfallen, wenn die Räder ins Rollen kommen. Aber jetzt kann ich beruhigt sein." (K, Odawara)

Ein Swany in jeder Hand

E s gibt viele Benutzer, die, wie ich, in jeder Hand einen Swany Bag zur Stütze halten. Sogar beim Treppensteigen können wir die Taschen abwechselnd eine Stufe nach der anderen hochziehen, und dasselbe gilt für das Hinuntersteigen. In einem Rollstuhl verzweifle ich, wenn ich von einem Stockwerk in ein anderes muss. Für mich ist der Swany wertvoller als ein Rollstuhl. Hier sind zwei aktuelle Kundenkommentare.
„Meine beiden Kniegelenke wurden ersetzt. Ich stütze mich mit einem Swany Bag in jeder Hand. Auch kann ich Dinge tragen. Mein Leben ist jetzt eine wahre Freude. Ich danke Ihnen sehr." (I, Tokio)
„Mit Wanderstöcken waren 100 Meter meine Grenze, aber mit zwei Swany Bags kann ich jetzt so weit laufen, wie ich will. Diese Tasche ist wirklich großartig." (Y, Funabashi)

Vergrößerte Räder

I m Jahr 2013 wurde die 75-mm-Rolle aufgrund von Kundenwünschen perfektioniert. Wir hatten viele Anfragen für größere Räder. Diese wurden von 45 mm auf 50 mm, 60 mm und 75 mm vergrößert. Wir hatten viele Bitten, die Räder auf 75 mm zu ändern, aber es gibt ein Modell, das nicht auf 75 mm umgerüstet werden kann.
Die Swany Bag muss auf begrenztem Raum, z. B. im Zug oder Flugzeug, stets einen Halt bieten. Wenn die Räder größer als 75 mm sind, können sie beim Richtungswechsel miteinander kollidieren. 100 mm sind möglich, aber die Breite der Tasche müsste erweitert werden. In einem engen Raum würde die Tasche dann dem Körper keinen Halt mehr bieten können. Das ist ein leidiges Problem. Wir möchten jedoch der Forderung nach größeren Rädern so weit wie möglich nachkommen.
„Ich gehe immer und überall hin mit meiner Swany Bag. Ich benutze sie schon seit fast 15 Jahren. Die größeren Räder machen das Gehen einfacher. Ich bin wirklich dankbar dafür." (S, Kanazawa)

„Durch den Wechsel zu größeren Rädern ist es einfacher geworden, auch auf holprigen Wegen zu gehen. Ich habe drei Taschen, und ich wähle je nachdem, wofür ich sie verwenden möchte, die richtige aus. Mein Swany begleitet mich jeden Tag." (N, Tokio)

Geräuscharme Räder

Ein weiterer Wunsch der Nutzer ist, dass die Räder noch leiser sein sollen. Obwohl die Räder inzwischen leiser sind, gibt es immer noch Verbesserungsmöglichkeiten.

„Mein Swany vereint die Funktionen von Tasche, Koffer und Schublade. Er ist kompakt, leicht und sieht schick aus. Mir würde es allerdings gefallen, wenn die Räder leiser wären." (K, Kobe)

„Ich habe eine Behinderung in meinem Bein. Mit dem Swany fühle ich mich wohler als mit einem Stock. Dies ist mein erster 75 mm, aber ich hoffe, dass die Rollen leiser gemacht werden können." (Y, Nagoya)

Eine leichtere Tasche

Aufgrund der Notwendigkeit, die Tragfähigkeit zu erhalten, ist dies ein Bereich, in dem wir keine dramatischen Fortschritte gemacht haben. Ich sehe das als meine wichtigste verbleibende Herausforderung an.

„Weil ich eine Störung der Gehörgänge habe, die mein Gleichgewicht beeinträchtigt, bin ich auf meinen Swany angewiesen, wo immer ich auch hingehe. Ich habe nicht viel Kraft, deshalb fände ich es gut, wenn er ein bisschen leichter wäre." (Y, Tokio)

„Ich fahre mit Bus und Bahn zu den Malkursen. Mein Swany ist ein idealer Begleiter, denn er trägt meine gesamte Ausrüstung und unterstützt mich auch noch. Könnte man ihn nicht ein bisschen leichter machen?" (T, Tokio)

Dringende Wartungsarbeiten

In unserem Unternehmen stehen drei Techniker bereit, um Räder oder Griffe auszutauschen, die Verbindungsstifte der Rohre zu reparieren oder andere Reparaturen vorzunehmen und die Tasche innerhalb einer Woche zurückzusenden. Wir alle sind stolz darauf, dass unsere Produkte „nicht einfach nur eine Tasche" sind. Unser telefonischer Kundenservice kümmert sich um alles vor Ort.

Die Mitarbeiter einer Werkstatt erzählten uns, dass ein Kunde, als er erfuhr, dass die Reparatur eine Woche dauern würde, ihnen sagte, dass er ohne die Tasche nicht laufen könne; er bestand darauf, einen anderen Swany Bag mitzunehmen. Seitdem haben sie stets eine Tasche vorrätig, um sie an ihre Kunden ausleihen zu können.

„Danke, dass Sie meinen zweiten Swany wieder so gut wie neu hergerichtet haben. Ich kann nicht mehr ohne ihn ausgehen. Sogar meine Frau kommt an zweiter Stelle." (Y, Kobe)

„Mein reparierter Swany kam Tage früher zurück, als ich erwartet hatte. Er wurde rundum gereinigt und sieht wie neu aus. Vielen Dank!" (K, Hirakata)

Vorschläge für zukünftige Planungen

H ier sind einige Kommentare, die weitere Herausforderungen für die Zukunft darstellen.

„Ich hätte gerne eine Halterung für einen Spazierstock oder einen Regenschirm." (K, Tokio)

„Ich hätte gerne einen Haken am Griff, um eine Einkaufstasche aufzuhängen." (H, Tokio)

„Ich habe die Größe S gekauft, aber eigentlich hätte ich gerne etwas noch Kleineres." (H, Umeda)

Loyale Kunden

S higenobu Ushiro, der Leiter des Gepäckladens Lovely in Osaka, ist als bekennender Swany-Experte bekannt. Er verbringt mit jedem Kunden eine halbe Stunde damit, ihm die verschiedenen Eigenschaften der Swany-Taschen ausführlich zu erklären. In mehr als zehn Jahren hat er ein detailliertes Verzeichnis mit über tausend Namen angelegt, in dem festgehalten ist, wer welches Modell gekauft hat. Sein Geschäft ist der größte Verkäufer von Swany-Taschen in Japan. Diese Position hat er erreicht, ohne Rabatte zu gewähren; er verkauft immer zum vollen Preis.

Im Jahr 2014 besuchte uns Boo Takagi, Ukulele-Spieler und ehemaliges Mitglied der Rock-Comedy-Band *The Drifters*, bei Swany. Im Schlepptau hatte er einen Swany Tino Sako, der zu diesem Zeitpunkt bereits nicht mehr produziert wurde, und staunte über all die verschiedenen Taschen, die er zu Gesicht bekam. Alle kleineren Taschen schaute er sich an und bestellte die kleinste. Er ist ein begeisterter Swany-Benutzer und besitzt sechs Taschen, die er je nach Anlass auswählt. „Auf Hawaii fragen mich die Leute immer, wo ich meine Tasche gekauft habe", erzählte er uns. Es hat uns auch gefreut zu hören, dass er seine Taschen mit Sorgfalt behandelt und sie immer gründlich säubert, bevor er sie mitnimmt.

In Asien

Im Jahr 2012 kam Frau Wong, die Besitzerin des Metro-Kaufhauses in Singapur, nach Japan. In Tokio fiel ihr die Swany-Tasche auf. Sie war sofort begeistert und kaufte je eine für sich und ihre Mutter. Seither kauft sie stets Swany Bags für ihre Einkäufe und Reisen.

In Singapur begann sie daraufhin, die Swany-Taschen in ihrem eigenen Kaufhaus zu verkaufen. Obwohl diese aufgrund von Transportkosten und Einfuhrzöllen nochmal halb so viel mehr kosten als in Japan, wurden bereits 10.000 Stück verkauft. Die Swany wird unter älteren, wohlhabenden Menschen in Singapur immer beliebter. Unsere Taschen werden auch von Käufern aus dem benachbarten Malaysia und Indonesien gekauft.

Swany dringt nun nach und nach in den „erweiterten chinesischen Markt" von Hongkong, Taiwan und dem chinesischen Festland vor.

Besprechungen zur Fehlerbehebung

Seit 2017 führen wir „Veranstaltungen zur Problembehandlung" für Swany-Nutzerinnen und -Nutzer durch. Bis Ende 2020 haben bereits 80 Treffen an 13 verschiedenen Orten stattgefunden.

Einer dieser Treffpunkte ist das Keio-Kaufhaus in Tokio, wo der Leiter Hiroki Kawatani Treffen mit unseren Benutzern organisiert. Wir erhalten Beschwerden wie „Der Handgriff lässt sich nicht herunterdrücken", „Ich kann die Höhe nicht einstellen" und „Die Räder sind abgenutzt".

Wir raten den Kunden, die Räder zu ersetzen, wenn sie abgenutzt sind, und informieren sie darüber, dass es ein Modell mit Bremsen gibt. Gelegentlich sind unsere Mitarbeiter bis spät in die Nacht mit Reparaturen beschäftigt. Ein Kunde hat sie einmal mit einer Runde süßer Waffeln für ihre Bemühungen belohnt.

Diese einzigartigen Veranstaltungen zur Problembehandlung ziehen immer mehr Nutzer im ganzen Land an.

Abgespeckte Version des Rollstuhls

Im Jahr 2003 begann mein linkes Bein, das gute, zu schwächeln. Ich ging zu den Ärzten im Shirotori Krankenhaus. Sie sagten mir, dass ich unter einem Post-Polio-Syndrom (PPS) leide und dass ich sofort einen Rollstuhl benötige. So verbrachte ich die nächsten drei Jahre als Rollstuhlfahrer.

Ich begann jedoch daran zu zweifeln und suchte daher Professor Kyōzō Yonemoto von der Medizinischen Fakultät der Jikei Universität in Tokio auf, einen Experten für PPS.

In der Klinik von Professor Yonemoto in Tokio gab es sechs oder sieben andere Patienten, die mir alle ins Gesicht starrten. Einer von ihnen fragte mich schließlich: „Sind Sie nicht der Präsident von Swany?" Ich war überrascht zu hören, dass vier von ihnen Swany-Taschen hatten. Während wir uns unterhielten, kam ich an die Reihe. Professor Yonemoto kam persönlich heraus und rief: „Herr Miyoshi, bitte". Bis zu diesem Zeitpunkt hatte die Krankenschwester die Patienten aufgerufen!

Das erste, was er sagte, war, er habe sich auf ein persönliches Treffen mit mir gefreut, seit er von der Ankunft des Entwicklers des Swany Bag gehört hatte. Es stellte sich heraus, dass Professor Yonemoto seinen Patienten den Swany Bag empfohlen hatte.

Er sagte zu mir: „Herr Miyoshi, Sie können doch gehen, oder? Solange Sie gehen können, dürfen Sie keinen Rollstuhl benutzen. Ihre Muskeln werden sonst schwächer". Ich war über diesen Ratschlag sehr erfreut. In all den 15 Jahren, die seitdem vergangen sind, bin ich mit einem Swany Bag in jeder Hand herumgelaufen und habe kein einziges Mal mehr einen Rollstuhl benutzt. Das habe ich ausschließlich Professor Yonemoto zu verdanken.

In den drei Jahren, in denen ich im Rollstuhl saß, stieß ich ständig gegen Möbel und Türrahmen, weil der Rollstuhl zu groß war. Der Versuch, ihn in den Kofferraum eines Taxis zu bekommen, war eine große Herausforderung. Ein weiteres Problem war, dass ich nicht nah genug an das Waschbecken herankam, weil die Fußstützen im Weg waren.

An Orten wie Frankreich und Polen musste ich feststellen, dass ich einen Aufzug, der für zwei Personen ausgelegt ist, nicht benutzen konnte und meinen Rollstuhl im Erdgeschoss stehen lassen musste, während ich zu einem Treffen in einem der oberen Stockwerke fuhr. Einmal hatte ich auch eine Reifenpanne und versuchte es in einem Fahrradgeschäft reparieren zu lassen, musste aber feststellen, dass meine japanischen Reifen nicht kompatibel waren. So musste ich vier Tage warten, bis ein ganz neues Rad aus Japan eintraf.

Gleichzeitig wurde mir durch die Benutzung eines Rollstuhls die Freundlichkeit der anderen Menschen vor Augen geführt. Wenn ich in Europa oder Amerika auf eine Treppe oder einen steinigen Weg stieß, kamen sofort Menschen auf mich zu, packten den Rollstuhl auf beiden Seiten und hievten mich mitsamt Rollstuhl hoch. Das Flughafenpersonal kippte den Rollstuhl mit mir darin zurück, bis er fast waagerecht war, und lud mich in Sekundenschnelle in den Flughafenbus. Ich wurde sogar huckepack an Bord eines Flugzeugs getragen. All diese Erfahrungen zeigten mir aus erster Hand die Unannehmlichkeiten, die die Benutzer von zu sperrigen Rollstühlen erleiden. Dies erweckte in mir den Ehrgeiz zu sehen, ob ich nicht selbst einen kompakteren Faltrollstuhl bauen könnte. Die drei Jahre, die ich im Rollstuhl verbracht habe, waren auf keinen Fall umsonst.

Auf weniger als die Hälfte geschrumpft,
80 Jahre später

I ch begann, zu Hause und auf Reisen Zeichnungen von Rollstühlen mit verringerter Breite anzufertigen. Was mich jahrelang beschäftigte, war das Problem, einen X-Rahmen zu bauen, der den Sitz beim Zusammenklappen nicht zusammendrückt. Ich versuchte, immer wieder Zeichnungen zu entwerfen, konnte aber keine Lösung finden. Und so vergingen die Tage und Monate.

30 cm lang

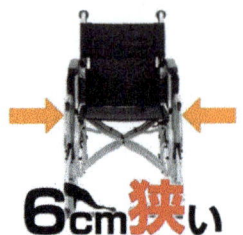

Beim Gebrauch 6 cm breiter

22 cm breit

Eines Tages im Jahr 2005, an Bord eines Flugzeugs nach New York, nahm ich mein Millimeterpapier zur Hand und zeichnete einen X-Rahmen mit gebogenen statt geraden Linien, um die Breite zu verringern. Auf diese Art und Weise, indem die Armlehnen des X-Rahmens gebogen wurden, konnte die Breite um bis zu 7 cm verringert werden. Die erste Hürde hatte ich genommen.

Der nächste Schritt bestand darin, die Breite der Räder zu verringern, indem die Bremse in der Radnabe untergebracht wurde. Bei herkömmlichen Rollstühlen war die Bremse an der Radnabe befestigt, was die Breite noch vergrößerte. Ich unternahm mehrere Reisen nach China, wo ich nach einem Lieferanten für Rollstühle und einem Hersteller von Nabenbremsen suchte. Ich fand einen führenden Hersteller in Dongguan und ließ Radnaben mit einer Breite von 7 cm anfertigen, d. h. 3 cm schmaler als die handelsübliche Nabe, was eine Verringerung der Breite um 6 cm links und rechts bedeutete und eine Investition von etwa 10 Millionen Yen.

Dadurch konnten wir die Gesamtbreite um 13 cm reduzieren (7 cm mit dem gebogenen X-Rahmen und 6 cm mit den Nabenbremsen), was zu einem revolutionären neuen Rollstuhl mit einer Faltbreite von 22 cm anstelle der herkömmlichen 35 cm führte.

Die nächste Herausforderung war, wie die Fußstützen eingeklappt werden können. Die einzigen Möglichkeiten waren, sie hochzuklappen oder nach unten wegzuklappen. Ich habe verschiedene Anordnungen ausprobiert, musste aber aus Platzmangel die nach unten klappbare Variante ausschließen.

Bei der hochklappbaren Variante gab es das Problem, dass die Fußstützen mit den umgebenden Gegenständen oben, vorne und an den Seiten kollidierten. Abwechselnd habe ich diese Berührungspunkte markiert und im Bett gelegen und gegrübelt. In einer Reihe von Geistesblitzen konnte ich Millimeter für Millimeter einsparen, bis es mir nach einigen Monaten gelang, die Länge um ganze 30 cm zu verringern.

Durch die Verringerung der Faltbreite um 13 cm durch den gebogenen X-Rahmen und die Verringerung der Länge um 30 cm durch die hochklappbaren Fußstützen konnte das Volumen des Rollstuhls im gefalteten Zustand von den 220 Litern des herkömmlichen Modells auf 100 Liter, also weniger als die Hälfte, reduziert werden.

1933 erfand das amerikanische Unternehmen E&J den X-Rahmen, der es ermöglichte, einen Rollstuhl auf die Hälfte seiner Größe zu falten. Achtzig Jahre später, im Jahr 2014, haben wir bei Swany einen Rollstuhl entwickelt, der auf die Hälfte dieser Größe gefaltet werden kann. Wir hatten die Geschichte des Rollstuhls neu geschrieben!

Zwei Rollstühle passen nun problemlos in den Kofferraum eines Taxis, der Benutzer kann sich im Rollstuhl einem Waschbecken nähern. Der Rollstuhl kann ohne großen Platzbedarf neben der Tür aufbewahrt werden, die Lieferkosten werden gesenkt und da der Rollstuhl im Gebrauch 6 cm schmaler ist, kann er die meisten automatischen Zugangsschranken problemlos passieren.

Bisherige Patente

B evor dieser revolutionäre Rollstuhl auf den Markt kommen konnte, mussten wir jedoch einige große Hürden überwinden. Diese Hindernisse gab es bis zur Markteinführung.

Im Sommer 2006, als der Rollstuhl kurz vor dem Verkauf stand, teilte uns das japanische Patentamt mit, dass bereits ein Patent für einen gebogenen X-Rahmen angemeldet worden war und uns daher kein Patent mehr erteilt werden konnte. Zehn Exemplare waren bereits produziert worden. Der neue Rollstuhl war in den Medien vorgestellt worden, und nun befanden wir uns völlig unerwartet in einer verzweifelten Situation. Wir beriefen sofort eine Vorstandssitzung ein, die zu dem Schluss kam, dass ein Neueinsteiger auf dem Markt ohne Patentrechte nicht überleben könne. Wir beschlossen, die bereits produzierten Artikel zu veräußern und die Presse darüber zu informieren, dass wir uns vom Markt zurückziehen würden.

Es war dennoch eine große Enttäuschung, wenn man bedenkt, was für eine gute Nachricht unser neuer Kompaktrollstuhl, der nach 80 Jahren Wartezeit nur noch halb so groß ist wie ein herkömmlicher Faltrollstuhl, für die Nutzer sein würde. Da ich der Überzeugung war, dass es das Wichtigste sei, ihn so schnell wie möglich auf den Markt zu bringen, beschloss ich, die Vermarktungsrechte an einen bestimmten führenden Hersteller zu vergeben. Ich besuchte dessen Büro, teilte ihnen mit, dass ich die neue Technologie zum Nutzen der Benutzer kostenlos anbieten wolle, überließ ihnen die Zeichnungen und kehrte zurück.

Aber so lange ich auch wartete, der Rollstuhl wurde nicht zum Verkauf angeboten.

Nach zwei Jahren, als meine Geduld allmählich zu Ende ging, kam eine Neujahrskarte von dieser Firma mit einer ermutigenden Botschaft. Ich fühlte mich erleichtert. Ich wartete weiter, es geschah immer noch nichts. Es schien, der Präsident, der keinerlei Behinderung hatte, konnte nicht erkennen, dass die Verkleinerung des Rollstuhls für die Benutzer ebenso bedeutsam war wie die Gewichtseinsparung.

Im Jahr 2012 hatte ich das Gefühl, dass ich dieses Ziel auf jeden Fall verwirklichen musste, und machte mich auf den Weg. Ich bat den Patentanwalt Yasushi Toyosu um Rat. Nach wiederholten Gesprächen mit ihm entstand ein neuer Plan, ein Modell, das nicht mit bereits angemeldeten Patenten kollidieren würde. Wie beim Aufbau eines Kundenkreises führen auch in der Technologie Beharrlichkeit und die Weigerung, aufzugeben, zum Erfolg.

Rollstühle waren weit entfernt von unserem Kerngeschäft, den Handschuhen.

Glücklicherweise wurde die Swany-Tasche in denselben Fabriken wie unsere Handschuhe hergestellt, hauptsächlich in China. Bei der Herstellung von Rollstühlen werden die gleichen Stoffe, Aluminium und Kunststoffe verarbeitet wie bei Taschen. Wir hatten Verbindungen zur Stoff-, Aluminium- und Kunststoffindustrie.

Das Design gehört zu den Bereichen Dynamik und Geometrie, aber sowohl bei Taschen als auch bei Rollstühlen hängt die Leistung von Faktoren wie der Festigkeit und Struktur der Bauteile ab. Am wichtigsten ist, dass wir auf die gängigen Erfahrungen von Taschen- und Rollstuhlherstellern gehört und nach unkonventionellen Lösungen gesucht haben, was uns schließlich zu dem neuen Produkt geführt hat.

Auf diesem Umweg feierte der Swany Mini-Rollstuhl 2014 sein zweites Debüt.

Eine Weltneuheit! Ein Rollstuhl mit Taschen

Zwei Jahre, nachdem der Rollstuhl auf den Markt kam, erhielten wir erste Anfragen von Benutzern nach zusätzlichen Taschen. Ich telefonierte mit etwa 40 Leuten. Einer von ihnen, Herr Shinji Okumura aus Okayama, sagte mir, dass ein Fach für Dinge wie Schlüssel, Brille und Smartphone in der Nähe der Armlehne absolut notwendig sei. Er wollte das Telefon nicht aus der Hand legen, bis ich zustimmte.

„Im Moment habe ich eine Tasche unter dem Sitz, und wenn ich etwas brauche, muss ich meine Hand zwischen die Beine legen und den Reißverschluss öffnen, um es herauszuholen. Das ist schwierig für mich mit meinen schwachen Armen und Beinen", sagte er.

Er drängte mich: „Herr Miyoshi, Sie haben die Tasche mit Gehstütze erfunden. Die Leute verlassen sich darauf, dass Sie eine Rollstuhltasche erfinden. Kommen Sie, das wird sicher ein Erfolg"!

Als Ergebnis hat der Rollstuhl nun Taschen auf beiden Seiten, über und vor den Haupträdern und seitlich der Armlehnen.

„Mit der auf erstaunliche 22 cm reduzierten Faltbreite lässt er sich mühelos ins Auto verladen. Es ist der bequemste Rollstuhl, den ich je benutzt habe, und er lässt sich von meinem Helfer leicht schieben." (S, Tokio)

„Ich konnte ihn selbst in den Kofferraum des Autos laden. Die Reifen sind unkaputtbar, so dass man sich keine Sorgen um den Luftdruck machen muss." (S, Tokio)

„Im Kofferraum meines Autos ist mehr als genug Platz für zwei von ihnen. Es ist einfach, die Toilette zu benutzen. Ich kann Dinge in den Taschen aufbewahren und mit hochgeklappten Fußstützen im Garten arbeiten." (M, Aichi)

Der Austausch mit unseren Rollstuhlfahrern geht weiter.

Ansporn zum Zeichnen von Karikaturen

Als ich mitbekam, dass Fumi Ueda, die ich im letzten Kapitel als unsere Personalbeauftragte vorgestellt habe, als Hobby Karikaturen zeichnet, fragte ich sie, ob sie eine Geschichte über die Entwicklung der Swany-Tasche und des Swany-Mini-Rollstuhls in Form von Karikaturen zeichnen könnte. Sie machte sich sofort ans Zeichnen und produzierte einen achtseitigen Cartoon.

Als uns eine Gruppe von Grundschülern besuchte und wir ihnen die Cartoons zeigten, kamen diese sehr gut an. Die Kinder waren viel mehr daran interessiert, diese zu lesen als unseren Erklärungen zuzuhören. Frau Ueda ist es sehr gut gelungen, die eher technischen Aspekte unserer Geschichte auch für Mädchen und Jungen leicht verständlich zu machen..

Diese Cartoons spielen nicht nur in Japan, sondern auch in Übersee in englischer und chinesischer Übersetzung eine Rolle bei unseren Geschäftsaktivitäten und sie unterstreichen Swanys Leidenschaft für Kreativität mit ihrer Aussagekraft durch Bilder.

Das heutige Geschäft von Swany

Jetzt, wo wir einen Weg abseits von Handschuhen gefunden haben, ist es an der Zeit, einen Blick auf das Geschäft von Swany zu richten.

Die Geschäftsentwicklung eines Unternehmens wird durch seine Gewinn- und Verlustrechnung und seine Bilanz dargestellt. Die eine zeigt den Umsatz und das Ergebnis des Jahres, die andere die Stärke des Unternehmens zu einem bestimmten Zeitpunkt. Für jeden unserer Unternehmensbereiche besprechen wir auf der Grundlage der Gewinn- und Verlustrechnung und der Bilanz die Aussichten für das Monats- und Quartalsende und legen Ziele für den sicheren Betrieb des Unternehmens fest. Darüber hinaus halten wir zweimal im Monat ganztägige Konferenzen ab, auf denen wir die Unternehmenspolitik festlegen und die Tagesordnung der einzelnen Geschäftsbereiche erörtern.

Zwischen 1980 und 2000 lag der Jahresumsatz bei 3 bis 4,5 Milliarden Yen, zwischen 2000 und 2020 lag er bei 4 bis 5 Milliarden Yen. In der zweiten Hälfte dieses Zeitraums ist der Umsatz mit Taschen auf etwa 1,2 Milliarden Yen gestiegen, während der Umsatz mit Handschuhen um etwa den gleichen Betrag gesunken ist. Erfreulicherweise sind wir jedoch 2018 in Japan zum führenden Hersteller von Handschuhen aufgestiegen. Darüber hinaus haben wir unsere Position als Nummer 1 bei Skihandschuhen nun schon seit sieben Jahren gehalten, 1 Milliarde Yen für die USA kommen noch hinzu.

Unser Handschuhgeschäft dürfte seine Wettbewerbsfähigkeit mit Aufträgen von führenden Kunden aufrechterhalten, aber unsere Konkurrenten in Ländern wie Indonesien und Vietnam bauen ihre Anlagen aus. Wir müssen uns mehr anstrengen, um die Produktivität bei der Herstellung von hochwertigen Produkten in kleinen Mengen zu verbessern und ein System für den ganzjährigen Betrieb aufzubauen und aufrechtzuerhalten. Die Entwicklung des Marktes für Frühjahrs- und Sommersportarten als Antwort auf die globale Erwärmung ist eine weitere dringende Aufgabe.

Besorgniserregend ist, dass unsere Bruttogewinnspanne, die bis etwa 2000 bei mindestens 30 % lag, seitdem gesunken ist. Aber wenn wir weiterhin Originalprodukte entwickeln und wenn unsere Investition in die Marken Swany Ski und Elmer in Japan und Europa im Jahr 2018 erfolgreich ist, sollten wir eine Chance haben, uns zu erholen. Sollten Skihandschuhe in den USA ein Comeback verzeichnen, können wir als ODM-Lieferant (Original Design Manufacturer, Original-Design-Hersteller) in Japan an dem Markt teilhaben.

Bei dem Geschäft mit Taschen und Rollstühlen sollten wir in der Lage sein, unsere Wettbewerbsfähigkeit dank unseres innovativen Vierradstoppers zum Bremsen von Lenkrollen und unseres originellen Taschenbefestigungshakens aufrechtzuerhalten, während wir gleichzeitig nach weiteren Verbesserungen in Bezug auf Funktionalität, Leichtigkeit und Design suchen.

Der Swany Mini-Rollstuhl, der sich auf die Hälfte des Platzes eines herkömmlichen zusammenklappbaren Rollstuhls zusammenfalten lässt und bis dicht an eine Küchenarbeitsplatte heranfahren kann, wird inzwischen etwa tausend Mal pro Jahr auf einem kleineren Absatzmarkt verkauft. Im Jahr 2020 ist er auf dem Verleihmarkt eingeführt worden, der zehnmal größer ist als der Einkaufsmarkt.

Dieser Swany Mini hat es uns ermöglicht, über das saisonale Handschuhgeschäft hinauszugehen, und es sieht so aus, als ob er eine hohe Rentabilität erreichen wird. Er ist nicht nur kompakt, spart Platz beim Parken und senkt die Transportkosten, sondern dürfte auch unter dem Gesichtspunkt des Umweltschutzes ein führendes Produkt werden. Wir haben Patente in Japan, den Vereinigten Staaten und China erhalten. Unser Wachstum zu einem führenden mittelständischen Unternehmen scheint gesichert.

Einladung zum kaiserlichen Gartenfest

Im Jahr 2013 wurde mir der Orden der aufgehenden Sonne fünfter Klasse für die Erfindung des körperunterstützenden Tasche verliehen.

Ich wurde zum kaiserlichen Herbstfest in die kaiserlichen Gärten von Akasaka in Tokio eingeladen, wo Mitglieder der kaiserlichen Familie mir für meine Arbeit dankten und der Kaiser selbst mich mit einem Lächeln von Angesicht zu Angesicht grüßte. Kaiserin Michiko, die den Kaiser begleitete und ihre Hand in seinen Arm legte, sprach zu mir, als sie bemerkte, dass ich mich auf meine Swany Bag stützte, und sagte: „Ich hoffe, Sie sind nicht müde. Bitte passen Sie auf sich auf."

Prinzessin Masako war nicht anwesend. Der Kronprinz sah aus, als ob er sie ein wenig vermissen würde. Prinz Akishino, seine Frau Prinzessin Kiko und die Tochter Prinzessin Mako folgten lächelnd. Danach folgten die Prinzessinnen Akiko und Yōko von Mikasa. Anschließend folgte Prinzessin Takamado in Begleitung ihrer Töchter Tsuguko und Noriko. Mit Blick auf mein Namensschild rief sie: „Oh, Mr. Swany!" und schien überrascht, mich dort stehen zu sehen. Prinzessin Noriko bedeutete mir freundlicherweise, mich in meinen Rollstuhl zu setzen. Die Begegnung mit all diesen Mitgliedern der kaiserlichen Familie war ein überwältigendes Erlebnis.

Unter den anderen Gästen traf ich den Eiskunstlaufweltmeister der Männer, Yuzuru Hanyū. Meine Frau und meine jüngste Tochter Yasuko ließen sich mit ihm fotografieren. Dann sprach mich eine Dame an und sagte: „Ich bin ein großer Swany-Fan. Ihre Taschen haben meine Mutter gerettet. Ich benutze auch eine. Ich bin im Namen meiner Mutter hier, die wegen ihrer schwachen Beine nicht kommen konnte." Ich war erstaunt, dort einen weiteren zufriedenen Kunden zu finden.

Meine Behinderung im rechten Bein, die mir so viel Kummer bereitete, dass ich mir sogar das Leben nehmen wollte, gab mir schließlich den Anstoß zur Entwicklung der Swany Bag, die dazu beitrug, die Bedürfnisse so vieler Menschen zu erfüllen.

Dann brachte mich das Post-Polio-Syndrom dazu, den Swany Mini zu perfektionieren, den kompaktesten Faltrollstuhl der Welt. Und jetzt war ich hier, traf Mitglieder der kaiserlichen Familie und stellte fest, dass sie den Namen Swany kannten. Es war ein Tag, an dem ich stolz auf mein Glück sein konnte.

TEIL 3

Die Wissenschaft des Fastens

Zum Fasten animiert

Im Alter von 43 Jahren, bekam ich eine Erkältung und ging ins Shirotori-Krankenhaus, wo man mir mitteilte, dass ich eine chronische Nephritis, ein schweres Nierenleiden, habe und sofort ins Krankenhaus müsse. Während ich im Krankenhaus lag, schickte mir mein älterer Bruder Yoriaki ein Exemplar von *Die Wissenschaft des Fastens* von Dr. Mitsuo Kōda. Diesem Buch zufolge können Fasten und leichte Kost den Kreislauf anregen und eine Besserung verschiedener Krankheiten bewirken. Ich las es und war beeindruckt von der überzeugenden Argumentation des Autors.

Anscheinend war Dr. Kōda schon immer eine Naschkatze gewesen und wuchs mit großen Mengen Zenzai auf, einem Snack aus zuckergesüßten Azuki-Bohnen und Reisknödeln. Er erlitt Schäden an mehreren Organen und erkrankte schließlich an einer chronischen Magen-Darm- und Lebererkrankung. Er studierte Medizin an der Universität Osaka und unterzog sich selbst einer entsprechenden Behandlung, konnte aber keine Anzeichen für eine Genesung erkennen. Daraufhin probierte er das von Katsuzō Nishi entwickelte "Nishi-Gesundheitssystem" aus. Während er dieses Konzept befolgte, wurde das Verlangen nach Zucker so stark, dass er sich mit verschiedenen süßen Snacks vollstopfte, ohne Rücksicht darauf, dass er daran zugrunde gehen könnte. Diese schmerzhafte Erfahrung brachte ihn schließlich auf die Idee des Fastens.

Der Autor sprach über die buddhistische Lehre der Loslösung von Leiden oder negativen Emotionen. Wir alle haben täglich in unserem Leben mit Kummer und Sorgen zu kämpfen. Als Geschäftsmann wusste ich, dass die Geschäftswelt eine Arena des Kampfes auf Leben und Tod ist, was natürlich zu Beschwerden führt. Warum nicht einmal das Fasten ausprobieren, dachte ich. Fasten ist eine spirituelle Disziplin, die von Asketen und heiligen Männern wie Gandhi praktiziert wurde. Es könnte sogar meinem Nierenleiden helfen!

Ein kurioses „Fastenlager"

Die „Kōda-Klinik", die ich besuchte, war wirklich ein seltsames Krankenhaus. Medikamente wurden als „Gifte" bezeichnet, und es wurden keine verschrieben. Es gab keine Krankenschwestern. Der scharfe Geruch von Desinfektionsmitteln fiel durch Nichtvorhandensein auf. Die einzigen Menschen waren Dr. Kōda, der Leiter der Klinik, eine Ernährungsberaterin und das Personal für die Essenszubereitung. Es gab Geschichten von Krebspatienten, die überlebt hatten, von Männern mit Glatze, deren Haare nachgewachsen waren, und von Schülern mit Muskeldystrophie, die an Sportveranstaltungen teilnahmen.

Die Patienten sahen auch nicht wie normale Krankenhauspatienten aus. Die Atmosphäre glich eher der eines Trainingslagers eines Sportvereins. In der zentralen Halle, die ungefähr 36 m² groß war, saßen circa 20 Personen, von denen einige ihre Körper wie das Pendel einer Uhr schwangen, andere schüttelten sich und streckten ihre Arme in den Himmel. Das muss die „Nishi-shiki-Gymnastik" sein, dachte ich.

„Was ist Euer Problem"? fragte ich sie. Einer antwortete: „Ich leide schrecklich an Rheuma". Ein anderer sagte schlicht: „Krebs". Allen war gesagt worden, dass die moderne Medizin ihre Krankheiten nicht heilen könne.

Auf der linken Seite der Halle befand sich der „Kōda-Garten", ein kleines Stück Land, auf dem grünes Blattgemüse im Überfluss wuchs. Daraus wurde der Rohkostsaft gewonnen, der die Grundlage für unsere Ernährung bildete.

Ausscheidung belastenden Kots

Das Mittagessen an meinem ersten Tag bestand aus einer halben Schüssel braunem Reisschleim und etwa 200 g Tofu. „Ist das alles?", dachte ich. Einfach nur brauner Reis und Tofu, lediglich mit natürlichem Salz gewürzt, war weit entfernt von dem, was ich zu essen gewohnt war. Um ehrlich zu sein, konnte ich es nicht ausstehen. Aber nach ein paar Tagen begann ich mich daran zu gewöhnen, und - vielleicht aufgrund meines Hungers - begann ich, es als schmackhaft zu empfinden.

Nach etwa einer Woche begann ich mit dem 11-tägigen „klaren Suppenfasten". Das Frühstück bestand aus einem kleinen Glas Gemüsesaft aus Grünzeug wie Spinat und Kopfsalat, etwa 180 ml. Zum Mittag- und Abendessen nahm ich etwa die gleiche Menge an klarer Suppe zu mir, bestehend aus einer dünnen Fischbrühe, die mit etwas Sojasauce und braunem Zucker gewürzt war. Außerdem trank ich über den Tag verteilt etwa 1,8 Liter Wasser und Kakiblättertee mit Vitaminen. Das alles zusammen ergab eine Gesamtzahl von 150 kcal pro Tag.

Zweimal am Tag verspürte ich den Drang, Stuhlgang zu haben, und jedes Mal setzte ich eine kleine Menge braunen, sandartigen Stuhles ab. Nach einigen Tagen schätzte ich, dass sich die ausgeschiedene Menge auf etwa eine halbe Waschbeckenfüllung summieren würde. Die anderen hatten alle ungefähr einen halben Eimer voll produziert, und Dr. Kōda sagte mir, dass ich immer noch nur etwa ein Drittel ausgeschieden hätte. Unter belastendem Kot versteht man zurückgehaltene Fäkalien, die sich als Folge von andauerndem Essen über die Menge der verdauten Nahrung hinaus ansammeln. Gase aus dem Stuhlgang im Magen-Darm-Trakt dringen über die Blutgefäße in den Körper ein und verursachen eine Vielzahl von Krankheiten, heißt es.

Schon nach vier Tagen war das einleitende „Klare-Suppe-Fasten" einfacher, als ich es mir vorgestellt hatte. Ich war erpicht darauf, den ganzen verhärteten Stuhl loszuwerden. „Herr Doktor, ich könnte das 15, nein, 20 Tage lang machen", sagte ich. „Es ist einfach, weil Sie Salz zu sich nehmen", antwortete er. „Warum versuchen Sie es nicht mit zwei Tagen *striktem Fasten*"?

Nach Beginn des strengen Fastens, bei dem nur Wasser und Kaki-Tee erlaubt waren, verlor ich den Mut. Allein das Aufrichten meines Körpers war beschwerlich. Ich schaffte es gerade noch, ein Buch zu lesen. Der Verzicht auf Salz und Zucker war hart. Den ganzen Tag über konnte ich nicht ein einziges Mal ein Stäbchen in die Hand nehmen, die Zeit schien endlos, und ich konnte es nur mit Mühe ertragen.

Ich las von morgens bis abends Bücher und versuchte, mein Magenknurren zu unterdrücken. Nachdem neun Tage vergangen waren, verkündete Dr. Kōda: „Übermorgen bekommst du braunen Reis." Als er das sagte, begann mein Magen zu grollen. Ich glaubte, den Geruch von Curry oder gebratenem Reis wahrzunehmen. Visionen von meinen Lieblingsgerichten tauchten auf und verschwanden wieder, nur um wieder aufzutauchen: Hühnchen-Ei-Reis, Tempura mit Nudeln. In den nächsten zwei Tagen konnte ich an nichts anderes denken als ans Essen. Mein Verlangen nach Essen machte mich verrückt. Dann, nach 11 Tagen, war mein Fasten endlich zu Ende.

„Ich habe es geschafft", sagte ich zu mir selbst und beglückwünschte mich.

Ich bin von Haus aus von kleiner Statur, und nach dem Fasten ging mein Gewicht um 10 kg auf 43 kg zurück. Der Arzt war sehr vorsichtig, was die Wiederaufnahme der Nahrungsaufnahme betraf, vielleicht aus Sorge um das Risiko einer Darmverschlingung. Ich begann mit braunem Reisbrei (ein Teil Reis auf 20 Teile Wasser, ansteigend auf einen Teil Reis auf 10 Teile Wasser). „Doktor, ich verhungere! Ich halte es nicht aus!", rief ich, aber der Arzt wies mich darauf hin, dass ich jeden Tag ein halbes Kilo zunahm. „Sie haben über all die Jahre zu viel gegessen", sagte er.

Im Laufe von vier Tagen ging ich allmählich dazu über, normalen gekochten Reis zu essen, mit einer Kalorienzufuhr von 1650 kcal pro Tag. Zum Frühstück gab es nur 180 ml Gemüsesaft (50 kcal), und zum Mittag- und Abendessen aß ich braunen Reis mit rohem Gemüse der Saison, etwas gegrilltem Fisch, Tofu und Seetang (800 kcal pro Mahlzeit). Für mich war das wie ein Festbankett. Nichts lässt den Menschen so bescheiden werden wie Hunger. Als ich all diese Speisen sah, musste ich an die vielen hungernden Kinder auf diesem Planeten denken.

Ich war so hungrig, dass ich die Mahlzeiten nicht abwarten konnte. Während der 33 Tage, die ich dort verbrachte, aß ich das Äquivalent einer Standarddiät von nur etwa sieben Tagen, aber dank der Minderung des belastenden Kots verbesserte sich meine gastrointestinale Absorption, und als ich abreiste, hatte sich mein Gewicht auf 47 kg erholt.

Vor jeder Mahlzeit rezitiere ich nun diese Verse von Sumiko Deguchi, der zweiten geistigen Führerin von Oomoto.

Die Segnungen des Himmels und der Erde haben diese Nahrung geschaffen.
Lass mich kein einziges Gemüseblatt verschwenden.

In einem einzigen Reiskorn wohnen die Geister des Feuers, des Wassers und der Erde.
Lass mich das nie vergessen.

Der Segen von Feuer, Wasser und Erde,
Das ist die wahre Form des Geistes des Himmels und der Erde.

Geschäftiger Klinikalltag

Während meines Aufenthalts in der Klinik begann mein Tag um fünf Uhr, als ich den Signalton meiner Armbanduhr hörte, was mein Zeichen zum Aufstehen war. Ich legte mein Bettzeug beiseite und ging in den Waschraum, wo ich mich mit den anderen Patienten austauschte.

Zurück in meinem Zimmer kniete ich in Richtung des Oomoto-Heiligtums in Ayabe nieder und sprach das Oomoto-Gebet. Ich dankte für die Erfahrung des Fastens und betete wie immer für die Gemeinschaft der Menschen aller Religionen, Nationen und Sprachen.

Jeden Tag nahm ich 40 cm^3 Suimag, ein natürliches Abführmittel aus Meersalz, in einem Glas Wasser aufgelöst, nicht als Medikament, sondern um die Aüsscheidung meines belastenden Stuhls zu fördern.

Zwischen 5.30 und 6.00 Uhr machten wir eine „Nackttherapie". Bei weit geöffneten Fenstern setzten wir unsere Haut der frischen Luft aus, gingen unter die Bettdecke und waren dann wieder nackt an der frischen Luft. Dies wiederholten wir, wobei wir die Zeit, in der wir nackt waren, allmählich verlängerten. Dies sollte unsere Haut kräftigen und das angesammelte Kohlenmonoxid abbauen. Es heißt, dass es bei täglicher Anwendung auch zur Behandlung von Krebs beitragen kann.

Der Arzt wies mich auch an, Nishi-shiki-Gymnastik zu machen, die ich immer noch jeden Tag eine Stunde lang in Freizeitkleidung mache. Sie bestehen aus folgenden Übungen:

1. „Goldfisch"-Übung, 200 Mal: Bauchmuskelübungen mit Blick nach oben, die Hände hinter dem Nacken verschränken und sich wie ein schwimmender Fisch bewegen.
2. Kapillarübung, zwei Minuten: nach oben blicken, Arme und Beine senkrecht anheben und schütteln.
3. Übung mit zusammengeführten Handflächen und

Fußsohlen, 200 Mal: nach oben gerichtet, mit zusammen–liegenden Handflächen und Fußsohlen, Arme und Beine gemeinsam strecken und anspannen.

4. Dorsoventral-Übung, 200-mal: kniend mit gespreizten Beinen und nach hinten verschränkten Händen den Rumpf nach links und rechts schwingen.

5. Elf Nackenübungen, jeweils 20 Mal: Drehen des Nackens nach links, rechts, vorwärts, rückwärts, im und gegen den Uhrzeigersinn.

Dr. Kōda sagte mir, ich solle diese Abfolge von fünf Übungen, die etwa 20 Minuten dauert, ein paar Mal wiederholen. Es kostete ziemlich viel Energie, aber danach fühlte ich mich gestärkt und energiegeladen.

Der Geschäftsführer zeigte mir mein Bett und erklärte die Bedeutung eines flachen Bettes für die Begradigung meiner Wirbelsäule. Ich konnte nicht so recht glauben, dass ich ein so hartes Bett bekam: Unter einer nur einen Zentimeter dicken Auflage befand sich eine Sperrholzplatte. Man sagte mir, dass das Liegen auf diesem Bett den Rücken begradigt und die Leber-, Nieren- und Darmfunktion fördert. Aber ich fand es so unbequem, dass ich überhaupt nicht schlafen konnte. Obwohl ich tagsüber zum Lesen so lag, benutzte ich nachts drei der dünnen Matten. Zum Glück war wenigstens der Bettbezug weich und bequem.

Dann erlebte ich eine weitere Überraschung: das Kopfkissen. „Es ist etwas gewöhnungsbedürftig", sagte mir der Geschäftsführer und zeigte mir ein halbrundes hölzernes Kopfkissen. Wenn ich mit dem Nacken auf der gewölbten Oberfläche schlafe, wird mein Kreislauf besser durchblutet, mein Kopf bleibt kühler als meine Füße, meine Halswirbel werden aufgerichtet und ich schlafe besser, erklärte er mir. Ich brauchte einen ganzen Monat, um mich an dieses harte Holzkissen zu gewöhnen.

Nach dem Abendessen freuten wir uns alle auf das Wechselbad. Wir tauchten eine Minute lang bis zum Hals in das natürliche Thermalwasser, das ganzjährig 15 Grad hatte, und badeten anschließend eine Minute in heißem Wasser. Abwechselnd badeten wir fünf Mal in kaltem und vier Mal in heißem Wasser und schlossen mit kaltem Wasser ab. Dieses Wechselbad brachte unseren Kreislauf in Schwung, vertrieb unsere Müdigkeit und war sehr wohltuend. Jeder, der die Sauna kennt, die auf einem ähnlichen Prinzip beruht, kann sich das leicht vorstellen.

In der Klinik von Dr. Kōda las ich 40 Bände der „Geschichten aus der geistigen Welt" von Onisaburo Deguchi sowie Bücher von Dr. Kōda und dem buddhistischen Autor Daisaku Ikeda sowie weitere Bücher über das Christentum, den Buddhismus und andere Religionen und die Schriften von Gandhi über Gesundheit - insgesamt 55 Bände. Es war eine ungewöhnlich erfüllende Zeit für mich.

Mein Begleiter, der Universitätsstudent

Wir schliefen zu zweit in einem Zimmer, und mein Zimmergenosse war ein Literaturstudent der Universität Kyoto. Während ich 33 Tage lang meine Bücher las, überlegte ich, wie ich ihn am besten unterstützen könnte. Ich bat ihn oft, mir beim Lesen einer schwierigen Textstelle in einem Buch zu helfen. Er war stets einverstanden, aber er hatte wenig Durchhaltevermögen. Während wir fasteten, blätterte er den ganzen Tag lang in Kochbüchern und betrachtete die Fotos von Yakitori und Tempura. Er war da, um zu versuchen, Magengeschwüre und Darmentzündung zu heilen, aber er schlich sich immer hinaus, wenn Dr. Kōda nicht da war, um Kuchen zu kaufen. Einmal hat er versucht, mich zu verführen, indem er mir einen anbot. „Was? Willst du mich umbringen?", sagte ich mit erhobener Stimme, und er verschlang seinen Kuchen in Windeseile. Natürlich hatte er am nächsten Morgen starken Durchfall.

Wenn du nicht den Willen hast, etwas bis zum Ende durchzustehen, wirst du keine Hilfe vom Himmel erhalten. Als ich abreiste, hinterließ ich meinem Mitbewohner diesen Zettel: „Nimm nicht die Geduld anderer in Anspruch, nicht die der Gesellschaft, nicht die von Dr. Kōda, nicht die deiner Eltern. Du bist ein guter, intelligenter junger Mann. Du kannst es schaffen!" Ich frage mich, wie er jetzt zurechtkommt. Halte durch, mein Freund!

Lernen bei der morgendlichen Versammlung

Jeden Morgen, egal ob es regnete oder hagelte, versammelten wir uns um 7.30 Uhr zur morgendlichen Versammlung. Es war wie eine Vorlesung an der Universität, in der die Teilnehmer Notizen in ihre Hefte schrieben und Tonbandaufnahmen machten.

Alle 24 Teilnehmer legten ihre Hände zum Gebet zusammen und sprachen die fünf Verse, die buddhistische Mönche vor den Mahlzeiten rezitieren, wobei wir gelobten, uns an die strenge Diät zu halten. Dr. Kōda fragte dann, ob jemand irgendwelche Schwierigkeiten habe. Anschließend begann er mit einem Vortrag über Lebensmittel: „Brauner Reis enthält 15,5 % Wasser, 6,8 % Eiweiß …"

Brauner Reis ist der König unter den Lebensmitteln, erklärte er. Bis zu 95 % der Vitamine und Mineralstoffe im Reis sind in der Kleie und im Keim enthalten.

Im Vergleich zu weißem Reis enthält brauner Reis doppelt so viel Soda, Kalzium und Phosphor, 2,3-mal so viel Kalium und Fette, dreimal so viele Ballaststoffe und Eisen sowie viermal so viel Vitamin B1 und B2. Muscovado-Zucker enthält das Drei- bis Neunzigfache an Asche, Natrium, Kalzium, Phosphor und Eisen im Vergleich zu weißem Zucker.

Eisen benötigt der Körper in erheblichen Mengen für das Wachstum, und der Körper braucht ein Gramm Kalzium pro Tag. Kalium ist wichtig für die Ausscheidung von Abfallstoffen aus der Leber, Vitamin B1 ist wichtig für die Prävention von Diabetes. Vitamin B2 beugt Hautproblemen vor, und Natrium ist wichtig für die Erhaltung des Lebens. Phosphor ist wichtig für Knochen und Zähne, erfuhren wir.

Außerdem wurde uns beigebracht, natürliches, sonnengetrocknetes Meersalz oder Steinsalz zu verwenden, das reich an Kalzium, Mangan und Eisen ist. Offenbar können selbst Venusmuscheln in einer Lösung aus gereinigtem Natriumchlorid nicht überleben.

Weißer Zucker ist ein Kalziumdieb und sollte vermieden werden. Ein Erwachsener sollte nicht mehr als 30 Gramm pro Tag zu sich nehmen, aber bis zu 90 Gramm Muscovado können unbedenklich verzehrt werden, und 100 Gramm Honig können ohne die mit Zucker zusammenhängenden Schäden konsumiert werden.

Lernen von den Patienten

Nach dem Vortrag des Arztes sprachen die Patienten über ihre Erfahrungen.

Eines Morgens sprach Kinnosuke Muraji, ein 65-jähriger Mann.

Herr Muraji litt seit sieben Jahren an Rheuma und Bluthochdruck. Nach einer 17-tägigen Rohkostdiät verschwanden seine Stuhlbeschwerden. Sein Blutdruck verbesserte sich dramatisch, der systolische Druck sank von 198 auf 143 und der diastolische von 125 auf 93. Auch seine Sehschärfe verbesserte sich von 0,2 (oder 20/100) auf 0,8 (oder 20/25).

Einige Tage später hörte ich die Geschichte von Hisami Shimamoto, deren Haut seit ihrer Kindheit aufgrund von Vitiligo weiß geworden war und die eine Universitätsklinik nach der anderen besucht hatte. Eines Abends hörte sie, wie sich ihre Eltern im Nebenzimmer über sie unterhielten und sich Sorgen machten, dass sie mit ihrem Hautleiden nie einen Ehemann finden würde. Im Krankenhaus wurde sie vor den Assistenzärzten und Krankenschwestern nackt fotografiert, was ihr die Tränen in die Augen trieb. Sie war hierher gekommen, weil sie von jemandem gehört hatte, der durch eine Rohkostdiät von seiner Vitiligo geheilt worden war. Ich konnte das wirklich nachfühlen, da ich in meiner eigenen Kindheit eine ähnliche Erfahrung gemacht hatte, und ihre Geschichte trieb mir die Tränen in die Augen.

Die siebenundsiebzigjährige Yoshiko Kawamura erzählte, dass nach 55 Tagen Rohkostdiät ein schwarzes, einen Zentimeter langes Haar in der Mitte ihres weißen Haares gesprossen war. Dr. Kōda kam und machte ein Foto davon. Unsere morgendlichen Versammlungen waren voll von erstaunlichen Geschichten wie dieser.

Michiaki Fujita, ein Grundschullehrer, bezeichnete sich selbst als ein „wandelndes Lehrbuch der Krankheiten". Er war aus Osaka angereist, da ihm Dr. Kōda empfohlen worden war. Während seines dritten Fastens teilte er mit, dass er in seinem Kot 70 Brocken in Form und Größe eines Wachteleies gefunden hatte. Diese hatten sich in seiner Darmwand festgesetzt und ihn an der Aufnahme von Nährstoffen gehindert. Ich erinnere mich noch an das Lächeln auf seinem Gesicht, als er sagte, dass er sich zum ersten Mal in seinem Leben gesund fühle, da er den belastenden Stuhl losgeworden sei.

Ich hörte auch die Geschichte von Sōichirō Musha, einem Universitätsprofessor, der eine Rohkostdiät zur Behandlung seines Blasenkrebses durchführte. Offenbar trinken viele Bergsteiger sterilen Urin, um ihre weißen Blutkörperchen zu vermehren, Krankheitserreger abzutöten und das Blut zu reinigen. Das war für mich eine völlige Überraschung.

Jeden Morgen, nach der Versammlung, machten wir 24 alle eine Stunde lang 15 Nishi-shiki Übungen.

Nephritis (Nierenentzündung) durch Rohkost geheilt

Als ich die Klinik verließ, gab mir Dr. Kōda sein Gutachten und sagte, meine Nephritis könne durch eine Rohkostdiät geheilt werden. Zu Hause angekommen, setzte ich dies sofort in die Tat um. Zum Frühstück machte ich mir im Mixer einen Saft aus rohem Gemüse der jeweiligen Jahreszeit und fügte ein wenig Wasser hinzu. Zum Mittag- und Abendessen gab es einen Rohkostsalat mit braunem Reismehl, Rettich, Karotten, Süßkartoffeln und 4 g natürlichem Meersalz. Eine Mahlzeit enthielt 500 kcal, und mit den 50 kcal für meinen morgendlichen Saft belief sich meine Nahrungsaufnahme auf 1050 kcal.

Zum Mittag- und Abendessen trank ich 250 g Gemüsesaft und nahm 70 g braunes Reismehl in den Mund. Das war nicht lecker, aber es hatte einen gewissen Eigengeschmack. Ich aß 120 g geriebene Karotten, 100 g geriebenen Rettich und 30 g geriebene Süßkartoffeln, über die ich 4 g natürliches Salz gestreut hatte. Es war wirklich wie Kaninchenfutter, eine sehr asketische Diät. Mein Vater, der es fröhlich ertrug, eine Woche am Stück in Nachtzügen zu schlafen, schloss sich mir an und sagte: „Wenn es dir so gut tut, dann probiere ich es auch", aber nach nur drei Tagen warf er das Handtuch.

Ein Teller mit geriebenem Rettich ohne ein schönes Stück gegrillte Makrele dazu war ausgesprochen unappetitlich. Angesichts von 120 g geriebener Karotten stöhnte mein Magen auf. Die mit Salz bestreute Süßkartoffel war jedoch ein angenehmer Geschmack, der mir vertraut war, und der Gemüsesaft schmeckte wie immer.

Während ich diese Diät einhielt, besuchte ich die örtliche Kamada-Klinik, um meinen Urin auf Blut und Eiweiß untersuchen zu lassen. Die Ergebnisse meldete ich jeden Monat an Dr. Kōda. Ein, zwei, drei Monate vergingen, es gab immer noch keine Besserung. Ich wandte mich an Dr. Kōda und sagte ihm, dass ich am Ende meiner Kräfte sei. Er ermutigte mich, noch ein paar Monate durchzuhalten. Wie er vorausgesagt hatte, begannen nach sechs Monaten meine Blut- und Eiweißwerte im Urin zu sinken. Ich hielt weiter durch. Nach neun Monaten war meine Nephritis vollständig verschwunden.

"Hallelujah!" rief ich laut.

Ich hatte es geschafft, obwohl ich dabei bis auf 40 kg abgenommen hatte. Dr. Kōda hatte mir gesagt, es sei besser, den Ärzten im Krankenhaus nichts von meiner Diät zu erzählen, da sie es nicht verstehen würden, aber ich war so zufrieden mit mir, dass ich es ihnen trotzdem sagte. Als ich dem Arzt von meiner neunmonatigen Rohkost-Kur erzählte, wies er dies sofort zurück und meinte, das habe nichts mit meiner Genesung zu tun. Ein paar Jahre später starb dieser Arzt an Lungenkrebs, obwohl er noch so jung war.

Nicht mehr als 2.000 kcal pro Tag

Achtunddreißig Jahre sind seit meiner Erfahrung mit der Fastentherapie vergangen.

Heute besteht mein Frühstück aus dem Saft einer Karotte plus einer Packung „Ito En täglicher Gemüsesaft" und, obwohl es streng genommen nicht erlaubt ist, einer Scheibe braunem Reisbrot.

Zum Mittag- und Abendessen esse ich eine Schüssel gedämpften braunen Reises mit Tofu oder Bohnen, kleinen Fischen wie dem Stint, die im Ganzen gegessen werden können, Seetang und Gemüse, einschließlich Wurzelgemüse. Ich versuche, nichts zu essen, was nicht unter eine dieser fünf Kategorien fällt. Diese beiden Mahlzeiten liefern mir etwa 1.600 kcal, zusammen mit meinem Frühstück, das aus braunem Reisbrot und Saft besteht, habe ich einen Gesamtverzehr von etwa 1.800 kcal.

Es ist einfach, leckeren braunen Reis im Schnellkochtopf zu kochen, wenn man ihn vorher etwa drei Stunden lang in Wasser einweicht. Wenn Sie sich an diese Fünf-Kategorien-Diät halten, ist Ihr Stuhlgang problemlos und Sie fühlen sich gesund. Wenn Sie jedoch zu viel oder die falschen Lebensmittel essen und nicht versuchen, sich mit Ganzkörpertraining gesund zu halten, werden Sie wahrscheinlich von anhaltenden Erkrankungen der Augen, der Nase und der Ohren heimgesucht.

Je mehr tierisches Eiweiß man zu sich nimmt, einschließlich Fisch, desto dunkler, geruchsintensiver, klebriger und schwieriger wird der Stuhlgang, was zu Störungen der Organe führt. Vor allem Fleisch sollte gemieden werden, da es das Blut eintrübt, wie man uns sagt.

Dr. Kōda betonte, wie wichtig es ist, nicht zu viel zu essen, und sagte, dass eine Kalorienzufuhr von höchstens 2.000 kcal pro Tag die Gesundheit erhalten könne. Wenn man dem Magen erlaubt, sich zu entleeren, können die Körperzellen eine Sogwirkung auf das Blut ausüben, was die Durchblutung verbessert. Diese Idee scheint im Widerspruch zum Modell des Herzens als Pumpe zu stehen, aber er erklärt, dass das Herz ungefähr so viel Kraft hat wie eine Haushaltsnähmaschine und dass es mechanisch unmöglich ist, das Blut mit nur einem Viertel einer Pferdestärke in 20 Sekunden zu 60 Billionen Zellen zu pumpen.

Blut fließt aus dem Körper, wenn er bei einem Unfall verletzt wird, aber kein Blut fließt aus dem Körper eines Menschen, der eines natürlichen Todes gestorben ist, so Dr. Kōda weiter. Wenn der Mensch lebt, wird das Blut in die Zellen hineingezogen, man kann es nur nicht sehen. Selbst eine Amöbe, die kein Herz hat, hat einen Kreislauf. Die Herzpumpentheorie erkläre nicht die Tatsache, dass Sinusitis und Otitis media durch Fasten geheilt werden können, fügt er hinzu.

Die Herzpumpentheorie, nach der das Blut das Herz verlässt, im Körper zirkuliert und zum Herzen zurückkehrt, wurde von dem Engländer William Harvey beschrieben. In seinem Buch „Fasten und leichtes Essen für die Gesundheit" schreibt Dr. Kōda: „Diese Vorstellung entstammt einer feudalen, autokratischen Weltanschauung, der lächerlicherweise auch heute noch viele Ärzte blindlings anhängen".

Dr. Kōda erzählte mir, er habe einen offenen Brief an medizinische Einrichtungen gerichtet, aber keine Antwort erhalten. Gleichzeitig lobt Dr. Kōda jedoch die westliche Medizin für ihre Fähigkeit, Dinge wie Blutdruck und Blutzucker zu bestimmen.

Im Jahr 2015, nachdem ich die leichte Ernährungsweise und die Nishi-shiki Übungen beibehalten hatte, besuchte ich das Städtische Krankenhaus Sanuki für einen Gesundheitscheck. Ich erhielt in allen fünf Bereichen die volle Punktezahl: mein Taillenumfang betrug 70 cm, mein Blutdruck lag bei 93/60, meine Triglyceride bei 39, mein HDL-Cholesterin bei 96 und mein Nüchternblutzucker bei 86. Die Ärztin war so zufrieden mit mir, dass sie vorschlug, ich solle Vorträge halten, um den Leuten von meiner Ernährung und meinen Übungen zu erzählen.

Leichte Ernährung
basierend auf Liebe und Mitgefühl

Mein 33-tägiger Aufenthalt in der Klinik von Dr. Kōda kostete mich nur 90.000 Yen. Das mag nicht allzu überraschend erscheinen, da ich auf einer Sperrholzplatte mit einer hauchdünnen Matratze schlief und mir keine teuren Mahlzeiten serviert wurden. Aber es ist nicht korrekt, dass ich meine Krankenversicherung nicht in Anspruch nehmen konnte, obwohl ich dort meine erfolgreichste Behandlung hatte!

Es gibt Menschen, die mit braunem Reis nicht zurechtkommen, jedoch können sie ihren eigenen Reis mahlen, den gemahlenen weißen Reis essen und dann separat die Kleie in einer Pfanne rösten, wobei die Herdplatte ausgeschaltet wird, sobald die Kleie eine braune Farbe annimmt. Diese geröstete Kleie kann dann mit Gemüsesaft eingenommen werden, etwa drei Esslöffel pro Tag. Dies hat die gleiche Wirkung wie der Verzehr von braunem Reis. Ich bin seit fünf Jahren ein Anhänger dieser gerösteten Reiskleie.

Dr. Kōda pflegte mit seinen Patienten zu scherzen, dass die meisten Ärzte und Apotheker arbeitslos würden, wenn jeder das Nishi-shiki-Trainingsprogramm befolgen würde. Er sagte auch, dass er mehr als 2.000 Krebspatienten mit Fasten und einer Rohkostdiät behandelt habe, auch wenn manche Patienten nicht geheilt werden konnten, weil die Krebszellen mehr als 70 % der betroffenen Stelle befallen hatten. Wenn ich an seine Ergebnisse denke, selbst bei Krankheiten, die von der modernen Medizin als unheilbar angesehen werden, kann ich nicht umhin, mich zu fragen, ob die mehr als 40 Billionen Yen, die jährlich für das Gesundheitswesen ausgegeben werden, nicht reduziert werden könnten.

Seit kurzem wird vor Therapien gewarnt, bei denen die Präventivmedizin vernachlässigt wird, bei denen nur Symptome behandelt werden, bei denen lebensverlängernde Behandlungen für Patienten in finalem Stadium durchgeführt werden und vor Organtransplantationen von Spendern, die als hirntot eingestuft wurden. Der Dokumentarfilm *Hard to Believe* (Schwer zu glauben), gedreht und produziert von dem Amerikaner Ken Stone, ist ein schockierender Film über die Gewinnung von Organen für Transplantationen.

In seiner Jugend veranlassten seine eigenen schmerzhaften Erfahrungen Dr. Kōda, nicht mehr übermäßig viel zu essen. Er erkannte, dass, in seinen Worten, „leicht zu essen bedeutet, alles Leben zu schätzen". Diese Praxis der Liebe und des Mitgefühls wurde sein Lebensziel, und er verbrachte die nächsten 50 Jahre damit, seine Fastenphilosophie mit anderen Menschen zu teilen.

Mit dem Hinweis, dass eine Kuh das Zehnfache ihres Eigengewichts an Getreide und ein Gelbschwanz das Siebenfache seines Gewichts an Sardinen frisst, plädierte er wiederholt dafür, im Interesse der Umwelt auf solche Genussmittel zu verzichten und stattdessen Getreide und Sardinen zu essen.

Erst neulich hörte ich ein Interview mit dem verstorbenen Dr. Kōda in der NHK-Radiosendung Radio *Nachtflug*. Ich war bewegt, die Stimme des Mannes zu hören, der mich vor all den Jahren gerettet hatte. Mein Leben hat seit jener Zeit, in der ich an Nephritis litt, eine wundersame Entwicklung genommen.

Die meisten Menschen, die das Wort „Fasten" hören, sind schockiert. Ich aber darf jetzt Eis essen und genieße Obst nach dem Mittagessen und einen Snack am Nachmittag.

TEIL 4

Eine zukünftige Weltsprache

Kann Englisch wirklich
eine gemeinsame Sprache sein?

D er kürzlich erschienene Roman *In Pleasure* (Mit Genuss) von Mariko Hayashi enthält die folgende Passage.

Der Protagonist, Kusaka, erklärt:

„Weißt du, ich glaube, in hundert Jahren wird es keine japanische Sprache mehr geben."
„Kein Japanisch"? frage ich mich ...
Natsuko neigte ihren Kopf zur Seite.
„Wenn unsere Sprache verschwindet, bedeutet es, dass es das Land selbst nicht mehr gibt. Ich glaube nicht, dass dies mit Japan passieren wird."
„Das würde ich auch gerne glauben, aber in hundert Jahren werden Japanisch und Japan verschwunden sein."
„Ich frage mich ..."
„Es ist traurig, aber ich denke, es wird passieren. Man bekommt keinen Job in einem großen Unternehmen, wenn man nicht gut in der englischen Sprache ist. Man hat bereits damit begonnen, Englisch in der Grundschule zu unterrichten. Früher oder später wird Englisch die offizielle Sprache in Japan werden. Und so wie die Dinge laufen, wird das Land selbst nicht mehr lange überleben."

Nach der Umweltkrise steht uns ein weiteres großes Problem bevor, nämlich das der gemeinsamen Sprache. Ist es wirklich eine gute Idee, diesen Status einer Sprache aus einem einzigen Teil der Welt zu geben, einer schwierigen Sprache mit sieben verschiedenen Möglichkeiten, den Buchstaben "a" auszusprechen, einer komplizierten Sprache, deren Lehrbücher fast ausschließlich damit beschäftigt sind, die Ausnahmen von den Regeln zu erklären?

Wenn wir das tun, tappen wir in eine Falle, die der Aufrechterhaltung angloamerikanischer Privilegien dient.

Niederländisch, die "Weltsprache", die in der Edo-Zeit vor dem Englischen nach Japan kam, droht nun zu verschwinden. Wenn Sie heute zum Flughafen Schiphol in Amsterdam kommen, werden Sie feststellen, dass alle Schilder jetzt auf Englisch sind.

Man schätzt, dass von den etwa 8.000 Sprachen, die heute auf der Welt gesprochen werden, alle zwei Wochen eine verloren geht. In hundert Jahren könnte auch das Japanische verschwunden sein.

In der Europäischen Union gibt es nur wenige Möglichkeiten für Politiker, die nicht Englisch sprechen, und Menschen mit Integrität und Weisheit werden an den Rand gedrängt. Der darüber schwelende Unmut wird eines Tages überkochen.

Japan wird mit englischen Neologismen überschwemmt. Um ein paar Beispiele aus der Coronavirus-Pandemie zu nennen: Wir hören, wie die Leute darüber diskutieren, ob wir „go to (travel)" (auf Reisen gehen) sollten, um die Wirtschaft zu unterstützen, oder "stay home" (zu Hause bleiben), um „to be safe" (in Sicherheit zu sein). Man spricht von „social distancing" (sozialer Distanz) und „overshoot" (Überschreitung). All diese Wörter und Phrasen sind rein englisch. Es ist völlig außer Kontrolle geraten! Ich frage mich manchmal, in welchem Land ich lebe. Die Diskussion über die Möglichkeit, dass Japan und die japanische Sprache wie in Hayashis Roman verschwinden werden, ist ziemlich überzeugend.

Die sich ausbreitende Anglisierung der Welt wird zum Aussterben von Tausenden von Sprachen und ihren Kulturen führen.

Wie können wir uns gegen diese enorme Verarmung und Ungerechtigkeit wehren?

Esperanto lernen

Zum ersten Mal wurde ich 1965 auf die internationale Sprache Esperanto aufmerksam, als ich das Buch *Meine Reisen im Esperanto-Land* von Kyotaro Deguchi von Oomoto las. In seinem Buch beschreibt Herr Deguchi seine Erfahrungen mit der Teilnahme am Esperanto-Weltkongress in Sofia, Bulgarien, und mit seiner anschließenden sechsmonatigen Weltreise, bei der er nur Esperanto verwendete.

Ich war beeindruckt, als ich las, wie Herr Deguchi, nachdem er sich in seinem Zimmer eingeschlossen und 100 Tage lang studiert hatte, am internationalen Redewettbewerb des Kongresses teilnahm und den zweiten Preis gewann. Ich las dies zu einer Zeit, als ich Mühe hatte, Englisch zu lernen.

Ich blieb neugierig auf Esperanto und dachte, eines Tages würde ich es gerne lernen, aber ich war damit beschäftigt, Koreanisch und Englisch zu lernen. Schließlich habe ich es 30 Jahre lang aufgeschoben. Erst im Alter von 55 Jahren, als mein Gedächtnis bereits nachließ, begann ich damit. Ich abonnierte die Monatszeitschrift Esperanto, die von der Universala Esperanto Asocio (Welt-Esperantobund) herausgegeben wird. Obwohl ich mir nicht sicher war, wie man die Buchstaben des Alphabets ausspricht, las ich die Artikel durch, schlug jedes Wort im Wörterbuch nach und schrieb die Bedeutung mit meinem Faserstift in die Zwischenräume der Zeilen. Doch bevor ich mit dem Nachschlagen aller Wörter fertig war, kam die nächste Monatsausgabe. Ich verdoppelte meine Anstrengungen, stand jeden Morgen um vier Uhr auf und verbrachte zwei Stunden mit dem Lernen. Im ersten Jahr war es wie ein Wettlauf, aber dann wurde es leichter. Nach einem weiteren Jahr hatte ich aufgeholt. Ich stellte fest, dass ich mir selbst schwierige Wörter merken konnte, nachdem ich sie etwa 20 oder 30 Mal nachgeschlagen hatte, und obwohl die meisten Wörter für mich neu waren, ähnelten etwa zwei Drittel der Wörter dem Englischen, allerdings mit anderen Endungen, so dass es mir leichter fiel, sie mir einzuprägen, als ich erwartet hatte.

Daraufhin lud ich Herrn und Frau Sutton vom neuseeländischen Esperanto-Verband ein, bei mir zu wohnen und jeden Abend von sieben bis zehn mit mir Konversation zu üben. Ich lud auch andere Leute aus der ganzen Welt ein, nach Japan zu kommen und mir beim Lernen zu helfen. Das ging etwa 20 Jahre lang so weiter, bis 2016.

Ich korrespondierte auch mit Hunderten von Esperanto-Sprechern auf der ganzen Welt per E-Mail, aber ich ließ meine Lehrer das Tippen für mich erledigen, so dass ich am Ende nicht gut schreiben konnte, obwohl ich es gut sprechen konnte.

Auf dem Weltkongress der Föderalisten

O omoto hat den Leitspruch „Ein Gott, eine Welt, eine internationale Sprache" festgelegt.

„Ein Gott" bedeutet Zusammenarbeit zwischen verschiedenen Religionen. In diesem Zusammenhang war Oomoto maßgeblich an der Gründung des interreligiösen Gebetstreffens für den Weltfrieden beteiligt, das seit 30 Jahren auf dem Berg Hiei bei Kyoto stattfindet.

„Eine Welt" bezieht sich auf die Bewegung für eine weltweite Föderation, in der die Länder der Welt unter einer einzigen Regierung vereint sind, wie es nach dem Ende des Zweiten Weltkriegs von Einstein, Schweitzer und anderen vorgeschlagen wurde - so etwas wie die Europäische Union, aber im Weltmaßstab. Viele Jahre lang wurde die Weltföderationsbewegung in Japan von dem mit dem Nobelpreis ausgezeichneten Physiker Hideki Yukawa angeführt. „Eine Weltföderation ist der Traum von gestern und die Wirklichkeit von morgen. Heute ist der Schritt von gestern nach morgen", erklärte er.

Im Sinne der „einen internationalen Sprache" hat sich Oomoto seit den 1920er Jahren in der Esperanto-Bewegung engagiert. In der Vorkriegszeit wurde die Hälfte der Ressourcen für internationale Aktivitäten ausgegeben.

Im Jahr 2002 fand in London der 24. Kongress der weltweiten Föderalisten-Bewegung statt, an dem 250 Delegierte aus 36 Ländern teilnahmen, darunter auch ich. Auf der Fachtagung der Esperanto-Sektion hielt Professor Ron Glossop von der Southern Illinois University die Eröffnungsrede, in der er sagte:

Im Vereinigten Königreich studieren permanent etwa 700.000 Menschen aus Europa Englisch, in der gesamten EU werden jährlich unglaubliche 17 Milliarden Euro (etwa 2,5 Billionen Yen) für das Erlernen der englischen Sprache ausgegeben. In Brüssel, dem Sitz des EU-Hauptquartiers, steht in den Stellenanzeigen in den Zeitungen die Bedingung „Englisch erforderlich", und weiter unten, im Kleingedruckten, wird hinzugefügt: „Bewerber müssen Englischkenntnisse auf muttersprachlichem Niveau haben." Die Forderung nach Englisch auf Muttersprachlerniveau bedeutet, dass die Mehrheit der Menschen ungerechtfertigt diskriminiert wird. Die weltweite Föderationsbewegung wird nur dann einen Durchbruch erzielen, wenn sie sich für Esperanto einsetzt.

Von seinen Zuhörern kamen Einwände zurück: „Aber Esperanto hat keine Kultur!" „In einer künstlichen Sprache kann man keine Gefühle ausdrücken!" „Man kann keine Literatur in dieser Sprache schreiben!"

David Kelso vom Britischen Esperanto-Verband antwortete: „Es gibt Tausende Kinder von Esperanto sprechenden Paaren, die zweisprachig in Esperanto und der Sprache des Landes aufwachsen, in dem sie leben. Es ist eine Tatsache, dass sie eine Esperanto-Kultur hervorgebracht haben. Zehntausende von literarischen Werken sind in Esperanto übersetzt und veröffentlicht worden, es gibt Zehntausende von Büchern, die ursprünglich in Esperanto geschrieben wurden, sowie Hunderte von Zeitschriften."

Dann meldete sich ein italienischer Vertreter des Föderalismus zu Wort. „Eine von Menschen gemachte Sprache ist nutzlos", sagte er. Ein anderer Esperanto-Sprecher erwiderte: „Englisch, Deutsch und andere Sprachen wurden alle von Menschen gemacht, von unseren Vorfahren! Das Esperanto-Alphabet hat 28 Buchstaben, die immer gleich ausgesprochen werden. Die Grammatik hat nur 16 Grundregeln, und im Gegensatz zum Englischen gibt es keine Ausnahmen. Ein Europäer kann es in nur einem Zehntel der Zeit erlernen, die er für Englisch braucht, und es gibt bereits eine Million Menschen, die Esperanto auf der ganzen Welt benutzen. Es ist die fortgeschrittenste aller Weltsprachen!"

Ein amerikanischer Delegierter, der für die Weltbank arbeitete, meldete sich zu Wort: „Wollen Sie uns sagen, dass wir alle dieses Esperanto lernen müssen? Sie machen wohl einen Scherz!"

Nach einer lebhaften Debatte wurde eine Resolution angenommen, die besagt, dass „die weltweiten Föderalisten das Studium von Esperanto, einer nicht-nationalen Sprache, empfehlen." Diese Resolution wurde auf der Website der weltweiten Föderalisten-Bewegung veröffentlicht.

Zeitungsanzeigen in EU-Mitgliedstaaten

Ich habe mich lange gefragt, ob es nicht eine Möglichkeit gäbe, Esperanto bekannter zu machen.

1985 beschloss Masao Ogura, der Präsident von Yamato Transport, aus Frustration über die Weigerung des damaligen Verkehrsministeriums, den Hauszustelldienst seines Unternehmens anzuerkennen, ganzseitige Anzeigen in den nationalen Zeitungen zu schalten und das Ministerium aufzufordern, seine Haltung zu ändern. Dies war eine direkte und öffentlichkeitswirksame Herausforderung, die viel Unterstützung bei Verbrauchern und Geschäftsleuten hervorrief, so dass das Verkehrsministerium schließlich einlenken und die Hauszustellung zulassen musste. Die Anzeigen bewirkten eine große Veränderung in der japanischen Gesellschaft.

Seit 1992 habe ich jedes Jahr am Esperanto-Weltkongress teilgenommen, der jährlich in einer anderen Stadt stattfindet. Ich habe oft die Meinung gehört, dass die Zukunft des Esperanto von der Europäischen Union abhängt. Als ich mich an die Werbekampagne von Yamato Transport erinnerte, kam mir die Idee, den gleichen Ansatz für die EU zu wählen.

Ich überlegte mir, eine ganzseitige Anzeige in europäischen Zeitungen zu schalten und suchte Hilfe und Unterstützung bei Esperanto-Organisationen in EU-Ländern. Zunächst gab ich 2002 in Zusammenarbeit mit dem Präsidenten der Europäischen Esperanto-Union eine Anzeige in zwei belgischen Zeitungen auf. Eine von ihnen, die Metro, druckte diese nicht als Anzeige, sondern als ganzseitigen Artikel mit der Schlagzeile „Englisch kann das Sprachproblem der EU nicht lösen." Lode, mein Esperanto-Lehrer, der zu dieser Zeit wieder in Belgien war, grinste von einem zum anderen Ohr, als ich ihn sah.

Im folgenden Jahr schaltete ich eine Anzeige in der italienischen Tageszeitung *La Repubblica*. Unmittelbar nach Erscheinen der Anzeige kündigten sechs Abgeordnete des italienischen Parlaments an, das Sprachenproblem bei der EU zur Diskussion zu stellen. Der Radiosender Radio Deejay sendete den vollständigen Text zweimal in seinem nationalen Programm. Mehrere Tausend Menschen besuchten die Website des italienischen Esperanto-Verbandes, und 33 neue Mitglieder wurden gewonnen.

Im Jahr 2004 war die polnische Zeitung *Rzeczpospolita* an der Reihe. Roman Dobrzyński, ein für das polnische Fernsehen tätiger Redakteur, interviewte mich, und auch hier erschien die „Anzeige" dank des guten Willens der Zeitung als normaler Artikel. Sie sagten mir, dass sie Esperanto nun in einem ganz neuen Licht sehen, als einen Beitrag zum Weltfrieden und nicht nur als ein Hobby.

Im selben Jahr schaltete ich eine Anzeige in der französischen *Le Monde*. Im Jahr darauf erschien meine Anzeige in 25 Zeitungen in 13 Ländern, darunter der deutschen *Die Zeit*, der belgischen *La Libre Belgique*, der litauischen *Lietuvos rytas* und Zeitungen in der Slowakei, Estland, Lettland, der Tschechischen Republik, Ungarn und Slowenien.

Doch mein Bruder Yoriaki, der bei der Gestaltung der Anzeige half, sagte mir, die Wirkung sei nur ein Tropfen auf den heißen Stein. Zu dieser Zeit las ich den Roman *Dschingis Khan*, der in der Nikkei-Zeitung veröffentlicht wurde. Ich war gerade an jener Stelle, an der Dschingis Khan die Chinesische Mauer durchbricht, indem er seine gesamte Armee von 200 000 Mann an einem Punkt sammelt, wo es nur wenige Beobachtungsposten gibt, und einen fünf Meter breiten Weg öffnet, den seine Pferde in nur drei Tagen durchqueren können, was ihm den Einmarsch in China ermöglicht. „Ich sollte dem Beispiel von Dschingis Khan folgen", beschloss ich. So konzentrierte ich mich nun auf Frankreich und schaltete meine Anzeigen in *Le Monde*.

In den ersten beiden Wochen nach meiner zehnten Anzeige in *Le Monde* meldete der französische Esperanto-Verband 2.300 Besuche auf seiner Website und 7.000 Seitenaufrufe. Die Zahl der Radiosendungen, die sich mit Sprachproblemen befassten, nahm zu. Innerhalb weniger Wochen begannen etwa 30 Interessierte die Sprache Esperanto zu lernen.

Ich fragte den Enkel von Dr. Zamenhof, dem Erfinder des Esperanto, der in Paris lebte, ob er in der Zeitung publizieren würde, aber ich erhielt nicht sofort eine Antwort. Während ich wartete, versiegten meine finanziellen Mittel für Anzeigen.

Meine Mittel stammten von einem etwa 1.650 m² großen Grundstück, das ursprünglich Swany gehörte, welches ich aber zur Hälfte meinem Schwiegersohn und leitenden Geschäftsführer von Swany, Yasunobu Kawakita, übertragen hatte. Ich besprach die Situation mit ihm. Er verkaufte die Hälfte seines Grundstücks, damit der Erlös in die Werbekampagne einfließen konnte. Das Ergebnis war eine zweiseitige Anzeige, die ich am 15. Dezember 2010, dem Geburtstag von Zamenhof, veröffentlichen ließ. Die rechte Seite bestand aus einem Interview mit Zamenhofs Enkel.

Am Anfang der Anzeige stand die Überschrift "Vier Esperanto-Muttersprachler" mit ihren Fotos, Namen und Herkunftsländern.

Darunter zitierte ich aus einem Vortrag von Professor Reinhard Selten, Nobelpreisträger für Wirtschaftswissenschaften, vor dem Europäischen Parlament, in dem er ausführte, dass die Sprachenprobleme der EU nicht durch die Dominanz einer einzigen Nationalsprache gelöst werden könnten und dass das neutrale und leicht zu erlernende Esperanto die beste Lösung sei. Ich habe auch die Bemühungen von Inazō Nitobe, dem stellvertretenden Generalsekretär des Völkerbundes, erwähnt, und schließlich habe ich über meine eigenen Gründe für diese Kampagne berichtet.

Diese Werbung führte im neuen Jahr zu bedeutsamen Ergebnissen. Einige Dutzend Mitglieder des französischen Parlaments haben sich bei der EU eingesetzt, mit dem Ergebnis, dass in Paris ein Symposium mit mehr als 100 Parlamentariern stattfand, bei dem lebhaft über Esperanto diskutiert wurde, während die Debatte über die Probleme einer gemeinsamen Sprache in den Medien fortgeführt wurde.

Debatte über Sprachen in Warschau

2004 habe ich eine Debatte über Sprachen in Polen, dem Geburtsland von Zamenhof, unterstützt. Vier Europaabgeordnete, acht nationale Parlamentarier und 54 Esperanto-Sprecher nahmen daran teil.

Barbara Pietrzak von der Esperanto-Abteilung des polnischen Rundfunks vermittelte die Teilnahme von Bronislaw Geremek, einem ehemaligen Außenminister, der später als aussichtsreicher Kandidat für das Amt des ersten EU-Ratspräsidenten betrachtet wurde.

Beim Bankett nach der Sprachendebatte in Warschau 2004

Da diese hochrangige Persönlichkeit anwesend sein würde, empfahl mir Frau Pietrzak, vorab einen Höflichkeitsbesuch abzustatten. Ein Termin wurde festgelegt und mein Flug aus Japan gebucht. Bevor jedoch das vorgeschlagene Treffen stattfinden konnte, machte Dr. Geremek einen Rückzieher. „Nach reiflicher Überlegung bin ich zu dem Schluss gekommen, dass Esperanto nicht mit dem Englischen konkurrieren kann. Ein Treffen mit Ihnen wird meine Meinung nicht ändern", erklärte er. Das war eine große Enttäuschung.

Als Initiator der Debatte ergriff ich als erster das Wort.

Ich erzählte, wie 1921 Inazō Nitobe aus Japan, stellvertretender Generalsekretär des Völkerbundes, zusammen mit mehr als 2.000 Teilnehmern aus 70 Ländern eine Woche lang am Esperanto-Weltkongress in Prag teilnahm. Er erkannte das Potenzial von Esperanto als gemeinsame Sprache und begann, sich in den damals mehr als 40 Mitgliedsstaaten des Völkerbundes für den Esperanto-Unterricht einzusetzen, scheiterte aber am Widerstand Frankreichs.

Ich berichtete auch darüber, wie es Indonesien, einem Land mit mehr als 700 Sprachen, gelungen ist, durch das Bildungssystem die indonesische

Sprache, die auf der malaiischen Sprache basiert, als gemeinsame Sprache zu etablieren, so dass die Menschen auf den verschiedenen Inseln zweisprachig, in ihrer eigenen Landessprache und der gemeinsamen Sprache, aufwachsen, und dass Indonesien als Modell für unser Ziel dienen könnte, die Menschen in der Welt zweisprachig, in ihrer eigenen Landessprache und einer gemeinsamen Weltsprache, zu erziehen.

Der nächste Redner war der Enkel von Zamenhof, der aus Paris angereist war

„Als Spezialist für Beton habe ich Projekte in vielen Teilen der Welt beaufsichtigt. Als die Akashi Kaikyō-Brücke in Japan gebaut wurde, lud mich das japanische Verkehrsministerium ein, einen Vortrag zu halten. Es freute mich zu sehen, dass meine Zuhörer nickten, während sie mir zuhörten. Als ich jedoch beim anschließenden Empfang einzeln mit ihnen sprach, stellte ich fest, dass viele von ihnen meinem Englisch nicht folgen konnten. Es ist fraglich, ob Englisch wirklich als internationale Sprache dienen kann. Esperanto, die Sprache, die mein Großvater erfunden hat, kann leicht erlernt werden und ist nicht anfällig für Missverständnisse. Die Idee ist, dass wir Esperanto als gemeinsame Sprache verwenden, während wir in unseren eigenen Ländern unsere eigenen Landessprachen anwenden".

Anschließend sprach Professor Selten, Träger des Nobelpreises für Wirtschaftswissenschaften, der aus Frankfurt angereist war.

„Ein neues Zeitalter ist angebrochen, ein Zeitalter des Umbruchs, in dem ehemalige Ostblockländer wie die Tschechische Republik, Rumänien und Ungarn der EU beitreten. Die Berliner Mauer ist gefallen. Wir haben nicht geglaubt, dass wir das je erleben würden. In einer solchen Zeit müssen wir versuchen, die Aufzwingung des Englischen, der Sprache einer einzigen Region, auf die gesamte Menschheit zu verhindern. Das können wir erreichen. Wir sollten den Esperanto-Unterricht in den Schulen aller Länder einführen, wie ich es 2001 im Europäischen Parlament gefordert habe."

Anschließend wurde eine Botschaft von Seán Ó Riain, dem Präsidenten der Europäischen Esperanto-Union, verlesen.

„Die EU-Charta fordert die sprachliche Gleichstellung. Die Förderung des Englischen ohne jegliche Debatte steht eindeutig im Widerspruch zu Demokratie und Gerechtigkeit. Sie ist verfassungswidrig, und deshalb protestieren wir entschieden."

Der letzte Redner war Professor Renato Corsetti aus Rom, Präsident des Esperanto-Weltverbandes.

„Die derzeitige Situation, in der Menschen aus der englischsprachigen Welt einen Vorteil genießen, während Menschen aus anderen Nationen diskriminiert werden, ist inakzeptabel. Die Leugnung unserer Geschichte und Kulturen durch den englischen Sprachimperialismus muss bekämpft werden", so sein Fazit.

Es wurde ein Übereinkommen erzielt, das zur Bildung einer parlamentarischen Gruppe zur Förderung von Esperanto führte.

Debatte über Sprachen
im Europäischen Parlament

In der Zwischenzeit hatte Dr. Geremek aus Polen, der meine Bitte um ein Treffen abgelehnt hatte, Esperanto noch nicht ganz aufgegeben. Später, im Jahr 2008, lud er als stellvertretender Sprecher des Europäischen Parlaments alle Abgeordneten des EU-Parlaments zu einer Debatte ein, um zu erörtern, ob Esperanto „Freund oder Feind der Mehrsprachigkeit" sei, wobei er feststellte, dass 160 Abgeordnete des EU-Parlaments, d. h. mehr als 20 %, für die Annahme von Esperanto als Amtssprache waren.

Ich erfuhr, dass er meine Anzeigen in Le Monde gelesen und mein Engagement für die europäische Sprachenfrage positiv beurteilt hatte.

Er hatte die Federführung bei der Organisation des Treffens übernommen, doch tragischerweise starb Dr. Geremek am Tag vor dem geplanten Zeitpunkt bei einem Verkehrsunfall auf dem Weg zum Warschauer Flughafen. Sein Tod war ein großer Schock für mich und für die Esperanto-Welt.

Unterbrochene Vortragsreise in Frankreich

2010 führte ich eine Reihe von Vorträgen in neun französischen Städten durch, darunter Paris, Lyon und Marseille.

In Paris hörten etwa 40 Esperanto-Sprecher meinem Vortrag aufmerksam zu.

Sie forderten mich auf, per Post, Fax oder auf anderem Wege an Le Monde, wo ich meine Anzeigen geschaltet hatte, zu schreiben, um über die Frage einer gemeinsamen Sprache in der EU zu berichten. Obwohl sich die anderen französischen Medien häufig mit Sprachenfragen befassten, hatte Le Monde keinen einzigen Artikel darüber veröffentlicht.

Am nächsten Tag kamen in Vannes im Westen Frankreichs etwa 50 Menschen, um meinen Vortrag zu hören. Nach der Veranstaltung fühlte ich mich plötzlich unwohl. Mir war kalt, ich konnte nicht schlafen und hatte Atembeschwerden. So rief ich meine Frau an. Sie sagte mir: „Esperanto ist dein Lebenswerk, nicht wahr? Du solltest noch nicht zurückkommen", und legte auf.

Schließlich half mir Atilio, ein örtlicher Esperanto-Lehrer, bei der Rückfahrt nach Paris, und ich schaffte es schließlich wieder zurück nach Japan, mittlerweile nach Luft ringend. Glücklicherweise erholte ich mich nach etwa einer Woche Ruhepause wieder.

Einige Jahre zuvor hatten mir Ärzte bestätigt, dass ich an einem altersbedingten Post-Polio-Syndrom leide. Es handele sich um eine unheilbare Krankheit, die Kälte und Taubheit in den Extremitäten, Muskelschwäche und sogar Atemnot verursachen könne, wurde mir erklärt.

Die Treffen wurden fortgesetzt, wobei Atilio meinen Platz einnahm und vor etwa 300 Personen sprach.

Die Nachricht von meiner plötzlichen Rückkehr nach Japan verbreitete sich im Internet. Etwa 500 Menschen wandten sich an *Le Monde*, aber dort wollten sie nicht nachgeben.

Verleihung einer Auszeichnung in Polen

Im Jahr 2011, kurz nach dem Tōhoku-Erdbeben, als wir alle von den Szenen der Verwüstung durch das Erdbeben und den Tsunami im Nordosten Japans erschüttert waren, kam die völlig unerwartete Nachricht, dass der polnische Präsident mir das Ritterkreuz des Verdienstordens der Republik Polen für meinen Beitrag zur Sache des Esperanto in Europa verleihen möchte.

Im darauffolgenden Jahr fand im polnischen Parlament ein Symposium zum 125. Jahrestag der Entstehung von Esperanto statt. Als Ehrengast hielt ich vor den Anwesenden eine Rede auf Esperanto. Man hatte mir dafür 20 Minuten Zeit gegeben, einschließlich der Zeit für die Übersetzung ins Polnische. Ich verbrachte zwei Tage damit, meine Rede auf zehn Minuten zu reduzieren und las sie tausendmal laut, um zu üben.

Mein stundenlanges Üben wurde belohnt, als mir Edmund Wittbrodt, Senator und ehemaliger Bildungsminister, in seiner Funktion als Vorsitzender der Parlamentarischen Gruppe zur Unterstützung von Esperanto nach meiner Rede die Hand schüttelte und sagte: „Ausgezeichnet!"

Mein Freund, der Nobelpreisträger

Beim Esperanto-Weltkongress 2001 in Zagreb, Kroatien, kam ich mit Professor Selten aus Deutschland ins Gespräch. Er erzählte mir, wie er und seine Frau 1994 vom Einkaufen nach Hause kamen und vor ihrem Haus eine große Menschenmenge vorfanden. „Gab es einen Unfall?", fragten sie. „Herzlichen Glückwunsch zum Nobelpreis!", war die Antwort. Offenbar hatte das Preiskomitee eine halbe Stunde zuvor versucht, ihn telefonisch zu erreichen, aber er war nicht zu Hause, so dass sie die Nachricht trotzdem verkündeten.

Der Professor, der seiner Frau sehr zugetan war und sie in ihrem Rollstuhl überallhin schob, sagte mir: „Der Preis hat unser Leben völlig verändert. Fast jede Woche wurde ich eingeladen, einen Vortrag in Kamerun, Rom, Polen oder sonstwo zu halten."

Er erhielt den Preis für seine Arbeiten zur Spieletheorie, die bei der Entscheidungsfindung in Bereichen wie Management, Behörden und Wissenschaft angewendet werden kann. In der Informatik ist sie offenbar unverzichtbar, obwohl ich zugeben muss, dass mir das alles fremd ist.

In Prag mit Ehepaar Morton, sowie dem Übersetzer
für Englisch Charles Rowe und dessen Ehefrau, 1996

Seitdem haben wir uns viele Male an den verschiedensten Orten getroffen und sind gute Freunde geworden. 2007 kam er nach Japan, um während eines schweren Sturms einen Vortrag an der Universität Kagawa zu halten. Eintausendundsiebzig Menschen trotzten dem Wetter und lauschten gebannt seiner Rede, die er auf Esperanto hielt und die von Professor Shigeaki Nagamachi von der Universität Tokushima vortrefflich übersetzt wurde.

Nach der Vorlesung fand im nahe gelegenen Sanbonmatsu Royal Hotel ein Empfang zu Ehren von Professor Selten statt, bei dem ein 22-köpfiger Chor auf Esperanto sang.

Am nächsten Tag begleitete ich ihn zum Ōtsuka Museum der Künste in der nicht weit entfernten Stadt Naruto. Dies ist ein ungewöhnliches Museum, das eine Sammlung von Keramikreproduktionen berühmter Werke aus den großen Kunstgalerien und Museen der Welt beherbergt. Professor Selten zeigte sich sehr beeindruckt von der Sammlung und bemerkte, dass es Jahre in Anspruch nehmen würde, um durch die ganze Welt zu reisen, nur um alle Originale sehen zu können.

Ein Gott, eine internationale Sprache

Im Jahr 1995 schloss ich mich einer Gruppe an, die in die USA reiste, um an der religiösen Feier zum 50. Jahrestag der Gründung der Vereinten Nationen teilzunehmen, zusammen mit 56 anderen, darunter Kenshū Fujimitsu von der Tendai-Schule des Buddhismus, Seitarō Nakajima vom Meiji-Schrein und Kyotaro Deguchi von Oomoto. Tausende Angehörige der Religionen aus der ganzen Welt kamen in New York zusammen. Ich stellte mich dem Dekan James Parks Morton von der Kathedralkirche St. John the Divine vor, der den Vorsitz führte, und überreichte ihm eine Einladung für den Esperanto-Weltkongress im darauf folgenden Jahr in Prag.

In meiner Einladung hatte ich geschrieben: „Ich bin der Meinung, dass neben der sich entwickelnden Zusammenarbeit zwischen den Weltreligionen, auch eine gleichberechtigte internationale Sprache für den Weltfrieden notwendig ist. Ich wünsche, dass Sie und Frau Morton die Welt des Esperanto auf dem Kongress in Prag im nächsten Jahr kennenlernen können."

Im darauf folgenden Frühjahr hatte ich immer noch keine Antwort erhalten. Dann, im Mai, als ich die Hoffnung schon längst aufgegeben hatte, kam die Nachricht, dass sie kämen. An jenem Kongress nahmen 3.000 Esperanto-Sprecher aus der ganzen Welt teil. Dean und Frau Morton beteiligten sich aktiv an den Veranstaltungen. Bei der Fachtagung von Oomoto, an der 700 Kongressbesucher teilnahmen, hielt Dean Morton eine Rede.

„1975 wichen wir in der Kathedrale St. John the Divine in New York von 2.000 Jahren christlicher Tradition ab und luden Oomoto ein, einen japanischen Shinto-Gottesdienst am Hochaltar zu halten. Dies löste in christlichen Kreisen in den USA einen Aufruhr aus. Einige Leute forderten, mich aus New York zu verjagen. Ich aber glaube an das von Oomoto gelehrte Ideal des ‚einen Gottes', bei dem die Religionen der Welt miteinander kooperieren, an die ‚eine Welt', eine Welt ohne Krieg, und an die ‚eine internationale Sprache', die gleichberechtigte Sprache der Weltbevölkerung, Esperanto, in der ich den Schlüssel zur Verwirklichung des Weltfriedens sehe. An diesem Ideal werde ich festhalten, solange ich lebe."

Alle Anwesenden waren tief berührt, als sie diese Worte von Dekan Morton hörten.

Bemerkenswerte Esperanto-Sprecher

Zu den Sprechern und Befürwortern von Esperanto gehören einige interessante Menschen. Hier einige Beispiele:

Ikki Kita (1883-1937, japanischer politischer Denker und Aktivist). Er schlug die Verwendung von Esperanto vor, da er der Meinung war, dass das Englische auf das japanische Volk die gleiche giftige Wirkung habe wie der Opiumexport des britischen Empire auf die Chinesen.

Inazō Nitobe (1862-1933, japanischer Pädagoge und Diplomat). Nitobe glaubte, dass die Welt ein glücklicherer Ort wäre, wenn die Menschen ihre Ideen in einer gemeinsamen Sprache austauschen könnten.

Futabatei Shimei (1864-1909, japanischer Romancier). Seine Übersetzung von Zamenhofs Esperanto-Büchern wurden zu Bestsellern.

Romain Rolland (1866-1944, französischer Schriftsteller). Rolland sagte: „Wenn wir sechs Nationalsprachen erlernen würden, wäre unser Leben zu Ende, ehe wir das geschafft hätten. Doch von dem Moment an, in dem wir Esperanto lernen, stehen wir am Anfang eines neuen Lebens. Es ist unsere Waffe für die Befreiung der Menschheit."

Josip Broz Tito (1892-1980, jugoslawischer Politiker und Führer der Bewegung der Blockfreien Staaten). Berühmt für seinen Slogan „Tod dem Faschismus, Freiheit dem Volk!" Tito befürwortete ebenfalls Esperanto und sagte: „Die Großmächte mögen auf die Vorherrschaft ihrer Sprachen drängen, aber Esperanto ist die wahrhaft internationale Sprache."

Leo Tolstoi (1828-1910, russischer Schriftsteller). „Nach zwei Stunden Studium war ich in der Lage, die Sprache zu lesen und zu schreiben. Das Erlernen von Esperanto wird dazu beitragen, ein göttliches Reich auf Erden zu schaffen."

Charles Richet (1850-1935, französischer Physiologe). „Esperanto ist so musikalisch wie Italienisch, so klar wie Französisch und so perfekt wie Griechisch."

Zu den bemerkenswerten japanischen Esperanto-Sprechern und Persönlichkeiten, die sich für Esperanto interessieren, gehören auch Asajirō Oka (Zoologe), Kanji Ishiwara (Armeegeneral), Hisashi Inoue (Romanautor), Tadao Umesao (Anthropologe), Sakae Ōsugi (anarchistischer Denker), Sen Katayama (Arbeiteraktivist), Erika Kobayashi (Autorin und Manga-Künstlerin), Toshihiko Sakai (Sozialist), Takamaru Sasaki (Schauspieler), Jinzaburō Takagi (Physiker), Teru Hasegawa (Kriegsgegnerin), Katsuichi Honda (Journalist), Kenji Miyazawa (Dichter), Kunio Yanagita (Volkskundler) und Sakuzō Yoshino (Politikwissenschaftler).

Weitere Esperanto-Sprecher und -Unterstützer weltweit waren Henri Barbusse (französischer Schriftsteller), Vasili Eroshenko (russischer Dichter), Zhou En Lai (chinesischer Premierminister), Ho Chi Minh (vietnamesischer Präsident), Ba Jin (chinesischer Schriftsteller), Max Müller (deutsch-britischer Indologe), Mao Zedong (Vorsitzender der Kommunistischen Partei Chinas), Reinhard Selten (deutscher Wirtschaftswissenschaftler) und Lu Xun (chinesischer Schriftsteller).

Zamenhof, Kämpfer für den Frieden

Der Augenarzt Ludoviko Lazaro Zamenhof wurde 1859 in Białystok im heutigen Polen geboren, einer Stadt, in der um ihn herum Russisch, Polnisch, Deutsch und Jiddisch gesprochen wurde. Als Jude mit einer anderen Sprache, anderen Sitten und einer anderen Religion als die anderen Gruppen war er tagtäglich mit interethnischen Konflikten und Gewalt konfrontiert, die aus mangelndem Verständnis entstanden. Trotz aller Widrigkeiten und Vorurteile widmete er sein Leben der Schaffung einer neutralen Sprache, die es den Menschen ermöglichen sollte, sich frei und gleichberechtigt zu unterhalten.

Frau Erika Kobayashi
(Foto mit freundlicher Genehmigung
der Tokyo Newspaper)

Zamenhof, der von seiner Mutter von Kindesbeinen an in dem Glauben erzogen wurde, dass alle Menschen Geschwister sind, machte es sich zur Lebensaufgabe, das Verständnis dafür zu wecken, dass wir zuallererst Angehörige der menschlichen Rasse sind, bevor wir einer Nation oder einem Stamm angehören. Er schuf eine gemeinsame internationale Sprache, in der sich jeder mit jedem frei unterhalten kann, wobei die Muttersprache, die Kultur und die Religion des anderen respektiert werden.

Seit dem Mittelalter hat es etwa 800 Versuche gegeben, eine konstruierte Sprache zu schaffen, aber die einzige, die überlebt hat, ist Esperanto, beseelt von dem erhabenen Charakter seines Schöpfers und seinem Streben nach Weltfrieden.

Die 28 Buchstaben des Esperanto-Alphabets werden immer gleich ausgesprochen. Der Akzent liegt ausnahmslos auf der vorletzten Silbe eines Wortes. Es gibt keine unregelmäßigen Verben, und Wörter können mit Hilfe eines regelmäßigen Systems von Vor- und Nachsilben gebildet werden. Die Fähigkeit, neue Wörter zu bilden, ist eingebaut, und obwohl Esperanto den einzigen Nachteil hat, dass es nicht mit ostasiatischen und arabischen Sprachen verwandt ist, kann es ungehindert Vokabeln aus anderen Sprachen, einschließlich Japanisch, aufnehmen. Wenn man zum Beispiel der Regel folgt, dass Substantive auf -o enden, wird aus *kabuki* *kabuko*, aus *tatami* wird *tatamo* und so weiter.

Durch den Verzicht auf überflüssige Elemente perfektionierte Zamenhof eine Grammatik, deren Kern sich in nur 16 Regeln zusammenfassen lässt und die nicht mehr als zwei Seiten einnimmt. Dank dieser verschlankten Grammatik ist die Sprache nachweisbar fünfmal leichter zu lernen als Englisch, zehnmal leichter als Russisch und zwanzigmal leichter als Arabisch.

Gegenwärtig gibt es etwa eine Million Esperanto-Nutzer in mehr als hundert Ländern, die in verschiedenen Bereichen miteinander kommunizieren. Unter den Sprachen, die soziale Netzwerkdienste für die internationale Kommunikation nutzen, liegt Esperanto auf Platz 15 von insgesamt 229 Sprachen.

Die Welt steht nun vor der Notwendigkeit, gemeinsam auf ernste Probleme zu reagieren, die vielleicht nicht einmal Zamenhof selbst voraussehen konnte. Ich kann nur hoffen, dass Esperanto ein Lichtstrahl sein wird, der uns durch diese schwierigen Zeiten führt.

Das Universum und das Leben

Ich schließe mit einem Auszug aus meinem Lieblingsbuch *Auf der Suche nach dem Sinn* von Hidemaru Deguchi.

> Die Welt ist unendlich groß, und sie ist unendlich reich. Was diese weite Welt eng und ihren Reichtum arm erscheinen lässt, ist das menschliche Herz. Diese Welt kann ein Paradies sein, wenn wir nur an einem umfassenden Herzen festhalten, das mit dem Himmel und der Erde eins ist, einem offenen Herzen, das weder dem nachjagt, was weggeht, noch das abweist, was zu uns kommt. Lasst uns das enge Selbst ablehnen und am größeren Selbst festhalten.

Erhebe deine Augen und betrachte den Himmel.
Nimm das Geheimnis der unzähligen funkelnden Sterne wahr, den ewigen Glanz von Sonne und Mond.
Schau hinunter und betrachte die Erde.
Die Bäume breiten ihre Äste aus, die Vögel singen, die Tiere vermehren sich und die Menschen gedeihen.
Der Wind und der Regen kommen zu der ihnen bestimmten Zeit, die Jahreszeiten folgen einander.
Das Meer tanzt, der Wind macht Musik, die Berge verändern ihre Farbe, die Wolken spielen.
Ich werde von den Göttern genährt, von meinen Eltern, Geliebten, Freunden und sogar von Menschen, die ich nicht kenne.
Sie alle arbeiten für mich.
Ich kann mich den ganzen Tag beklagen.
Ein einziges Blatt, das zu Boden fällt, könnte mich verwirren.
Das Zirpen einer Mücke, das Summen einer Fliege, der Gesichtsausdruck eines Menschen, das Wetter.
All diese Dinge könnten mich vor Wut in den Wahnsinn treiben.

Von den Atomen bis zu den Galaxien,
der ganze Himmel und die Erde arbeiten unbeirrbar.
Lasst uns das Enge und das Hässliche abwerfen,
Und halten wir uns an das Weite und Schöne.
Was uns diese Dinge zur richtigen Zeit schenkt
ist das, was wir Gott nennen,
Was unter ihnen zur geeigneten Zeit auswählt,
das sind wir Menschen.
Verlieren wir nicht den Blick für das Unendliche und Ewige,
geblendet von den kleinen Dingen, die vor unseren Augen vorüberziehen
Ohne Eile, in einem entspannten Tempo,
lasst uns die Schönheit der Blumen genießen
und den Geschmack der Früchte der Bäume,
zum Greifen nah, zu Fuß erreichbar.
Ausruhen, wenn wir müde sind, trinken, wenn wir durstig sind,
sich tagsüber bewegen und nachts schlafen.
Der Weg zum Nirwana ist ein sanfter Pfad.

Die Menschen dieser Welt sind alle mit Gottes Erlaubnis hier.
Der Feind des einen ist der Verbündete des anderen.
Der Feind eines anderen ist der Freund eines anderen.
Wir alle, sind wir nicht alle Kinder Gottes?

Lasst uns unseren Feinden vergeben, lasst uns füreinander da sein.

Lasst uns zurückkehren, zurück zum Herzen Gottes.

Die Esperanto-Aktivitäten von Oomoto begannen auf Anregung von Hidemaru vor fast hundert Jahren.

Hidemaru Deguchi
(Foto mit freundlicher Genehmigung von Oomoto)

Nachwort

Beim Schreiben dieser Geschichte habe ich mich oft in meine Kindheit zurückversetzt.

Als ich in das Haus zog, in dem ich jetzt wohne, war ich in der fünften Klasse der Grundschule. Ich wohnte immer noch in der gleichen Stadt, aber unser neues Haus lag am Stadtrand, direkt am Meer. In diesem Haus, das früher das Haus eines meiner Klassenkameraden war, gab es keine richtigen Tatami-Matten, außer zu Neujahr und zum Sommerfest Bon; den Rest des Jahres benutzte die Familie grobe Strohmatten. Ich war überrascht, als ich das zum ersten Mal sah.

Meine Schulfreunde trugen große Körbe auf dem Rücken, so groß wie sie selbst, und mähten Gras, das sie als Viehfutter verwendeten. Ich bekam einen kleineren Korb, den ich mit Wegerich und Löwenzahn füllte, um ihn an die Kaninchen zu verfüttern. Wir hielten etwa sechs oder sieben Kaninchen in einer mit Stroh ausgekleideten Apfelkiste. Sie riefen mich, indem sie mit ihren Hinterbeinen auf den Boden stampften. Wenn wir Männchen und Weibchen zusammenbrachten, wurden etwa einen Monat später fünf oder sechs Junge geboren. Zogen wir sie auf, bekamen wir für jedes etwa 70 Yen, aber ich vermisste sie, nachdem sie gegen Geld eingetauscht worden waren.

Ich war schon immer ein Tierliebhaber. Früher habe ich oft die Ochsen bei der Arbeit auf den Feldern beobachtet. Sie durften sich keine Sekunde ausruhen und arbeiteten bis in die Nacht, um den Pflug zu ziehen, keuchend, während sie mit der Peitsche über das Feld gejagt wurden.

Am schlimmsten war es für mich, eine Mutterkuh von ihrem Kalb getrennt zu sehen. Nacht für Nacht schrie die Kuh: „Gib mir mein Kalb zurück." Wenn ich das Wimmern der Kuh hörte, konnte ich nicht schlafen.

Wenn ein Tier auf dem Feld nicht mehr arbeiten konnte, wurde es zur Fleischgewinnung verkauft und auf einen Lastwagen verladen, wobei es sich mit aller Kraft wehrte. Oftmals entkam ein Ochse, der seinen Stall und seinen Besitzer vermisste, und rannte den ganzen Weg vom Schlachthof zurück, Dutzende von Kilometern entfernt …

Ich hatte Mitleid mit meinen Klassenkameraden, die jeden Tag arbeiten mussten, um ihre Quote für einen Korb voll Gras zu erfüllen, aber das Leiden der Rinder brach mir das Herz.

Aber als ich von der Kindheit zur Jugend heranwuchs, wurde mein Kummer über meine Kinderlähmung übermächtig und trieb mich in die Tiefe der Verzweiflung. Warum war ich nicht normal geboren worden? Ich dachte sogar ans Sterben. Dann zeigte mir die Begegnung mit Oomoto, dass nicht alles dunkel war. Um meine Behinderung zu überwinden, machte ich es mir zur Lebensaufgabe, alles in meiner Macht Stehende zu tun, um das Swany-Geschäft weiterzuentwickeln, und dabei von allen um mich herum zu lernen. Die Annahme dieser Herausforderung war der Beginn meines neuen Lebens.

Als ich das mittlere Alter erreichte, entwickelte ich ein Nierenleiden. Durch Fasten und eine Rohkostdiät gelang es mir, diese Krankheit zu bekämpfen, und irgendwie habe ich es geschafft, bis in meine Achtziger zu überleben.

In Anlehnung an Oomotos Lehren habe ich mich auch mit dem Sprachenproblem befasst und mich nach Kräften für die Verbreitung von Esperanto als internationale Sprache eingesetzt, die das Englische ablösen soll.

In jedem Fall waren es die Widrigkeiten, die meinem Leben Kraft verliehen. Ich habe auch gelernt, dass das Schicksal keine Last auferlegt, die nicht zu ertragen ist.

Indem ich mich an Hidemaru Deguchis Lehre hielt, „Sei dankbar für Widrigkeiten, sei nicht von anderen abhängig, gehe Risiken ein", habe ich verschiedene Schwierigkeiten überwunden. Ich glaube, dies hat mir geholfen, ein gewisses Maß an Verständnis zu erlangen.

Ich möchte mich bei meinen Lesern für ihre Geduld beim Lesen meiner laienhaften Prosa bedanken, und wenn irgendetwas daraus eine Hilfe sein sollte, könnte ich nicht glücklicher sein.

Beim Schreiben dieses Buches habe ich Ratschläge von Oomoto-Berater Kyotaro Deguchi, Deutschlehrer und Präsident des Kagawa-Esperanto-Verbandes Kiyoyuki Kosaka, der Präsidentin des Polio-Verbandes in Tokio Mariko Koyama, dem ehemaligen Exekutivdirektor Hiroyo-shi Iwazawa und vielen anderen Kollegen bei Swany, meinen Freunden Tamotsu Nakagawa und Satoru Yamasaki sowie den Freunden meiner Frau Teruko Matsumoto und Minori Seyasu erhalten.

Eine große Hilfe bei der Vorbereitung dieses Buches auf die Veröffentlichung war auch „ich", der anonym bleiben möchte. Ich möchte ihnen und all den vielen anderen, ohne deren großzügige Hilfe und Unterstützung ich dieses Buch nicht hätte fertigstellen können, meinen Dank aussprechen.

März 2021

Etsuo Miyoshi

Die Übersetzer

Die englische Übersetzung stammt von Charles Rowe, der 1997 an der School of Oriental and African Studies der University of London in japanischer Musik promovierte. Er spricht Esperanto sowie Englisch und Japanisch; er lebte viele Jahre in Japan. Während dieser Zeit studierte er an der Tokyo National University of Fine Arts and Music und arbeitete bei der Oomoto Foundation. Er ist Interpret und Forscher der Musik der japanischen zweisaitigen Zither Yakumogoto. Rowe arbeitet seit 40 Jahren als professioneller Übersetzer und ist im japanischen Sprachnetzwerk des Institute of Translation and Interpreting aktiv; er schreibt auch Beiträge für The New Grove Dictionary of Music and Musicians. Zu seinen weiteren Übersetzungen zählen „The Great Onisaburo Deguchi" von Kyotaro Deguchi und „The shakuhachi and its music" von Tsuneko Tsukitani.

Die deutsche Übersetzung hat Emma Breuninger angefertigt, geboren 1953 in der damaligen Sowjetunion; sie ist die Tochter eines im Oktober 1946 samt Familie aus (Ost-)Berlin in die UdSSR verschleppten Physikers, der dort zur Arbeit verpflichtet wurde. 1958 konnte die Familie nach Deutschland zurückkehren - nach langem Bemühen direkt in die Bundesrepublik Deutschland, nicht in die DDR. Aufgewachsen ist sie in Süddeutschland, Ausbildung zur Krankenschwester in München.

Aufgrund ihrer guten Kenntnisse mehrerer Sprachen arbeitete sie mehrere Jahre im Tourismus. 1981 Auswanderung nach Mexiko, wo sie in verschiedenen deutschen Firmen als Assistentin der Geschäftsleitung und Übersetzerin für Deutsch, Englisch und Spanisch arbeitete. Zehn Jahre später kehrte sie mit ihrem Kind zurück nach Süddeutschland, wo sie bis heute lebt. Schon in der Schule schrieb sie gerne Geschichten. 2019 hat sie ihr erstes Buch veröffentlicht, "Frei wie eine Möwe möchte ich sein". Emma Breuninger veröffentlicht Kurzgeschichten auf „story.one".

著者紹介

三好鋭郎（みよし・えつお）

株式会社スワニー相談役
1939年、香川県に生まれる。生後6ヵ月で罹った小児麻痺の後遺症で、右足が不自由になる。
1964年より、株式会社スワニーの後継者として、スキー・防寒用手袋のセールスに世界中を飛び回る。
ニューヨークで見たキャスター付きトランクを機内持ち込みサイズに小型化し、身体を支えながら運べる「スワニーバッグ」や、世界一小さく折りたためる車椅子「スワニーミニ」を考案し、ヒットさせた。
社長、会長を経て、現在は相談役。
株式会社スワニー
769-2795　香川県東かがわ市松原981
URL http://www.swany.co.jp

不自由な足が世界を広げてくれた
—スワニーバッグ誕生物語—

〈検印省略〉

2022年 12 月 28 日　第 1 刷発行

著 者───三好　鋭郎（みよし・えつお）

発行者───佐藤　和夫

発行所───株式会社あさ出版
〒171-0022　東京都豊島区南池袋 2-9-9 第一池袋ホワイトビル 6F
電　話　03 (3983) 3225 (販売)
　　　　03 (3983) 3227 (編集)
F A X　03 (3983) 3226
U R L　http://www.asa21.com/
E-mail　info@asa21.com
振　替　00160-1-720619

note　　　http://note.com/asapublishing/
facebook　http://www.facebook.com/asapublishing
twitter　　http://twitter.com/asapublishing